Miriam Neidhardt

Überleben als Übersetzer

ISBN: 978-3-00-054680-8

©2016 Miriam Neidhardt
Rehweg 14b, 26129 Oldenburg
Das Copyright der Gastbeiträge liegt
bei den jeweiligen Autorinnen.

Alle Rechte vorbehalten.
3. Auflage

Druck: CreateSpace
Korrektorat: Daniela Dreuth, www.optimumtext.de
Umschlaggestaltung und Satz:
Christian Wöhrl, www.feingedrucktes.de
Umschlagillustration: istock.com/erhui1979

Für fehlerhafte Angaben wird keine Haftung übernommen. Das Werk einschließlich aller seiner Teile ist urheberrechtlich geschützt. Jede Verwendung außerhalb der engen Grenzen des Urheberrechtsgesetzes ist ohne Zustimmung der Autorin unzulässig und strafbar. Das gilt insbesondere für Vervielfältigungen, Übersetzungen, Mikroverfilmungen und die Einspeicherung und Verarbeitung in elektronischen Systemen.

Überleben als Übersetzer

Das Handbuch für
freiberufliche Übersetzerinnen

von

Miriam Neidhardt

mit Gastbeiträgen von

Jeannette Bauroth
Kerstin Fricke
Ulrike Heiß
Ilona Riesen
Susanne Schmidt-Wussow
Iva Wolter

Inhalt

Vorwort zur dritten Auflage 9
0. **Einleitung.** 10
   Was ist Professionalität?. 12
1. **Der erste Eindruck** 15
   Kleinunternehmer oder Umsatzsteuerpflicht? . . . 15
   Bin ich ein Gewerbe? 21
   Vermögensschadenhaftpflichtversicherung und Berufshaftpflichtversicherung 22
   Berufsverbände. 24
      Der ADÜ Nord – Berufsverband der Sprachmittler im Norden. 25
      ATICOM – Fachverband der Berufsübersetzer und Berufsdolmetscher 33
      Der BDÜ – eine starke Gemeinschaft. 39
2. **Die eigene Website.** 44
   Die Domain 46
   WordPress 49
   Der Aufbau 51
   Pflicht 51
   Kür. 54
   Ich oder wir? 59
   Tipps 59
   Don'ts. 62
3. **Suchmaschinenoptimierung (SEO).** 65
   Google-Produkte. 68
   Verlinkungen 69

4. Soziale Netzwerke 72
   XING 73
   LinkedIn 75
   Twitter 76
   Facebook 79
   Google+ 83
5. Online-Marketing 85
   Das eigene Blog 85
   Kommentare auf Blogs anderer 88
   Avatar 88
   Fachartikel 89
   YouTube 89
6. Don'ts 91
   Privates verstecken – Berufliches hervorheben . . 91
7. Offline-Marketing 95
   Gelbe Seiten 95
   Visitenkarten 96
   Werbeartikel 98
   Presse 101
   Veröffentlichungen 101
8. Kaltakquise 103
   Was ist erlaubt, was nicht? 103
   Der Werbebrief 104
9. **Akquise auf Messen** von Ulrike Heiß 107
10. **Erfolgreich mit kleinen Sprachen** von Iva Wolter . 139
11. **Mein Name im Impressum – Bücher übersetzen** von Susanne Schmidt-Wussow 164
    Anmerkungen: Was ist bei Belletristikübersetzungen anders? von Kerstin Fricke 172

12. **Mein Autor und ich – über die Zusammenarbeit mit Selfpublishern** von Jeannette Bauroth 175
13. **Traumjob Spieleübersetzer?** von Kerstin Fricke .. 185
14. **Urkundenübersetzungen** 194
15. **Quereinstieg in den Übersetzerberuf** von Ilona Riesen 199
16. **Korrekturlesen** 209
    Korrekturlesen passiv 209
    Korrekturlesen aktiv 212
17. **Erreichbarkeit** 215
18. **E-Mail-Regeln** 221
19. **Preisgestaltung** 225
    Preiserhöhungen 228
20. **Das Angebot** 230
    Keine Reaktion 236
    Negative Reaktion 238
    Positive Reaktion – Der Auftrag 239
21. **Der Auftrag** 240
    Die Auftragserledigung 241
    Die Abgabe 242
    Einschub: Eine Anfrage ist kein Auftrag! 244
22. **Die Rechnung** 246
    Rechnungsnummer 253
23. **Reklamationsmanagement** 255
24. **Forderungsmanagement** 261
    Alternatives Forderungsmanagement 270
25. **Agenturen suchen anders** 273
    Auftragsbörsen 274

Das CV 279
Cover Letter. 285
Das Angebot 286
Der Auftrag 288
26. Kundenbindung 290
Keine Zeit? 293
27. Weiterbildung 295
Spezialisierung 295
Vereidigung/Ermächtigung 295
Muttersprachliche Kompetenz 296
CAT-Tools. 297
Seminare 297
Konferenzen 298
iTunes U 298
Fernsehen 299
Lesen, lesen und nochmals lesen 299
*Weiterbildung online
von Susanne Schmidt-Wussow* 300
28. Vorsicht, Falle! 307
29. Analyse 312
30. Lohnende Anschaffungen. 316
31. Verschiedenes 321
Kostenlose Probeübersetzungen 321
Wochenendarbeit. 323
Privatsphäre 323
Scheinselbstständigkeit 324
Vermittlertätigkeit 325
Übersetzer und Katzen. **327**

Vorwort zur dritten Auflage

Über sechs Jahre ist es nun her, als ich begann, meinen Plan eines Ratgebers für Übersetzerinnen in die Tat umzusetzen. Über vier Jahre ist die erste Veröffentlichung her, und ich hätte nie zu träumen gewagt, wie erfolgreich das Werk werden würde.

Für diese nunmehr dritte Auflage habe ich mir nicht nur wieder ein paar Kritikpunkte zu Herzen genommen, sondern vor allem Hilfe gesucht: von anderen in der Branche wohlbekannten Profis, die ihr Wissen über Themen teilen, mit denen ich mich nicht so gut auskenne. Und dadurch dieses Handbuch für die Leserinnen noch wertvoller machen, als es ohnehin schon war.

Aber nun: Viel Spaß beim Lesen! Möge Ihnen unser Buch bei Ihrem beruflichen Vorankommen hilfreich sein.

Oldenburg, Oktober 2016

Miriam Neidhardt

0. Einleitung

Sie haben sich als Übersetzerin selbstständig gemacht, verfügen über eine gute Ausbildung, sind arbeitswillig, doch kein Schwein ruft Sie an, und in Ihrem E-Mail-Postfach landet nichts als Werbung? Sie haben Seminare belegt, Marketing-Ratgeber gelesen, es mit dem immer wieder gepriesenen Werbebrief und mit Messebesuchen versucht, doch selbst wenn Sie mal eine Anfrage erreichen sollte, hören Sie nach Ihrem Angebot nie wieder etwas von dem Projekt?

Dann befinden Sie sich in guter Gesellschaft: Laut einer Umfrage des BDÜ aus dem Jahr 2011 erzielt fast ein Viertel der in Vollzeit selbstständig tätigen Dolmetscher und Übersetzer einen Umsatz von weniger als 17.500 Euro im Jahr. 47 % der Befragten können ihren Lebensunterhalt durch ihre Dolmetscher- bzw. Übersetzertätigkeit finanzieren; 31 % möchten das zwar, können es aber nicht und 22 % möchten das auch gar nicht.

Ich wurde zunächst eine der 31 %, als ich vor Jahren die Universität als Diplom-Fachübersetzerin verließ. Ich ließ den kostenlosen Standardeintrag in die Gelben Seiten setzen, unterrichtete die Übersetzungsbüros in der Umgebung von meiner Existenz, legte mir eine Website zu, verschickte unzählige Werbebriefe – und drehte Däumchen. Wenn ich Aufträge bekam, dann nur unterbezahlte von Umtütern (Übersetzungsbüros, die die Übersetzungen der Freiberufler gänzlich ungeprüft an den Kunden weitergeben); leben konnte ich davon nicht, und auch bei anderen Kunden kam ich mit diesen Referenzen nicht weiter. Lange hielt ich den Zustand für gottgegeben, die wirtschaftliche Lage ist nun einmal schlecht, und alle müssen sparen.

Eines schönen Tages wurde über ein lokales Anzeigenblatt nach einer Übersetzerin für eine recht umfangreiche Website gesucht. Auf diese Anzeige meldete ich mich und unterbreitete ein Angebot – bei dem ich einen Großteil der Unterseiten übersehen hatte und somit viel zu niedrig lag. Ich bekam den Zuschlag und erledigte den Auftrag für einen Hungerlohn, jedoch zur vollsten Zufriedenheit des Kunden, der mich auch als Übersetzerin auf seiner Website verlinkte – wie auch einen Webdesigner, der auf seiner Website zwar eine englische Flagge zum Anklicken hatte, jedoch keine englische Version dahinter. Also mailte ich ihn an, verwies auf unseren gemeinsamen Kunden und fragte, ob er nicht eine Übersetzerin für seine Website brauche. Brauchte er, und zwar nicht nur für seine Seite, auch diverse kleinere Seiten für seine Kunden ließ er mich übersetzen: So konnte ich schnell vier bis fünf Websites auf die Referenzliste meines Internetauftritts setzen.

==Referenzen machen Eindruck==, und so ging es seitdem schnell und stetig aufwärts! Heute kann ich von meiner Übersetzerei problemlos leben. Ich kann es mir leisten, Aufträge abzulehnen, weil sie zu schlecht bezahlt sind, die Texte langweilig, die Auftraggeber unsympathisch … Ich muss keine Klinken mehr putzen, die Anfragen kommen auch so. Und immer wieder werden meine Angebote mit diesen oder ähnlichen Worten angenommen: „Sie haben zwar n==icht das günstigste Angebot== abgegeben, jedoch haben wir uns trotzdem für Sie entschieden. Dies vor allem, da uns Ihr ==Gesamtauftritt überzeugt h==at und wir denken, dass u==nsere Texte bei Ihnen in guten Händen sind.==‟

Und genau daran muss jede Freiberuflerin arbeiten, wenn sie Erfolg haben möchte: am Gesamtauftritt. Zu viele ruhen sich auf ihren Qualifikationen aus und nehmen an, Qualität würde für sich stehen und sich herumsprechen, doch das reicht nicht. Würde es in Ihrem Fall reichen, hätten Sie dieses Buch nicht gekauft. Die besten Qualifikationen nutzen Ihnen wenig bis gar nichts, wenn der Kunde Sie nicht findet oder Sie den Kunden nicht überzeugen und halten können.

Und damit sind wir schon mitten im Thema: Was Sie neben einer Ausbildung, einem Telefon und einem Computer mit Internetanschluss noch unbedingt brauchen, um ausreichend Aufträge an Land zu ziehen, ist Professionalität.

Was ist Professionalität?
Professionalität kommt von Profession, also Beruf. Ein Profi ist im Gegensatz zu einem Amateur also jemand, der seine Tätigkeit zur Bestreitung seines Lebensunterhalts ausübt und nicht nur nebenbei. Darüber hinaus verfügt eine Profi-Übersetzerin über eine adäquate Ausbildung, sprich sie ist „qualifiziert". Professionalität wird neben der höheren Kompetenz auch mit Kritikfähigkeit, Problemlösungskompetenz und einer sachlichen Distanz assoziiert, ferner mit Verlässlichkeit, Anstand, Fairness, Loyalität, Integrität und Verschwiegenheit.

Das Gegenteil von professionell ist unprofessionell; dieses Wort gilt durchaus als Schimpfwort. Arbeiten werden schlampig ausgeführt, Deadlines nicht eingehalten, bei Kritik wird die unprofessionelle Anbieterin persönlich, unsachlich, reagiert überzogen und unverschämt, redet sich aus eigenen Fehlern heraus oder sitzt Probleme einfach aus. Mit so jemandem möchte niemand zusammenarbeiten.

Nun ist es natürlich mitnichten so, dass eine Übersetzerin, die in Vollzeit und im eigenen Büro arbeitet, zwangsläufig professionell ist und die Kollegin, die wegen Kindern nur stundenweise und vom Küchentisch aus agiert, zwangsläufig unprofessionell. Dennoch hängen für den Kunden alle genannten Attribute zusammen: Da die professionelle Übersetzerin von ihrer Tätigkeit leben muss und somit einen Ruf zu bewahren hat, wird sie sich in seinen Augen mehr bemühen, den Kunden zufriedenzustellen, als die Hobbyübersetzerin, die a) eine Alternative und b) nicht viel zu verlieren hat. Da sie von ihren Übersetzungen leben muss, arbeitet die Profi-Übersetzerin in Vollzeit und ist somit besser und verlässlicher erreichbar als ihre nebenerwerblich tätige Kollegin. Darüber hinaus hat sie mehr Zeit für den Auftrag zur Verfügung und kann diesen schneller erledigen als die Hobbyübersetzerin, weil sie schlicht mehr Stunden pro Tag arbeitet und somit mehr Wörter/Zeilen/Seiten schafft. Durch die Vollzeittätigkeit wird sie bei Rückfragen eine kürzere Reaktionszeit aufweisen. Da eine Profi-Übersetzerin mehr arbeitet als die Hobbyübersetzerin, verfügt sie auch über mehr Erfahrung und wird weniger Fehler machen. Verhandlungen, sei es über die Preisgestaltung oder die Arbeitsweise, werden mit einem Profi schneller vonstattengehen, da er aufgrund eigener Erfahrung weiß, was zu beachten ist, und auch, dass Zeit Geld ist.

Kurz: ==Bei einem Profi schickt der Kunde der Übersetzerin eine Anfrage, erhält ein klares Angebot und nach Auftragserteilung exakt das Produkt, das er bestellt hat, ohne überflüssige Diskussionen.== Bei einer Hobbyübersetzerin ist das Risiko, dass diese sich verkalkuliert, mitten im Auftrag verschwindet, zu spät und/oder eine schlechte Arbeit abliefert, deutlich größer. Weshalb Hobby-Freiberuflerinnen in der Regel billiger sind als ihre Profi-Kolleginnen – irgendwie muss das Risiko ja wieder ausgeglichen werden. Manche Kunden gehen dieses Risiko aufgrund der vermeintlichen Kostenersparnis ein – diese sind jedoch nicht unsere Zielgruppe (könnten es aber werden, wenn sie sich nach schlechten Erfahrungen umorientieren).

Auftraggeber, die diesen Zusammenhang kennen und Wert auf Qualität legen und bereit sind, dafür zu bezahlen, werden immer die Zusammenarbeit mit Profis bevorzugen.

Bitte lassen Sie sich von niemandem, auch von mir nicht, einreden, Sie wären unprofessionell, wenn Sie nicht acht Stunden pro Tag am Computer sitzen. Da in den Augen der Kunden jedoch Professionalität und Vollzeittätigkeit aus oben genannten Gründen untrennbar miteinander verbunden sind, rate ich in diesem Buch ausdrücklich dazu, den Eindruck einer vollberuflichen Tätigkeit zu vermitteln. Wie viele Stunden Sie tatsächlich arbeiten, bleibt Ihnen selbst überlassen. Ein bisschen Schein muss sein!

Sie halten sich für einen Profi? Das ist schön, viel wichtiger jedoch ist, dass der (potenzielle) Kunde Sie für einen Profi hält. Und da er das im Grunde erst nach Erledigung des Auftrags feststellen kann, müssen Sie es schaffen, diesen professionellen Eindruck schon beim ersten Auftritt zu vermitteln.

Und somit fangen wir genau damit an:

1. Der erste Eindruck

Kleinunternehmer oder Umsatzsteuerpflicht?
Wenn Sie Ihre freiberufliche Tätigkeit beim Finanzamt anmelden, werden Sie auf dem Fragebogen zur steuerlichen Erfassung (zu finden unter ***www.formulare-bfinv.de***) u. a. gefragt, ob der Bruttoumsatz im ersten Jahr voraussichtlich unter 17.500 Euro liegen wird – was anfangs sicherlich der Fall sein wird. Dann haben Sie die Wahl, entweder den Kleinunternehmerparagrafen in Anspruch zu nehmen und keine Umsatzsteuer in Ihren Rechnungen auszuweisen oder darauf zu verzichten und somit umsatzsteuerpflichtig zu werden.

Schon mit dieser simplen Tatsache, ob Sie Umsatzsteuer ausweisen oder nicht, geben Sie dem potenziellen Kunden Informationen über sich preis: Als Kleinunternehmerin führen Sie Ihre Übersetzertätigkeit offensichtlich nicht in Vollzeit aus, und schon setzt sich im Kopf des Kunden das Bild der Hausfrau und Hobbyübersetzerin fest, für die er nicht bereit sein wird, denselben Preis zu bezahlen wie für einen in Vollzeit arbeitenden, erfahrenen und erfolgreichen Profi, der von seiner Tätigkeit leben kann.

Einfaches Rechenbeispiel:
17.500 Euro im Jahr geteilt durch 12 Monate macht 1.458,33 Euro Umsatz pro Monat.
Bei 10[1] Cent pro Wort sind das 14.583 übersetzte Wörter pro Monat. Macht bei 20 Arbeitstagen im Monat ein

---

1 Ich rechne in diesem Buch gern mit 10 Cent pro Wort, weil es ein so schöner runder Wert ist und nicht, weil ich 10 Cent für einen angemessenen Wortpreis halte.

Tagespensum von gerade mal 730 Wörtern. Das sind zwei bis drei Stunden Arbeit pro Tag. Weit entfernt von einer hauptberuflichen Tätigkeit.

Jeder Auftraggeber, der einen Profi sucht, weiß das und wird deshalb eine Kleinunternehmerin aus der Auswahl werfen. Ich hatte mal einen Kunden, der mich (damals, als ich noch eine der 31 % war) leider nicht so schnell wie gewünscht erreichen konnte, deshalb auf eine andere Übersetzerin vor Ort zurückgriff, dies bitter bereute und mir gegenüber äußerte: „Die nimmt noch nicht einmal Umsatzsteuer!" Eine Übersetzerin mit Kleinunternehmerparagrafen wird immer mit Hobbyübersetzerin gleichgesetzt. Immer.

Sinn des Kleinunternehmerparagrafen ist es, Personen den Einstieg in die Selbstständigkeit zu erleichtern, bzw. Selbstständigen mit einem geringen Umsatz einen Wettbewerbsvorteil zu verschaffen: Immerhin könnten sie so ihre Dienste 19 Prozentpunkte günstiger anbieten als Unternehmer, die über der 17.500-Euro-Grenze liegen. Die Sache hat allerdings bei Übersetzerinnen den einen oder anderen Haken:

- Die „dicken" Aufträge kommen selten von Privatpersonen, sondern von Unternehmen, und bei denen ist die Umsatzsteuer ein durchlaufender Posten. Die erhalten sie sowieso vom Finanzamt zurück; insofern ist der Wettbewerbsvorteil nicht existent.
- Wenn Sie Umsatzsteuer abführen, erhalten Sie sie auch für alles zurück, was Sie sich wiederum für Ihre Arbeit anschaffen. Somit bekommen Sie Arbeitsmaterial als Umsatzsteuerpflichtige 19 Prozentpunkte (bzw. 7 Prozentpunkte bei Büchern u. Ä.) günstiger als ein Privatmensch oder Kleinunternehmer: Computer, Drucker, Druckerpapier, Fachliteratur, Telefon, Handy samt

Monatsrechnung, Faxgerät, Software, Seminargebühren, aber auch den Anteil des Arbeitszimmers an der Stromrechnung, Gas, Wasser ... Das kann sich läppern und gerade in der Anfangszeit, wenn Sie womöglich Verluste machen, zu einer äußerst willkommenen Steuerrückzahlung führen.
- Wenn Sie Dienstleistungen anderer weitervermitteln, z. B. Übersetzungen in andere Sprachen oder die andere Sprachrichtung, und diese andere umsatzsteuerpflichtig ist, können Sie den Betrag als Kleinunternehmerin nur brutto weiterreichen; dadurch zahlt der Endkunde den Nettopreis plus Umsatzsteuer plus Ihre Marge, ohne die Möglichkeit, die Umsatzsteuer vom Finanzamt zurückzubekommen; damit wird der Endpreis für den Kunden so hoch, dass Sie nicht mehr wettbewerbsfähig sind.

Wenn Sie also nicht vorhaben, hauptsächlich für Privatpersonen zu arbeiten, verzichten Sie unbedingt auf den Kleinunternehmerparagrafen und weisen Sie Umsatzsteuer aus. Dabei müssen Sie lediglich auf alle Rechnungen zum Nettobetrag die Umsatzsteuer in Höhe von zurzeit 19 % (in besonderen Fällen wie Literaturübersetzungen können es auch mal 7 % sein) hinzurechnen und den Endbetrag als Bruttobetrag ausweisen. Anfangs monatlich ist nun eine Umsatzsteuer-Voranmeldung abzugeben, in die Sie eintragen, was Sie an Umsatzsteuer eingenommen haben und was ausgegeben. Die Differenz ist innerhalb von zehn Tagen zu überweisen, oder Sie können sich auf eine Erstattung freuen. Dazu kommt die jährliche Umsatzsteuererklärung, die jedoch ähnlich unkompliziert ist – auf jeden Fall deutlich einfacher als die Einkommensteuererklärung, die so oder so fällig ist.

Tipp: So rechnen Sie die Umsatzsteuer aus Bruttobeträgen: Betrag geteilt durch 119 mal 19 (bei 19 % MwSt.) bzw.

Betrag geteilt durch 107 mal 7 (bei 7 % MwSt.). Beispiel: Ein Buch kostet 50 Euro. 50 geteilt durch 107 macht 0,47, mal 7 genommen ergibt sich eine enthaltene Umsatzsteuer von 3,27 Euro bzw. eine Nettosumme von 46,73 Euro.

Zur Kalkulation der Umsatzsteuer, die Sie zum Nettobetrag hinzurechnen, teilen Sie den Nettobetrag durch 100 und nehmen das Ergebnis mal 19 (bzw. 7 bei 7 % MwSt.). Beispiel: Die Rechnungssumme beträgt netto 50 Euro. 50 durch 100 ergibt 0,5 mal 19 ergibt 9,5. Somit beträgt die Umsatzsteuer 9,50 Euro und der Bruttobetrag 59,50 Euro (Nettobetrag plus Umsatzsteuer).

Wenn Sie auf den Kleinunternehmerparagrafen verzichten, beantragen Sie bei der Gelegenheit auch eine Umsatzsteuer-Identifikationsnummer (USt-Id-Nummer) (sind Sie bereits umsatzsteuerpflichtig, haben jedoch noch keine USt-Id-Nummer, können Sie diese auch unter **www.bzst.bund.de** erhalten).

> Die **Umsatzsteuer-Identifikationsnummer** *(abgekürzt* **USt-IdNr.** *in Deutschland oder* **UID** *in Österreich) ist eine eindeutige EU-weite Kennzeichnung eines Umsatzsteuerpflichtigen. Sie dient innerhalb des Europäischen Binnenmarktes zur Abrechnung der Umsatzsteuer durch die Finanzämter. Benötigt wird sie von jedem Unternehmer, der Waren oder Dienstleistungen innerhalb des Gebiets der Europäischen Union liefern oder erwerben möchte.*
>
> Quelle: Wikipedia

Soll heißen: Wenn Sie Ihren Unternehmenssitz in Deutschland haben und einen Auftrag für eine Übersetzungsagentur in Frankreich erledigen, stellen Sie die Rechnung ohne Umsatzsteuer aus (sofern die Agentur selbst über eine Umsatzsteueridentifikationsnummer verfügt). Auf einer solchen Rechnung muss Ihre USt-Id-Nummer stehen, die des Kunden sowie der Zusatz „Steuerschuldnerschaft des Leistungsempfängers". Auf Englisch wäre das „Reverse Charge". Vorsicht! Sie sind selber dafür verantwortlich zu prüfen, ob die vom Kunden im Ausland genannte USt-Id-Nummer auch korrekt ist! Sollte sich im Nachhinein herausstellen, dass dem nicht so ist, müssen Sie die Umsatzsteuer aus eigener Tasche nachzahlen. Kunden im EU-Ausland, die keine USt-Id-Nummer haben, müssen Sie die deutsche Umsatzsteuer berechnen. Prüfen können Sie die USt-Id-Nummer auf der Seite des Bundeszentralamts für Steuern: *evatr.bff-online.de/eVatR/*.

Noch mal zur Übersicht, weil dieser Punkt immer wieder gefragt wird:

- Rechnungsadresse in Deutschland: mit Umsatzsteuer
- Rechnungsadresse im EU-Ausland:
  hat der andere eine USt-Id-Nummer: ohne Umsatzsteuer
  hat er keine: mit Umsatzsteuer
- Rechnungsadresse außerhalb der EU (dazu gehören auch die Schweiz, Norwegen und bald womöglich Großbritannien): keine Umsatzsteuer.

(Das alles gilt natürlich nur, wenn Sie umsatzsteuerpflichtig sind, ansonsten stellen Sie alle Rechnungen ohne Umsatzsteuer aus.) Eine ausgesprochen hilfreiche Erklärung der Sache mit der Umsatzsteuer für Übersetzer und Dolmetscher wird in laufend aktualisierter Fassung von Triacom kostenlos zum Download zur Verfügung gestellt. Leider ändert sich die URL ebenso häufig, deshalb am besten „Triacom Umsatzsteuer" googeln.

Eine USt-Id-Nummer ist jedoch nicht nur notwendig, wenn Sie für Kunden im EU-Ausland arbeiten möchten und umsatzsteuerpflichtig sind. Da die USt-Id-Nummer zwingend ins Impressum Ihrer Website gehört, sieht der potenzielle Kunde so auch auf einen Blick, dass Sie keine Kleinunternehmerin und somit keine Hobbyübersetzerin sind, und erwartet einen Profi. Darüber hinaus wecken Sie mit der USt-Id im Impressum und auf Ihren Rechnungen den Eindruck, über Kunden auf der ganzen Welt zu verfügen – und wer will das nicht?

Wenn Sie Umsätze von Kunden mit USt-Id-Nummer im EU-Ausland haben, müssen Sie mit der Umsatzsteuervoranmeldung auch eine Zusammenfassende Meldung beim Bundeszentralamt für Steuern über ElsterOnline abgeben. Auch diese ist nicht weiter kompliziert: Sie geben einfach nur – nach Kunden sortiert – die eingenommenen Beträge sowie die USt-Id-Nummer des Kunden ein und fertig (mehr Informationen und Registrierung unter **www.elsteronline.de**).

Tipp: Da Sie beide Steuerarten – sowohl Umsatzsteuer als auch Einkommensteuer – erst bis zu 1½ Jahre, nachdem Sie das Geld verdient haben, abführen müssen, sollten Sie unbedingt regelmäßig Rücklagen schaffen, damit das Geld am Tag X auch da ist und die Steuerschuld kein Loch in die Kasse reißt. Als Faustregel gilt: 30 % aller Einnahmen einkalkulieren; diesen Anteil überweisen Sie einfach auf ein Tagesgeldkonto und kassieren somit auch noch Zinsen dafür.

Übrigens: Entgegen der landläufigen Meinung gibt es keine „Umsatzsteuernummer". Es gibt eine Steuernummer, unter der Sie als natürliche Person bei Ihrem Finanzamt registriert sind und sowohl Ihre Einkommensteuer- als auch Umsatzsteuererklärung abgeben; diese ist privat und geht keinen etwas an! Sie muss auf die Rechnung (sofern Sie keine USt-Id haben), im Impressum hingegen hat sie nichts zu suchen, und Sie sollten sie aus Datenschutzgründen auch nicht der Öffentlichkeit preisgeben. Selbiges gilt für Ihre lebenslang gültige Steueridentnummer. Die Umsatzsteueridentifikationsnummer hingegen muss, wenn Sie eine haben, zwingend in Ihrem Impressum und auf Ihren Rechnungen stehen. Wenn Sie verheiratet sind und gemeinsam veranlagt werden, haben Sie zwar zwei Steuernummern – eine, unter der sie die gemeinsame Einkommensteuererklärung abgeben und eine für Ihre Umsatzsteuererklärung –, diese sind aber dennoch beide Einkommensteuernummern. Sollten Sie eines Tages nicht mehr verheiratet sein und Ihre Einkommensteuererklärung alleine abgeben, tun Sie das unter der Steuernummer, unter der Sie zu Ehezeiten Ihre Umsatzsteuererklärung abgegeben haben.

Tipp: Mit der Bescheinigung vom Finanzamt, dass Sie nun freiberuflich tätig sind, können Sie eine Kundenkarte beantragen, um im Großmarkt einkaufen zu können. So können Sie die zeitweise sehr attraktiven Angebote nutzen – nicht nur für berufliche Zwecke!

Bin ich ein Gewerbe?

Immer wieder taucht in Foren und Mailinglisten die Frage auf, ob man als Übersetzerin gewerbesteuerpflichtig wird, wenn Übersetzungen an Kolleginnen vermittelt werden. Es geistern alle möglichen Theorien und Grenzen durch das Internet; augenscheinlich ist dieser Fall nicht klar gesetzlich geregelt. Es gibt lediglich ein Urteil vom FG Köln (FG Köln vom 24.10.2012, 15 K 4041/10; Az. der Revision VIII R 45/13).

Demnach sind Übersetzerinnen in der Regel Freiberuflerinnen und als solche von der Gewerbesteuerpflicht befreit. Das gilt auch, wenn Sie Aufträge an Kolleginnen weitergeben – solange es sich um Ihre Arbeitssprachen handelt.

Dann sind Sie als Unternehmerin leitend und eigenverantwortlich tätig und betreiben kein Gewerbe – immerhin lesen Sie den Text selber Korrektur und können die Qualität beurteilen.

Anders sieht die Sache aus, wenn Sie Aufträge für Sprachen vermitteln, die Sie nicht selbst beherrschen: wenn der Kunde beispielsweise ein und denselben Text auf Spanisch und auf Englisch braucht und Sie nur Englisch können. In diesem Moment sind Sie gewerblich tätig. Theoretisch. Praktisch dürfen Ihre Einkünfte aus dieser Auftragsvermittlung bis zu einer „Bagatellgrenze" von 1,25 % Ihres Umsatzes ausmachen. Wenn Sie also einen Jahresumsatz von 30.000 Euro haben, können Sie pro Jahr Aufträge im Wert von 375 Euro problemlos weitergeben.

Gewerbesteuer zahlen hingegen muss auch ein Gewerbetreibender erst ab einem Gewinn von 24.500 Euro im Jahr – werden im Zweifelsfall freiberufliche und Agenturtätigkeit sauber steuerlich getrennt, können viele Aufträge vermittelt werden, um auf einen jährlichen gewerblichen Gewinn (! nicht Umsatz!) von 24.500 Euro zu kommen.

Wie dem auch sei: Normalerweise sind Sie als Übersetzerin nicht gewerbesteuerpflichtig, benötigen keinen Gewerbeschein, müssen kein Gewerbe anmelden, keine Gewerbesteuererklärung abgeben usw. Dennoch können und sollten Sie problemlos Aufträge an Kolleginnen weitergeben. Sollten Sie damit in den Bereich der Gewerbesteuerpflicht kommen, legen Sie sich unbedingt einen Steuerberater zu.

Vermögensschadenhaftpflichtversicherung und Berufshaftpflichtversicherung

Mit der Umsatzsteuerpflicht haben Sie Ihre vollberufliche Tätigkeit demonstriert; nun kommt Ihr Verantwortungsbewusstsein an die Reihe, und dieses zeigen Sie am besten durch den Abschluss einer Vermögensschadenhaftpflichtversicherung. Sollten Sie beispielsweise einen Prospekt so falsch übersetzen, dass die komplette Auflage eingestampft werden muss und der Auftraggeber dafür von Ihnen Schadensersatz verlangt, sind Sie dagegen versichert, und der finanzielle Schaden wird gedeckt. Manche Auftraggeber verlangen eine solche Versicherung; anderen gibt sie das Gefühl einer gewissen Sicherheit. Name und Anschrift des Versicherers sowie der Geltungsbereich gehören laut Dienstleistungs-Informationspflichten-Verordnung (DL-InfoV) zwingend in das Impressum Ihrer Website. Die Kosten für eine solche Versicherung richten sich nach Ihrem Jahresumsatz und beginnen bei 54 Euro im Jahr für Existenzgründer und BDÜ-Mitglieder.

Aus einer falschen Übersetzung resultierende Personen- und Sachschäden können mit einer Berufshaftpflichtversicherung abgedeckt werden (z. B. wenn Sie die Bedienungsanleitung für ein Beatmungsgerät so falsch übersetzen, dass ein Patient stirbt). Auch diese ist mit jährlichen Kosten ab 57 Euro durchaus bezahlbar.

Amateurübersetzerinnen überschätzen sich häufig und glauben, sie wären in der Lage, ihre Aufträge grundsätzlich fehlerfrei abzuwickeln und somit keine Versicherung nötig zu haben, während ein Profi weiß, dass nur der Papst unfehlbar ist, und deshalb vorbaut. Zu seinem Schutz und zu dem des Kunden. Sie haben ja auch eine private Haftpflichtversicherung, obwohl Sie sicherlich Sorge tragen, keinem Mitbürger einen Schaden zuzufügen. Und da der potenzielle Kunde weiß, dass ein möglicherweise durch Sie verursachter Schaden abgedeckt wird, verschafft Ihnen eine Vermögensschadenhaftpflichtversicherung einen Wettbewerbsvorteil: Auch eine Hobbyübersetzerin ohne Versicherung muss natürlich für einen entstandenen

Schaden aufkommen, doch wenn sie kein Geld hat und nicht zahlen kann, nutzt dem Kunden dieses Recht wenig. Mit Ihrer Versicherung ist er auf der sicheren Seite.

Sie merken schon: Allein am Impressum mit der dort erwähnten USt-Id-Nummer und den Daten Ihrer Vermögensschadenhaftpflichtversicherung kann der Kunde sehen, dass er es nicht mit einer Hobbyübersetzerin zu tun hat. Eine Betriebshaftpflichtversicherung hingegen brauchen Sie als Übersetzerin, die ohne Angestellte und Kundenverkehr von zu Hause aus arbeitet, in der Regel nicht (die würde z. B. greifen, wenn ein Kunde bei Ihnen im Büro über ein Kabel stolpert und sich dabei verletzt).

Berufsverbände

In Deutschland gibt es mehrere Berufsverbände für Übersetzer und Dolmetscher, die sich im Folgenden selbst vorstellen. In mindestens einem sollten Sie unbedingt Mitglied werden – weil die Mitgliedschaft ein Qualitätsmerkmal ist, weil die Verbände hervorragende Informationsquellen sind und weil sie unverzichtbare Möglichkeiten der Weiterbildung und des Netzwerkens bieten. Welcher für Sie am besten infrage kommt, ist eine sehr persönliche Entscheidung.

Der ADÜ NORD –
Berufsverband der Sprachmittler im Norden

Der ADÜ Nord – Assoziierte Dolmetscher und Übersetzer in Norddeutschland e. V. – ist ein überregionaler Berufsverband für Dolmetscher und Übersetzer mit Sitz in Hamburg. Die derzeit rund 320 Mitglieder kommen hauptsächlich aus dem norddeutschen Raum, während einige aber auch im weiteren Bundesgebiet und außerhalb Deutschlands wohnen.

Wer dem Verband beitreten möchte, muss entweder einen Hochschulabschluss im Bereich Dolmetschen und Übersetzen, eine staatlich anerkannte D/Ü-Prüfung oder eine entsprechende Kombination aus Sprachkenntnissen und Berufserfahrung vorweisen können. Über die Aufnahme entscheidet eine Aufnahmekommission, die jeden Antrag sorgfältig prüft. Die Mitglieder des ADÜ Nord decken zusammen ca. 50 Arbeitssprachen ab, darunter auch die Gebärdensprache. Die Spezialisierungen sind sehr vielfältig und gehen weit über die häufigsten Fachbereiche wie Technik, IT, Wirtschaft, Recht, Medizin, Geisteswissenschaften und Literatur hinaus.

Das Jahr 1997 markiert einen **Neuanfang** *für den 1955 gegründeten BDÜ-Landesverband Hamburg und Schleswig-Holstein e. V. Nach dem von den Mitgliedern beschlossenen Austritt aus dem Bundesverband der Dolmetscher und Übersetzer (BDÜ) ergaben sich für den Verband, der nunmehr ADÜ Nord (Assoziierte Dolmetscher und Übersetzer in Norddeutschland e. V.) heißt, neue Möglichkeiten der Interessensvertretung seiner Mitglieder. Der Landesverband war schon innerhalb des BDÜ als sehr aktiv bekannt und leistete erfolgreiche Arbeit in Hamburg – so wurde beispielsweise die Novellierung des Hamburger Dolmetschergesetzes entscheidend mitgestaltet. Der Verabschiedung des neuen Gesetzes im Jahr 1986 ging* jahrelange Arbeit voraus. Der erste Vorschlag, ein vom Verband entwickelter Gesetzesvorschlag, wurde der Hamburger Justizbehörde bereits 1978 übermittelt. Auch aktuell setzt sich der Verband mit verschiedenen Projekten und Initiativen für die Belange der in Hamburg vereidigten Justizdolmetscher und -übersetzer ein. Eine wichtige Aufgabe für den Verband, denn nahezu die Hälfte der ADÜ-Nord-Mitglieder ist vereidigt bzw. öffentlich bestellt.

Das oberste Ziel des ADÜ Nord ist die Vertretung der berufsständischen Interessen seiner Mitglieder gegenüber Staat, Wirtschaft und Gesellschaft. Hiervon profitieren nicht nur die Mitglieder, sondern mittelbar auch alle anderen Sprachmittlerinnen und Sprachmittler, die in Deutschland arbeiten und leben. Dolmetscher und Übersetzer erfüllen wichtige Aufgaben in den verschiedenen Bereichen des gesellschaftlichen Zusammenlebens. Sie ermöglichen eine effektive Kommunikation zwischen Personen unterschiedlichster Herkunft und Nationalität – in Wirtschaft und Politik, Gesundheitswesen und Kultur. Und auch sonst überall dort, wo das Fehlen einer gemeinsamen Sprache der Verständigung im Wege stehen würde: im privaten wie im geschäftlichen Leben. So leisten sie an der Schnittstelle zwischen verschiedenen Nationen und Kulturkreisen einen wichtigen Beitrag zur Völkerverständigung in einer globalisierten Welt. Für diese Leistung möchte der ADÜ Nord in der Öffentlichkeit ein Bewusstsein schaffen. Daher hat er es sich zur Aufgabe gemacht, die Öffentlichkeit über die Tätigkeiten und das Berufsbild von Sprachmittlerinnen und Sprachmittlern zu informieren. So werden vom Verband seit vielen Jahren Publikationen veröffentlicht und Veranstaltungen angeboten. Eine professionalisierte **Öffentlichkeitsarbeit** trägt ebenfalls dazu bei, die Arbeit der ADÜ-Nord-Mitglieder bekannter zu machen.

Über das politische Engagement hinaus versteht sich der ADÜ Nord auch als **Dienstleister**, der als Bindeglied zwischen seinen Mitgliedern und ihren Kunden fungiert. Somit ist der ADÜ Nord nicht nur Ansprechpartner in den beruflichen Angelegenheiten seiner Mitglieder – er steht auch denjenigen zur Verfügung, die Dolmetsch- und Übersetzungsleistungen nachfragen und hierzu Beratungsbedarf haben oder auf der Suche nach einem geeigneten Anbieter solcher Leistungen sind. Alle Mitglieder des ADÜ Nord werden kostenlos in dem weithin bekannten Mitgliederverzeichnis „**Grüne Liste**" geführt. Hier finden Interessenten schnell einen geeigneten Sprachmittler. Die Online-Datenbank mit Suchfunktion bietet Kunden zusätzliche Informationen zu den einzelnen Sprachmittlern. Die Grüne Liste wird jährlich neu aufgelegt und an über 500 Adressaten in Wirtschaft und Behörden verschickt.

Darüber hinaus hält der Verband für seine Mitglieder einen rege genutzten Beratungsservice bereit:
Rechtsberatung: Für juristische Fragen können ADÜ-Nord-Mitglieder zu festen Sprechzeiten die telefonische Rechtsauskunft durch einen Rechtsanwalt kostenlos nutzen.
Steuerberatung: Für steuerliche Fragen wird eine Steuerberatung angeboten. Werktäglich je eine Stunde werden telefonisch Fragen mit direktem Bezug zur Berufsausübung beantwortet.
CAT-Beratung: Für Fragen rund um Translation-Memory-Systeme, Terminologieverwaltung etc. gibt es eine CAT-Beratung per E-Mail.

Der ADÜ Nord besitzt eine „direkte Demokratie". Jedes Mitglied kann interessante Ideen nach Absprache mit dem Vorstand sofort selbst umsetzen. Das norddeutsche Motto „nicht lang schnacken" steht hier nicht für die vermeintliche Trinkfestigkeit der Hanseaten, sondern spiegelt vor allem die Entschlossenheit und den Durchsetzungswillen des Verbandes wider. Missstände sollen behoben und Rechte eingeklagt werden. Im Dialog mit der Politik und den Behörden – der große Vorteil eines Stadtstaates – wurden Projekte wie das Hamburger Dolmetschergesetz vorangetrieben und umgesetzt.

Der ADÜ Nord lebt wie alle Verbände von seinen Mitgliedern, die sich ehrenamtlich engagieren, austauschen und gegenseitig unterstützen. Beim ADÜ Nord wird dies auf besondere Weise deutlich: Rund 10 % aller Mitglieder engagieren sich auf die eine oder andere Weise. Dies zeigt sich insbesondere darin, dass z. B. oft Arbeitsgruppen zu verschiedenen Themen zustande kommen, wie derzeit die Jubiläums-AG, die die Organisation der 5. ADÜ-Nord-Tage auf die Beine stellt.

Der amtierende Vorstand ist recht jung, d. h. vor Kurzem hat ein Generationswechsel stattgefunden. Die neuen Vorstandsmitglieder werden bei ihren Aufgaben allerdings von ihren Vorgängern und langjährigen Verbandsmitgliedern tatkräftig unterstützt.

Die **Atmosphäre** im ADÜ Nord ist – nicht zuletzt durch die überschaubare Anzahl an Mitgliedern und dadurch, dass die meisten in Hamburg und Umgebung wohnen oder gern nach Hamburg reisen – sehr familiär. Durch die häufigen Kollegentreffen, Versammlungen und Seminare lernt man sich persönlich gut kennen. Nicht selten entstehen auch Freundschaften, die über viele Jahre hinweg intensiv gepflegt werden. Grundsätzlich gibt es ein großes Maß an Hilfsbereitschaft im Verband, die sich auch bei Veranstaltungen zeigt. Oft schon wurde von Nichtmitgliedern die angenehme, entspannte und zwanglose Atmosphäre hervorgehoben. So manche Kollegen greifen sich auch beruflich gegenseitig unter die Arme oder bilden Kooperationen, um sich den Arbeitsalltag zu erleichtern – beispielsweise, um Übersetzungen nach dem 4-Augen-Prinzip durchzuführen oder um sich in Urlaubszeiten gegenseitig zu vertreten. Es ist der persönliche Kontakt, der freundliche Umgang miteinander und das gemeinsame Ziel, etwas erreichen zu wollen, was diesen Verband so besonders macht.

Seit einigen Jahren werden **Zukunftswerkstätten** durchgeführt, auf denen sich die Mitglieder zusammenfinden, um gemeinsam zu überlegen, in welche Richtung die Verbandsarbeit gehen soll und was für die Mitglieder angeboten werden könnte. Hier wurde beispielsweise das noch heute umfangreiche **Seminarprogramm** geplant. Auf Initiative einer Teilnehmerin des ersten **Existenzgründungsseminars**, das seitdem jährlich angeboten wird, wurde der **Einsteigerstammtisch** gegründet. Derzeit findet er am letzten Donnerstag im Monat im Grindelviertel statt. Etwa gleichzeitig wurde ein **Mentorenprogramm** eingeführt, das erfahrene Kollegen mit Berufseinsteigern mit derselben Sprachkombination und gleichen Fachgebietsinteressen zusammenführt. Dieses Tandem gestaltet die Beratung und Zusammenarbeit selbstständig nach den jeweiligen Bedürfnissen und Vorstellungen. Zuweilen entstehen dabei jahrelange Kooperationen „auf Augenhöhe".

Häufige Fragen, die von Einsteigern an den Verband herangetragen werden, sind vor allem: Wie zähle ich Zeilen? Wie schreibe ich eine Rechnung? Wie gestalte ich vertragliche Vereinbarungen? Was mache ich bei Reklamationen? Wie bereite ich mich auf einen Dolmetscheinsatz vor? Unsere Mitglieder sind nicht auf sich allein gestellt, sondern erhalten bei berufsbezogenen Fragen Unterstützung durch die Vorstandsmitglieder, Beauftragten und Kollegen. Das bedeutet: Wer sich gerade erst als Übersetzer/-in oder Dolmetscher/-in selbstständig gemacht hat, kann sich **auch außerhalb des Mentorenprogramms** in Sachen

Know-how von den „alten Hasen" im Verein auf die Sprünge helfen lassen.

Jeweils in den ungeraden Monaten findet ein **Kollegentreffen** statt. Im Wechsel gibt es je einen Abend zu einem Fachthema und ein zwangloses Netzwerktreffen. Traditionell wird Anfang Januar ein **Neujahrsessen** veranstaltet, bei dem die Verbandsmitglieder zusammenkommen und sich bei leckerem Essen und anregenden Getränken austauschen können. Ebenfalls obligatorisch ist die jährlich im April stattfindende **Mitgliederjahresversammlung**, auf der die Mitglieder über Neuigkeiten informiert werden, über Projekte des Verbandes entschieden wird und natürlich Vorstandsämter turnusmäßig neu besetzt werden.

Im Verband sind verschiedene **Arbeitsgruppen** zu bestimmten Themenkreisen aktiv. Gegenwärtig sind dies der **Table Ronde Francophone**, der sich monatlich trifft, um über aktuelle Aktivitäten zu berichten und zu netzwerken. Der **Dialogo Italiano** findet vierteljährlich statt. Dort lässt sich ganz informell über aktuelle Themen, die die italienische Öffentlichkeit und den beruflichen Alltag bewegen, diskutieren. Dabei sind alle Kolleginnen und Kollegen aus dem Großraum Hamburg mit der Arbeitssprache Italienisch willkommen. Die **Russisch-Arbeitsgruppe КРУГЛЫЙ СТОЛ** tauscht sich mittels einer Yahoo-Gruppe über fachliche Fragen und Veranstaltungshinweise aus. Das **English-Language Get-Together** trifft sich alle zwei Monate. Bei all diesen Arbeitsgruppen sind auch Nichtmitglieder herzlich willkommen. Seit Neuestem gibt es auch einen **Übersetzerstammtisch in Kiel**, der einmal im Monat stattfindet.

Das **Seminarprogramm** des ADÜ Nord bietet regelmäßig Veranstaltungen zu allen möglichen Themen und Bereichen. Jedes Jahr werden z. B. Seminare speziell für

Berufseinsteiger angeboten. Wachsender Beliebtheit erfreuen sich auch die Russisch-Tage für Profis, die jeden Herbst zusammen mit dem Russischen Sprachseminar in Timmendorfer Strand organisiert werden. Das Seminarprogramm des ADÜ Nord ist im gesamten Bundesgebiet bekannt und genießt einen guten Ruf. Häufig besuchen Gäste und Mitglieder anderer Verbände die Seminare des ADÜ Nord.

Zahlreiche **Publikationen** *dienen zur Information über Verbandsaktivitäten und werden auch der Öffentlichkeit zur Verfügung gestellt. Das* **Infoblatt**, *ein 28-seitiges Magazin, das viermal jährlich erscheint und an alle Mitglieder sowie an Behörden und Universitäten verschickt wird, ist das Sprachrohr des Verbandes. Es bietet interessante Artikel zu aktuellen Themen rund um den Verband sowie zu neuen Entwicklungen in einzelnen Fachgebieten, zu CAT-Tools, Weiterbildungsmöglichkeiten, Veranstaltungen, neuen Mitgliedern und weiteren Themen.*

Eine für Berufseinsteiger, aber auch für „alte Hasen" interessante Publikation ist das **Grüne Licht**, *denn es bietet Informationen zu allen praktischen Belangen rund um die Arbeit als selbstständiger Dolmetscher oder Übersetzer. Entstanden aus den Fragen und Antworten, die in der Arbeitsgruppe Berufseinstieg des ADÜ Nord erarbeitet wurden, fasst es in übersichtlicher Form alle Aspekte zu den unterschiedlichsten Themenbereichen zusammen und rundet das Angebot des ADÜ Nord speziell für Berufseinsteiger ab.*

Andere Länder, andere Sitten – Dolmetscher und Übersetzer als Kulturmittler *heißt eine weitere Broschüre des ADÜ Nord. Sie ist ein Leitfaden für erfolgreiche interkulturelle Begegnungen mit Geschäftspartnern aus Großbritannien, den USA, Frankreich, Spanien, Russland,*

Kasachstan und Estland. Darin steht beschrieben, welche Fettnäpfchen es zu vermeiden gilt und womit man den Geschäftspartnern eine Freude machen kann. Neben Ausführungen zu den sieben Ländern gibt es ein allgemeines, einführendes Kapitel sowie einen interessanten Wissenstest als Abschluss.

Auch für potenzielle Kunden gibt es eine interessante Broschüre, die beim ADÜ Nord bestellt werden kann: **Verstehen und verstanden werden** *heißt der Leitfaden, der zur erfolgreichen Abwicklung von Dolmetsch- und Übersetzungsaufträgen führen soll. Er befasst sich mit folgenden Aspekten: Was bedeuten die Begriffe „Übersetzen" und „Dolmetschen"? Was zeichnet einen professionellen Übersetzer/Dolmetscher aus? Was Sie vorher unbedingt überlegen sollten. Was Sie mit einem externen Übersetzer/ Dolmetscher vereinbaren sollten. Wie Sie weiter zum Erfolg Ihres Projektes beitragen können. Und: So finden Sie den geeigneten Übersetzer/Dolmetscher für Ihr Projekt.*

Zum kostenlosen Download stehen auf der Webseite **www.adue-nord.de** *unter anderem der Leitfaden für Selbstständige, ein Merkblatt zu beglaubigten Übersetzungen, Übersetzungen – (k)eine Glückssache, Übersetzungen sind keine Massenware und Informationen für Asylsuchende und Helfer zur Verfügung.*

Kontakt:

ADÜ Nord
Wendenstraße 435
20537 Hamburg
Tel.: 040 21 91 001
E-Mail: **info@adue-nord.de**
www.adue-nord.de

ATICOM – Fachverband der Berufsübersetzer und Berufsdolmetscher

Zukunftsorientierte Berufsstandssicherung

Der Fachverband der Berufsübersetzer und Berufsdolmetscher ATICOM e. V. mit Sitz in Hattingen, Nordrhein-Westfalen, wurde 1999 als spezifische Interessenvertretung professionell ausgebildeter Übersetzer und Dolmetscher gegründet und hat aktuell rund 200 Mitglieder. ATICOM engagiert sich intensiv für die Qualitätssicherung und Professionalisierung des Berufsstands und ist der erste und einzige Berufsverband, der Sprachmittler in Seminaren auf die **Zertifizierung nach DIN ISO 17100** *vorbereitet. Darüber hinaus setzt sich der Verband seit Langem für die Anerkennung der verantwortungsvollen Funktion und die adäquate Vergütung von Dolmetschern und Übersetzern* **in der Justiz und bei der Polizei** *ein. In der Diskussion um das 2. Kostenrechtsmodernisierungsgesetz (2. KostRMoG) vertrat ATICOM entschieden die Interessen der Berufsangehörigen und leistete einen maßgeblichen Beitrag zur Verabschiedung des genannten Gesetzes in seiner aktuellen Fassung, das die Erhöhung der Übersetzer- und Dolmetscherhonorare im Justizbereich zum 1. August 2013 neu regelte.*

Demokratische Strukturen und kollegialer Austausch

Charakteristisch für ATICOM sind schlanke, demokratische Strukturen und der regelmäßige direkte Austausch zwischen Verbandsführung und Mitgliedern. Die Website verzeichnet durchschnittlich 850 Seitenaufrufe täglich und bietet ein elektronisches Mitgliederverzeichnis, in dem für zahlreiche Sprachen und Fachgebiete qualifizierte Übersetzer und/oder Dolmetscher zu finden sind. „Die Mitgliedschaft in unserem stark qualitätsorientierten Berufsverband bietet Übersetzern und Dolmetschern optimale Möglichkeiten, sich im Wettbewerb zu positionieren und überhaupt gesehen zu werden", betont Reiner Heard, Vorsitzender von ATICOM. „Dies ist angesichts der aktuellen Marktentwicklung unverzichtbar, für Berufsanfänger und erfahrene Kollegen gleichermaßen. Als eher kleiner Verband reagieren wir schnell und flexibel auf die Bedürfnisse unserer Mitglieder. Wir können zwar nicht auf **allen** Hochzeiten tanzen – dafür aber dort, wo die Zukunftsmusik spielt!"

Aufnahmekriterien
ATICOM nimmt ausschließlich natürliche Personen als Mitglieder auf, die eine berufliche Qualifikation als Übersetzer und/oder Dolmetscher bzw. entsprechende Berufserfahrung nachweisen können und den Beruf auch persönlich ausüben. Der Verband fungiert als Schnittstelle zwischen Mitgliedern und potenziellen Auftraggebern wie Unternehmen, Verbänden, Behörden und Institutionen.

Schwerpunkte der Verbandsarbeit:

ATICOM erster Ansprechpartner für die Zertifizierung nach ISO 17100
Die beruflichen Rahmenbedingungen für Übersetzer und Dolmetscher haben sich in den vergangenen Jahren deutlich verändert. Immer komplexere Übersetzungsprojekte, neue CAT-Tools, der kundenseitige Kostendruck und die Marktkonzentration hin zu immer größeren Anbietereinheiten mit einer entsprechenden Preispolitik – dies sind nur einige der Herausforderungen, mit denen die Berufsangehörigen heute konfrontiert sind. Dazu kommt die neue Zertifizierungsnorm ISO 17100 (Anforderungen und Empfehlungen an Übersetzungsdienstleistungen), die seit April 2015 besonders die große Zahl der freiberuflichen, vorwiegend allein arbeitenden Übersetzerinnen und Übersetzer vor neue Aufgaben stellt. So erwarten Kunden von Übersetzungsagenturen zunehmend den Nachweis, dass freie

Mitarbeiter eingesetzt werden, die die in der ISO 17100 geforderten Qualifikationen erfüllen. Für die einzelnen Sprachmittler/-innen wird es unter diesen Bedingungen immer schwieriger, ihre Position auf dem Markt zu behaupten. Hier kann eine Zertifizierung nach ISO 17100 auch „Einzelkämpfern" dabei helfen, einen Marktvorsprung zu erreichen, der außerdem von der Konkurrenz nicht so leicht aufholbar ist. Wäre es eventuell sogar möglich, dadurch neue Marktsegmente zu erschließen? „Ein klares Ja", lautet die Einschätzung von Isabel Schwagereit, Vorstandsmitglied von ATICOM und verantwortlich für das Thema Zertifizierung und Normen. Nach ihrer Auffassung liegt hier eine große Chance für freiberufliche Übersetzer und zur weiteren Professionalisierung des Berufsstandes. ATICOM ist auf diesem Gebiet erster Ansprechpartner für alle Berufskollegen und berichtet außerdem laufend auf allen Medienkanälen über den aktuellen Entwicklungsstand weiterer DIN- und ISO-Normen für die Sprachmittlerbranche.

Gerichts- und Behördenterminologie
Ein weiteres besonderes Angebot von ATICOM ist die sogenannte „Rechtssprache-Prüfung". Der Verband entspricht mit dieser Weiterbildungsmöglichkeit dem Bedarf zahlreicher Kollegen und Kolleginnen, die nicht in ausreichendem Maße Praxiskenntnisse der deutschen Rechtssprache vorweisen können. Das Seminar schließt mit einer von den Oberlandesgerichten in NRW und dem Landgericht Hannover für Niedersachsen für die Erteilung der Ermächtigung anerkannten Prüfung ab. Zu diesem Zweck wurde eine Kooperation zwischen ATICOM und der **Hochschule für Wirtschaft und Umwelt Nürtingen-Geislingen** (HfWU) vereinbart. Seit 2009 nimmt die Hochschule regelmäßig externe Prüfungen in NRW, seit 2011 zusätzlich in Niedersachsen ab – dies ist möglich, da die Abnahme der Prüfung nicht an einen Ort, sondern an die Prüfungsordnung gebunden ist. ATICOM übernimmt

als Kooperationspartner der Hochschule die Organisation vor Ort. Weitere Informationen, Teilnahmevoraussetzungen und alle Termine der aktuellen Rechtssprache-Prüfungen sind auf **www.aticom.de**, Menüpunkt „Veranstaltungen" einsehbar.

ATICOM-Seminare nach Maß
ATICOM bietet regelmäßig berufsspezifische Webinare, Präsenzseminare und Veranstaltungen zu verschiedenen Themen, wie Interkulturelle Kommunikation, Marketing, Kundenbindung, Preiskalkulation, Steuerrecht, Gerichtsdolmetschen und elektronische Medien, an. Besondere Schwerpunkte sind die neuen Seminare zu den **Anforderungen der ISO 17100** seit 2016 sowie die regelmäßig stattfindenden Weiterbildungen und Prüfungen zum Thema **Deutsche Rechtssprache – Gerichts- und Behördenterminologie**, die nach den Dolmetscher- und Übersetzergesetzen Grundlage für die Erteilung einer Ermächtigung und/oder Beeidigung sind. Langjährige Tradition im Seminarangebot haben der jährlich von ATICOM veranstaltete **Workshop für Portugiesisch**-Übersetzer/-innen sowie der **Anglophone Tag** und das **Réseau franco-allemand**, die im Wechsel mit Schwesterverbänden von ATICOM ausgerichtet werden.

Internationale Präsenz
ATICOM wirkt aktiv in verschiedenen Organisationen und Gruppierungen auf nationaler und internationaler Ebene mit und wurde bereits im August 2002 als Vollmitglied in den **Weltübersetzerverband FIT** (**www.fit-ift.org**) aufgenommen. Die FIT vertritt als Dachorganisation die Interessen von Übersetzern, Dolmetschern und Terminologen auf globaler Ebene.

Reiner Heard, Vorsitzender von ATICOM, gehört dem Rat der FIT seit 2011 an und wurde 2014 zum Vizepräsidenten der FIT ernannt. In den vergangenen Jahren leitete er zwei Ausschüsse und war für die Beziehungen zum Regionalzentrum Europa der FIT (FIT Europe) verantwortlich. Zuvor engagierte er sich über einen Zeitraum von neun Jahren aktiv im Lenkungsausschuss der FIT Europe. Zur ATICOM-Delegation in der FIT gehörte für drei Jahre auch ATICOM-Vorstandsmitglied Isabel Schwagereit, die in diesem Zeitraum aktiv im FIT-Normungsausschuss mitarbeitete.

Seit 2010 ist ATICOM Mitglied im Verband der europäischen Gerichtsdolmetscher und -übersetzer **Eulita** *(European Legal Interpreters and Translators Association,* ***www. eulita.eu****)* und wird dort von Vorstandsmitglied Dragoslava Gradinčević-Savić vertreten. Eulita kümmert sich auf internationaler Ebene um die Interessen der Sprachmittler im Justizbereich und koordiniert Projekte zu aktuellen Themen wie videogestütztes Dolmetschen im Gericht.

Mitgliederdatenbank, Verbandszeitschrift und Internetpräsenz
Die durchsuchbare **Mitgliederdatenbank** *von ATICOM im Internet steht an prominenter Stelle auf der Startseite von* ***www.aticom.de*** *und wird außerdem auf allen anderen Seiten der Internetpräsenz auf der rechen Seite angezeigt. So ist sichergestellt, dass potenzielle Auftraggeber die Suchmaske leicht finden, auch wenn sie über direkte Links auf eine der ATICOM-Seiten gelangen.*

ATICOM gibt die zweimal jährlich erscheinende Zeitschrift FORUM heraus, die über aktuelle Themen und Veranstaltungen aus der Sprachmittlerbranche berichtet. Sie wird per Post an alle Mitglieder versendet und steht auf ***www.aticom.de*** *zum Download bereit.*

Auf der Internetpräsenz ***www.aticom.de*** *kann man sich in den Rubriken „Aktuelles", „Veranstaltungen" und*

„Kurznachrichten" auf einen Blick über interessante Ereignisse für Dolmetscher und Übersetzer auf dem Laufenden halten. Außerdem twittert ATICOM unter **@aticom_aktuell** und ist auch auf **Facebook** aktiv.

Weitere Informationen zu ATICOM und zur Beantragung der Mitgliedschaft sind auf **www.aticom.de** zu finden. Interessenten können sich jederzeit an die Geschäftsstelle wenden:

ATICOM e. V. – Fachverband der Berufsübersetzer und Berufsdolmetscher e. V.

Geschäftsstelle:
Winzermarkstraße 89
45529 Hattingen
Tel.: 02324 593599
Fax: 02324 681003
E-Mail: **Geschaeftsstelle@aticom.de**

Der BDÜ – eine starke Gemeinschaft

Gerade freiberuflich tätigen Übersetzern, die oft als Einzelkämpfer unterwegs sind, bietet die Mitgliedschaft in einem Berufsverband wie dem Bundesverband der Dolmetscher und Übersetzer e. V. (BDÜ) viele Vorteile. Neben konkreten berufsrelevanten Hilfestellungen und **Vergünstigungen** *im Arbeitsalltag profitieren die Mitglieder auch davon, dass der BDÜ als* **größter Berufsverband** *im deutschsprachigen Raum ein ernstzunehmender* **Interessenvertreter** *sowohl in der Politik als auch in der Wirtschaft ist. Mit derzeit mehr als 7500 Mitgliedern repräsentiert er 80 Prozent aller organisierten Dolmetscher und Übersetzer und spricht daher mit* **gewichtiger Stimme** *für die Belange des Berufsstands. Dies ist auch deshalb von besonderer Bedeutung, weil die Berufe des Übersetzers und des Dolmetschers nicht geschützt und bisher nur in wenigen Bereichen wie z. B. in der Justiz zu einem gewissen Grad geregelt sind.*

Da für eine Aufnahme in den Verband bestimmte **Qualifikationskriterien** *erfüllt sein müssen, gilt die BDÜ-Mitgliedschaft als* **Qualitätssiegel***. Darauf achten auch potenzielle Auftraggeber. Ein oft entscheidender Faktor also für die erfolgreiche Vermarktung der eigenen Dienstleistung. Dazu trägt auch die vom Verband* **breit beworbene Online-Datenbank** *bei, in der nach unterschiedlichsten Kriterien gesucht werden kann – für viele Mitglieder ist sie ein hilfreiches* **Marketinginstrument***, das zudem stetig weiterentwickelt wird. So hat jedes in der Datenbank eingetragene Mitglied inzwischen eine eigene Microsite, die als Visitenkarte im Netz genutzt und auf die verlinkt werden kann.*

In einer sich zunehmend spezialisierenden und gleichzeitig globalisierenden Arbeitswelt liegt ein besonderer Schwerpunkt für Übersetzer in der **beruflichen Fort- und Weiterbildung***. Ein umfangreiches* **Workshop-, Seminar-, Webinar- und Kongressprogramm** *der einzelnen*

Mitgliedsverbände und der BDÜ Weiterbildungs- und Fachverlagsgesellschaft sorgt dafür, dass hier fast keine Wünsche offenbleiben. Angefangen bei **betriebswirtschaftlichem Know-how** für den Geschäftsalltag sowie dem effizienten Umgang mit **technischen Hilfsmitteln** über sprachliche und fachspezifische Weiterentwicklung bis hin zur Ausweitung der Kompetenzen auf **berufsverwandte Felder wie Lektorat oder Transkreation** – das Angebot des BDÜ wird dem eigenen Anspruch auf lebenslanges Lernen und berufliche Qualifikation auch nach einer fundierten Ausbildung gerecht. Ergänzt wird dieses Spektrum zur fortlaufenden Weiterqualifizierung durch das Angebot des BDÜ Fachverlags, das ein kontinuierlich wachsendes Spektrum **hochspezialisierter Nachschlagewerke, fachspezifischer Hintergrundinformationen sowie Sammelbände zu berufsrelevanten Themen** bietet.

Nicht zuletzt schätzen die Mitglieder aber auch die große Gemeinschaft und das **Netzwerken** mit Gleichgesinnten. **Mentoringprogramme** bieten Berufseinsteigern die Möglichkeit, von erfahrenen Kolleginnen und Kollegen im Tandem zu lernen und im Gegenzug aktuelles Know-how aus dem Studium oder junge Denkansätze einzubringen. Gleichzeitig bildet ein so weitreichendes Netzwerk die Grundlage für das Entstehen von **Kooperationen** unter Kolleginnen und Kollegen, die Auftraggebern gemeinsam ein breites Spektrum an qualifizierten Sprachdienstleistungen bieten und so auch im Wettbewerb mit eher anonymen größeren Übersetzungsunternehmen dank ihrer persönlichen und direkten Kundenbetreuung punkten können.

Insgesamt lohnt sich also die BDÜ-Mitgliedschaft in vielerlei Hinsicht. Eine **Auswahl der Leistungen**:

- großes **Informations- und Fortbildungsangebot** (mit Teilnahme zu Vorzugsbedingungen)

- öffentlichkeitswirksame Präsenz in der **Internetdatenbank** und in ausgewählten gedruckten Verzeichnissen sowie **preisgünstige Werbemöglichkeiten** z. B. in Fachlisten, die an Behörden und Unternehmen versandt werden
- **attraktive Gruppenversicherungsverträge** mit speziell auf den Bedarf von Übersetzern und Dolmetschern zugeschnittenen Versicherungsbedingungen
- regelmäßiger Bezug des **MDÜ, der auflagenstärksten Fachzeitschrift** für Dolmetschen und Übersetzen im deutschsprachigen Raum
- Möglichkeiten zum kollegialen Austausch und zum **Netzwerken** bei regionalen Veranstaltungen und Treffen sowie über das **Online-Forum „MeinBDÜ"**
- **Beratung bei Existenzgründung**, in Rechtsfragen und in berufsrelevanten Belangen
- **Vertretung der Interessen des Berufsstandes** gegenüber Wirtschaft, Politik (gesetzgebenden Gremien), Behörden, Gerichten, Institutionen

(www.bdue.de/der-bdue/leistungen)

Wer also von den Angeboten des Verbands überzeugt ist und Mitglied werden oder sich vielleicht auch selbst in der stetig wachsenden Gemeinschaft von Kolleginnen und Kollegen für den eigenen Berufsstand engagieren möchte, kann dem BDÜ beitreten, wenn eine der folgenden **Aufnahmevoraussetzungen** erfüllt ist:

- **qualifizierter Abschluss** als Übersetzer und/oder Dolmetscher (Hochschulabschluss, staatliche oder staatlich anerkannte Prüfung) oder
- äquivalenter Abschluss als Übersetzer und/oder Dolmetscher einer **anerkannten ausländischen Universität** oder
- philologisches oder **anderweitiges Hochschulstudium** mit **mehrjähriger, nachgewiesener Erfahrung** als Übersetzer und/oder Dolmetscher.

- Studium in einem für die Aufnahme in den BDÜ **qualifizierenden Studiengang** (**studentische Mitgliedschaft** zu ermäßigten Beiträgen).
- Darüber hinaus gibt es beispielsweise für Weiterbildungseinrichtungen, Organisationen oder auch Sprachendienste von Unternehmen die Möglichkeit einer **außerordentlichen Mitgliedschaft**.

Detaillierte Informationen zu den bundesweit geltenden **Aufnahmebedingungen** finden sich auf der BDÜ-Website (**www.bdue.de**) und im dort verfügbaren Online-Aufnahmeantrag (**http://mitgliedwerden.bdue.de**).

Über die aktuellen Entwicklungen im Verband und in der Branche informiert der BDÜ auf seiner **Website** (s. o.) sowie über seine **Social-Media-Präsenzen** (Facebook, Twitter).

Für Fragen und persönliche Gespräche sind die Geschäftsstellen der Mitgliedsverbände (**www.bdue.de/der-bdue/organisation/mitglieder**) die erste Anlaufstelle. Eine ideale Gelegenheit zum Kennenlernen bieten die zahlreichen Veranstaltungen und Treffen der **Regional- oder Fachgruppen** in der eigenen Umgebung, über die die Mitgliedsverbände auf ihren eigenen Websites regelmäßig informieren.

Bundesverband der Dolmetscher und Übersetzer e. V. (BDÜ)
Bundesgeschäftsstelle
Uhlandstraße 4-5
10623 Berlin
Tel.: 030 88712830
Fax: 030 88712840
E-Mail: **info@bdue.de**
Web: **www.bdue.de**

Damit all diese Bemühungen und Demonstrationen Ihrer Professionalität jedoch auch bei potenziellen Kunden den richtigen Eindruck machen können, müssen Sie ihnen diese Informationen auch zugänglich machen.

2. Die eigene Website

Lassen Sie mich eines vorneweg sagen: Basteln Sie sich Ihre Website unter keinen Umständen mithilfe eines Baukastensystems selbst kostenlos zusammen. Professionalität und Baukastenhomepage sind ein Widerspruch in sich.

Ihre Website ist wie das Schaufenster eines Ladens.
Wie die Verpackung eines Produkts.
Wie der Trailer zu einem Film.
Wie das Cover einer CD.

Natürlich soll Ihre Website in erster Linie Informationen vermitteln. So wie ein Laden in erster Linie Waren verkaufen soll – nur wird ihn niemand betreten, wenn das Schaufenster aussieht wie bei Hempels unterm Sofa. Ein Produkt wird nicht gekauft, wenn die Verpackung rein weiß ist, quadratisch und einfach nur „Reis" draufsteht (es sei denn natürlich, er ist sehr billig. Billigprodukte erkennt man bekanntlich am spartanischen Design – aber genau das wollen wir ja nicht). Bei jedem Bewerbungstraining wird den Kandidaten eingebläut, dass die Unterlagen auf einem guten Papier gedruckt sein müssen, fleckenfrei, sortiert, in einer faltenfreien Mappe. Sie könnten vermutlich die besten Zeugnisse und Referenzen der besten Universitäten und Arbeitgeber in Ihrer Mappe haben – wenn die Unterlagen Eselsohren aufweisen und in einer Plastiktüte stecken, haben Sie kaum Chancen, dass der Personalchef sie liest, geschweige denn, Sie einstellt.

Ihr Internetauftritt muss exakt so professionell aussehen wie die Leistung, die Sie verkaufen. Ein 6-Sterne-Hotel braucht eine imposante Fassade, ein teures Parfum einen außergewöhnlichen Flakon und ein erfolgreicher Schönheitschirurg eine großzügige Praxis. Von diesem äußeren Eindruck hängt es ab, was der Kunde erwartet. Und dieser erste Eindruck muss vermitteln, was der Kunde erwarten kann.

Eine selbst gebastelte Website hingegen hat etwas von einer Google-Übersetzung; natürlich geht das irgendwie, aber professionell ist etwas anderes. Beauftragen Sie hingegen einen fähigen Webdesigner und verlinken diesen auch auf Ihrer Website („Webdesign by..."), sieht jeder potenzielle Kunde sofort, dass Sie sich einen Webdesigner leisten können, insofern müssen Sie ja mit Ihrer Arbeit Geld verdienen und somit auch gut sein. Landet er hingegen auf einer selbst zusammengeschusterten Seite, die so aussieht, wie sich eine Computerübersetzung liest, weiß er genauso schnell, dass er es nicht mit einem Profi zu tun haben KANN. Sie können mit der Website eines Amateurs nicht den Eindruck eines Profis vermitteln!

Verlassen Sie sich nicht darauf, dass die Inhalte für sich sprechen. Der potenzielle Kunde klickt auf Ihre Website, und wenn die sich zu langsam aufbaut oder ihm auf den ersten Blick schon von der Optik her nicht gefällt, liest er die tollen Texte gar nicht erst. Und selbst wenn, ist er sicherlich nicht bereit, genauso viel für Ihre Dienstleistung auszugeben, wie es mit einer optisch ansprechenden Seite der Fall wäre. So wie er nicht bereit ist, für ein Nudelgericht in einer Hinterhofpizzeria genauso viel auszugeben wie für das gleiche Nudelgericht beim Nobelitaliener. Oder für ein No-Name-Produkt so viel wie für einen Markenartikel. Natürlich kann ein No-Name-Produkt gleichwertig mit seinem Konterpart mit dem berühmten Namen sein – und dennoch geben die Menschen für diesen berühmten Namen, für die teure Verpackung, in einem wohlsortierten Laden mit breiten Gängen mehr Geld aus.

Sehen Sie einen professionell erstellten Internetauftritt nicht als Kostenfaktor, sondern als eine Investition. Wenn Sie dem Kunden gegenüber darauf pochen, dass nur eine Profi-Übersetzerin gute Arbeit leisten kann und der Auftraggeber nicht seine Sekretärin an den Text lassen sollte, obwohl die auch Englisch kann, müssen Sie konsequenterweise auch einen Profi-Webdesigner mit der Erstellung Ihrer Website beauftragen und dürfen nicht selbst Hand anlegen – sonst machen Sie sich unglaubwürdig. (Es sei denn natürlich, Sie kennen sich wirklich mit so etwas aus.) You never get a second chance to make a first impression!

Nutzen Sie die Chance und machen sich ganz bewusst selbst ein Bild: Suchen Sie nach einem fähigen Webdesigner. Genau so, wie Sie dabei vorgehen, könnte einmal ein Kunde vorgehen, der Sie finden soll. Googeln Sie, fragen Sie im Bekanntenkreis, sehen Sie sich Websites und Referenzen der Kandidaten an und erfahren und beurteilen Sie selbst, ob Sie jemanden bevorzugen, der eine billig aussehende Seite hat, weil Sie davon ausgehen, dass der nicht so teuer sein wird, ober ob Sie sich für einen Designer mit einer übersichtlichen, informativen und optisch ansprechenden Website entscheiden, weil diese den Eindruck vermittelt, dass Sie es mit einem Profi zu tun haben, der sein Geld wert sein wird. Die eine oder andere Vorarbeit können Sie natürlich selber leisten; das spart nicht nur ein paar Euro, es macht dem Webdesigner auch die Arbeit leichter.

Die Domain

Als Erstes braucht Ihre Website einen Namen, eine Domain, eine URL. Hier stellt sich die Frage: Nehme ich meinen eigenen Namen oder denke ich mir eine Firmenbezeichnung aus?

Klare Antwort: Nehmen Sie Ihren Nachnamen! Sollte die Domain mit Ihrem Nachnamen nicht mehr frei sein, dann die Kombination aus Vor- und Nachnamen. Ich habe keine Ahnung, wieso sich so viele Übersetzerinnen irgendwelche Wortverbindungen mit „trans", „lingua" oder Ähnlichem aus den Fingern saugen. Diese Namen sehen alle gleich aus, und kein Mensch kann sie sich merken. Und wenn der Kunde „translingua.de" öffnen will und versehentlich „translinguae.de" eintippt, landet er im schlimmsten Fall bei der Konkurrenz und bleibt dort. Abgesehen davon riskieren Sie teure Klagen von großen Agenturen, die sich ihren Firmennamen haben schützen lassen, wenn Ihrer ähnlich klingt – was bei Bestandteilen wie „trans" oder „lingua" sehr schnell passieren kann.

Machen Sie sich klar, dass Auftraggeber entweder eine Agentur suchen oder eine Freiberuflerin. Eine Agentur hat für den Kunden ganz klare Vorteile: Sie bietet alle gewünschten Sprachen und Fachrichtungen aus einer Hand, darüber hinaus Qualitätsmanagement, zuverlässige Erreichbarkeit während der üblichen Bürozeiten und kein Ausfallrisiko durch Urlaub oder Krankheit. Die Freiberuflerin hingegen bietet dem Kunden persönliche Betreuung und die Gewissheit, dass wirklich die qualifizierte Übersetzerin, die er gesucht hat, persönlich an seinem Text arbeitet – bei einer Agentur weiß er ja im Grunde nie, wem diese den Text weitergibt. Was ein Auftraggeber jedoch ganz sicher nicht sucht, ist eine Freiberuflerin, die den Auftrag an eine dem Kunden unbekannte Person weitervermittelt und dennoch nicht zuverlässig erreichbar ist – sprich die Nachteile beider Alternativen in sich vereint. Insofern ist es wenig sinnvoll, als Freiberuflerin so zu tun, als wäre man eine Agentur.

Von der Wahl Ihrer Domain kann es abhängen, ob der Kunde in der Ergebnisliste bei Google überhaupt darauf klickt:

Sucht er nach einer Agentur, wird er vermutlich einen Fantasienamen mit „trans" oder „lingua" bevorzugen; sucht er nach einem Freiberufler, jedoch eine Domain mit Vor- und Nachnamen der Person. Logisch, oder? Deshalb sollten Sie sich als Freiberuflerin für die Domain mit Ihrem Namen entscheiden.

Wenn Sie einen häufig vorkommenden Personennamen haben und die entsprechende Domain nicht mehr frei ist, oder einen recht schwierigen Namen und Ihre Seite bekanntlich schon bei einem einzigen Tippfehler im Browser nicht mehr gefunden wird, bleibt Ihnen nichts anderes übrig, als sich einen Unternehmensnamen auszudenken. Lassen Sie hier unbedingt Fantasie walten und verzichten Sie auf die ausgelutschten oben genannten Bestandteile! Bei „Apple" denkt jeder sofort an Computer, obwohl der Name nun so gar nichts mit Bits & Bytes zu tun hat, und ein Name für Ihr Eine-Frau-Übersetzungsunternehmen, der sich so völlig vom Üblichen abhebt, bleibt viel leichter im Gedächtnis. Alles, nur nicht Mainstream!

Bedenken Sie, dass die Domain auch bei Personen, die in der von Ihnen angebotenen Fremdsprache suchen, denselben Eindruck machen muss wie in Ihrer Muttersprache – da unterlaufen selbst großen Autoherstellern bekanntlich gern mal Schnitzer. Und achten Sie auch hier unbedingt auf Professionalität! www.uebersetzermausi.de ist zwar gut zu merken, macht jedoch einfach keinen seriösen Eindruck, selbst wenn Ihr Nachname Mausi sein sollte.

Eine weitere Möglichkeit der Domain, die sehr suchmaschinenfreundlich ist, ist eine Kombination aus Übersetzer/Übersetzerin/Übersetzung und Ihrem Wohnort: www.übersetzer-oldenburg.de. Damit haben Sie eine sogenannte sprechende Domain: Man sieht sofort, was sich dahinter verbirgt. Als sogenannte Keyword-Domain verhilft ihnen diese Webadresse auch potenziell zu einem guten Ranking. Sie ist allerdings auch recht unpersönlich.

Wenn Sie sich für eine Domain entschieden und sie registriert oder registrieren lassen haben, dann verwenden Sie bitte auch die entsprechende E-Mail-Adresse, die auch genau so im Impressum stehen muss: mail@meine-domain.de sieht professioneller aus als uebersetzermausi@yahoo.de. Verwenden Sie für berufliche Zwecke immer diese Adresse Ihrer beruflichen Website und niemals eine mit der privaten Website Ihrer Familie wie astrid@wirsinddiemeiers.de! Der neugierige potenzielle Geschäftspartner sieht sich die Website vielleicht an, und wenn er dann den Bericht Ihres kleinen Bruders vom letzten durchgesoffenen Cluburlaub auf Mallorca findet, kann es um Ihren professionellen Eindruck schon geschehen sein. Mit der E-Mail-Adresse mail@meine-domain.de demonstrieren Sie, dass Sie eine Website haben, und somit Professionalität – kostenlose E-Mail-Adressen, die womöglich sogar Werbung mitschicken, lassen die Hobbyübersetzerin erkennen.

WordPress

Ich bin ein absoluter Fan von WordPress. WordPress ist eigentlich ein Blogsystem, kann aber auch wunderbar für die Erstellung von Unternehmenswebsites verwendet werden.

Die Vorteile:

- Kinderleichte Handhabung. Texte einer WordPress-Seite zu ändern ist so einfach wie bei einer Word-Datei. Mit ein bisschen mehr Übung kann man auch Fotos austauschen, Seiten einrichten, den Seitenaufbau ändern usw. Das spart eine Menge Geld im Vergleich zu vom Webdesigner selbst gestrickten Seiten, die nur er selbst

ändern kann. Und Sie sollten die Inhalte Ihrer Seite ab und zu ändern, da jede Aktualisierung das Ranking in den Suchmaschinen verbessert. Statische Seiten werden hier benachteiligt.
- Genial-einfache Suchmaschinenoptimierung. Plug-in installieren, ausfüllen, fertig. Auch hier sparen Sie eine Menge Geld für einen SEO-Profi.
- Eine Baukastenhomepage kostet gern mal 10 Euro im Monat – das Hosting Ihrer WordPress-Seite ist schon ab 3,00 Euro zu haben (kleinstes Paket bei Strato, Stand Oktober 2016). Dadurch sparen Sie so viel Geld, dass sich die Kosten für die Erstellung des eigenen Designs schnell amortisiert haben.
- Bei einem Hostwechsel nehmen Sie Ihre WordPress-Seite einfach mit – versuchen Sie das mal mit einem Baukastensystem!
- Google liebt WordPress und äußert dies in einem guten Ranking.
- WordPress ist sehr weit verbreitet und hat eine sehr große Community. Deshalb ist es sehr einfach, im Internet Hilfe zu finden, wenn mal etwas nicht funktioniert. Einfach googeln, denn irgendjemand hat sicherlich schon mal was darüber geschrieben, oder im Forum fragen unter **http://forum.wpde.org/**.

Eine ausführliche Anleitung, wie Sie Ihre Website mit WordPress erstellen, Seiten anlegen, Bilder einfügen, Plugins installieren usw. finden Sie beispielsweise in meinem Blog **www.miriam-neidhardt.de/blog** als kostenlosen PDF-Download.

Tipp: Aktivieren Sie für Ihre Domain das Sicherheitszertifikat SSL; dann lautet Ihre URL http**s**://www.meine-domain.de. Bei Strato ist dieses für eine Domain im Preis enthalten und mit einem einfachen Klick zu aktivieren. Bei anderen Hosts geht das natürlich auch, Sie müssen halt nur herausfinden, wie. Dadurch wirkt Ihre Seite nicht nur für den Besucher vertrauenswürdiger, Sie schieben Ihre Website auch im Ranking nach oben.

Der Aufbau

Ihr Internetauftritt ist vergleichbar mit einer klassischen Bewerbung als Arbeitnehmerin: Diese beinhaltet in der Regel ein Motivations-/Anschreiben, den Lebenslauf, ein Bewerbungsfoto, Kontaktdaten, Gehaltsvorstellungen und besondere Fähigkeiten. Das Ganze sollte bekanntlich möglichst ansprechend aussehen, um bei der Flut von Bewerbungen überhaupt berücksichtigt zu werden; das Auge isst schließlich mit! Überflüssige Informationen, ausschweifende Formulierungen usw. haben in einer Bewerbung hingegen nichts zu suchen; von zu viel Text fühlen sich viele Menschen leicht erschlagen, sie überfliegen die Zeilen nur und verpassen so die Informationen, die Sie eigentlich vermitteln wollen.

Die Website einer freiberuflichen Übersetzerin muss somit keine 25 Unter- und Unter-Unterseiten haben, vier sollten für den Anfang ausreichen: Home, Wer bin ich, Was biete ich, Impressum.

Pflicht

Home: Die Startseite Ihres Internetauftritts; vergleichbar mit dem Motivationsschreiben bei einer Bewerbung. Warum sollte sich der Leser ausgerechnet für Sie entscheiden? Auf diese Seite kommt er zuerst, und nur, wenn ihm diese Seite gefällt, klickt er sich weiter durch, im Idealfall bis zu Ihren Kontaktdaten. Der erste Eindruck zählt! Es ist sicherlich Geschmackssache, aber bei unpersönlichen Websites, auf denen sich ein hoch motiviertes Team angeblicher Mitarbeiter diskutierend über einen Verhandlungstisch beugt oder mir ein begeistertes Model mit Telefon am Ohr entgegenspringt, springe ich genauso schnell wieder ab. Sie sind keine Agentur, Sie sind eine Freiberuflerin, ein Eine-Frau-Unternehmen, und als solches sollten Sie auch auftreten. Der Vorteil, den Sie gegenüber einer Agentur bieten, ist der persönliche Kontakt: Der Kunde weiß genau, mit wem er es zu tun hat, nämlich mit Ihnen persönlich und nicht mit einer Telefonistin, Sekretärin, Projektmanagerin oder Vermittlerin, und genau das sollte Ihr Internetauftritt auch aussagen. Der potenzielle Kunde muss sich auf Ihrer Startseite willkommen und gut aufgehoben fühlen und Lust bekommen, weiterzulesen; wenn er auf einer Seite landet, die aussieht wie tausend andere, auf denen er auf seiner Suche nach einer geeigneten Übersetzerin war, klickt er womöglich gar nicht erst weiter.

Auf die Startseite gehören demnach eine Begrüßung und eine kurze Zusammenfassung, was ihn auf den folgenden Seiten erwartet und wieso er sich für Sie entscheiden sollte.

Wer bin ich: Hier sollte eine Art Lebenslauf stehen, vor allem gehören hier Ihre Qualifikationen, Ihre Ausbildung, Ihr Werdegang hin; Geburtsdatum, Familienstand, Schule hingegen sind überflüssig. Da ein potenzieller Kunde viel eher Kontakt zu Ihnen aufnehmen wird, wenn er SIEHT, mit wem er es zu tun hat, sollten Sie in Erwägung ziehen, auch ein gutes, professionell gemachtes Foto von sich auf Ihre Website zu setzen. Kein Urlaubsschnappschuss, kein Foto mit Selbstauslöser am eigenen Schreibtisch gemacht, auch wenn Sie darauf noch so gut getroffen sind! Auch das Foto muss so professionell sein wie die Dienste, die Sie anbieten. Aktualisieren Sie das Bild ab und an; wenn Sie aussehen wie 25, aber mit 20 Jahren Berufserfahrung werben oder eine Frisur aus den Sechzigerjahren tragen, könnte das eher schaden als nutzen; immerhin sieht der Kunde so, dass Sie Ihren Auftritt nicht wirklich pflegen, was wiederum den Schluss zulassen könnte, dass Sie gar nicht mehr arbeiten und die Website nur noch ein Relikt ist – und schon laufen Sie Gefahr, dass er Sie gar nicht erst kontaktiert.

Was biete ich an: Hier geben Sie an, welche Sprachrichtungen Sie übersetzen, ob Sie auch dolmetschen, Korrektur lesen, welche Fachgebiete, Dateiformate und Software Sie beherrschen, ob Sie auch andere Sprachrichtungen vermitteln usw. Werben Sie nie mit Selbstverständlichem! Es ist selbstverständlich, dass Sie pünktlich und zuverlässig liefern, ein Auge fürs Detail haben, akkurat übersetzen, sich die Übersetzung so liest wie das Original, die Daten vertraulich behandelt werden, Angebote kostenlos sind usw. Diese Floskeln haben etwas von einem Bäcker, der damit wirbt, Teig kneten zu können und seine Bäckerei jeden Morgen pünktlich zu öffnen. Wenn jemand mit solchen Selbstverständlichkeiten wirbt, stellt sich mir jedes Mal die Frage, ob diejenige keine anderen positiven Eigenschaften anzupreisen hat – was nicht gut ist.

Impressum: Ein Impressum, die Anbieterkennzeichnung, ist laut § 5 TMG für jede gewerbliche wie auch geschäftsmäßige Webpräsenz im Internet Pflicht und muss zwingend auf Ihre Seite. Es muss die folgenden Angaben enthalten:

- Vor- und Zuname
- Postadresse
- Telefonnummer
- E-Mail-Adresse
- USt-Id-Nummer, sofern vorhanden
  (nicht die private Steuernummer!)
- Name und Anschrift des Versicherers, bei dem
  Sie Ihre Vermögensschadenhaftpflichtversicherung
  haben, sowie deren Geltungsbereich,
  sofern vorhanden (laut DL-InfoV – Dienstleistungs-
  Informationspflichten-Verordnung)

sowie
- den Hinweis auf die EU-Schlichtungsstelle

Der letzte Punkt ist am 1. Februar 2016 hinzugekommen. Unternehmer, die ihre Ware oder Dienstleistung Privatkunden anbieten, müssen auf die EU-Schlichtungsstelle verweisen. Sie müssen diesen Hinweis also nicht setzen, wenn Sie ausschließlich für Unternehmen arbeiten. Das muss dann allerdings aus Ihrer Website auch deutlich hervorgehen, sonst riskieren Sie eine kostenpflichtige Abmahnung. Der Satz „Beschwerdeverfahren via Online-Streitbeilegung (OS): http://ec.europa.eu/consumers/odr/" reicht aus.

Datenschutz: Wenn Sie das Plug-in Jetpack verwenden, brauchen Sie eine separate Seite für die Datenschutzerklärung (das Gleiche gilt für Google Analytics). Grund ist, dass dieses Plug-in Daten Ihrer Besucher für die Statistik sammelt – und sobald das passiert, muss derjenige darüber informiert werden. Wenn Sie ein Kontaktformular nutzen, sollten Sie darüber hinaus noch folgendem Hinweis hinzufügen: „Bei Kontaktaufnahme mit uns, z. B. per Kontaktformular, werden die Angaben zwecks Bearbeitung der Anfrage sowie für den Fall, dass Anschlussfragen entstehen, gespeichert." Eine mögliche Datenschutzerklärung können Sie gern von meiner Website kopieren, sofern Sie die Links zu den Anwaltsseiten, von denen ich sie habe, nicht vergessen: **www.miriam-neidhardt.de/datenschutz**.

Kür

Preise: Preise anzugeben ist unter Übersetzerinnen offensichtlich verpönt, wobei ich eine Unterseite „Preise", auf der dann nur steht, dass der Preis einer Übersetzung von mehreren Faktoren abhängt und es deshalb nicht möglich ist, einen Preis anzugeben, für überflüssig und ärgerlich halte. Natürlich ist dem so! Dennoch ist es kundenfreundlicher, hier eine Zahl zu nennen. Viele Menschen haben überhaupt keine Ahnung, was eine Übersetzung kostet, und der Suchende möchte eine ungefähre Vorstellung haben, was auf ihn zukommt, bevor er sich die Arbeit macht, seine womöglich vertraulichen Dokumente einer völlig Fremden zu schicken, um dann festzustellen, dass das Projekt über seinem Budget liegt. Die Hürde, ein konkretes Angebot einzuholen, ist kleiner, wenn man bereits eine Hausnummer hat. Mal abgesehen davon sparen Sie sich so die Zeit für das Erstellen von Angeboten für Kunden mit einer völlig inakzeptablen Preisvorstellung. Vergleichen Sie das mit einem Restaurant: Dort hängt die Speisekarte mit Preisen draußen am Eingang aus. Dadurch sortiert das Restaurant automatisch die Gäste vor: Wer „billig" sucht und für ihn zu hohe Preise vorfindet, geht gar nicht erst durch die Tür. So haben sowohl Kellner als auch Hungriger Zeit gespart.

Darüber hinaus kann ein Preis sehr viel über Sie aussagen: Ist er zu niedrig, erwartet der Kunde automatisch Mängel in Ihrer Arbeit und wird diese auch suchen; so wie Sie davon ausgehen, dass ein Handy, das nur 10 Euro kostet, irgendwo einen Haken haben muss. Ist der Preis jedoch relativ hoch angesiedelt, geht der Kunde nicht nur von höchster Qualität aus, sondern auch davon, dass Sie recht gut im Geschäft sein müssen, um sich solche Preise leisten zu können – so wie Sie von einem Handy für 800 Euro Höchstleistungen erwarten. Oder Sie haben eine so beeindruckend professionelle Website, Qualifikation und Referenzliste, dass der potenzielle Kunde sich scheut, Sie zu kontaktieren, in der Annahme, Sie wären sicherlich sowieso unbezahlbar – und wenn er dann sieht, dass Ihre Preise im gesunden, wenn auch oberen Mittelfeld liegen, haben Sie ihn schon so gut wie gewonnen. Wie Sie Ihren Preis finden, wird in Kapitel 19 erörtert.

Referenzen: Sie möchten sich schließlich auch ein Bild der bisherigen Arbeiten machen, wenn Sie nach einem Webdesigner suchen, woher sonst wollen Sie wissen, wie er arbeitet? Abgesehen davon zeigen Sie durch eine Referenzliste natürlich auch, dass Sie tatsächlich Aufträge haben, und gute Referenzen machen nun einmal Eindruck. Das hängt mit dem Herdentrieb des Menschen zusammen: Dort, wo viele Leute hingehen, geht man einfach mit. Nennen Sie nur Referenzen, die Sie auch wirklich haben! Nur weil Sie einmal eine Artikelbeschreibung eines eBay-Verkäufers übersetzt haben, können Sie „eBay" nicht als Kunden angeben, selbst wenn das richtig gut aussieht (alles schon da gewesen). Gut als Referenz eignen sich immer Arbeiten, die im Internet veröffentlicht sind (z. B. von Ihnen übersetzte Websites): Auf diese können Sie verlinken und den Text als Textprobe verwenden. So habe ich in meiner Anfangszeit vermehrt die Übersetzung von Websites beworben, bin so zu mehreren Referenzen gekommen und schon folgte eins aufs andere. Seien Sie jedoch vorsichtig mit der Veröffentlichung von Kundennamen, für die Sie gegenwärtig regelmäßig arbeiten; andere könnten diese Informationen dafür verwenden, genau diese Kunden anzuschreiben und abzuwerben. Eine gute Möglichkeit, dieses Problem zu umgehen, ist eine Auflistung Ihrer in jüngster Zeit erledigten Aufträge, z. B. Bilanz eines DAX-Unternehmens, Patientenbroschüre über Diabetes, Bedienungsanleitung eines Saunaofens. So sieht der potenzielle Kunde, in welchem Gebiet genau Sie Erfahrung haben.

Partner: Über ein Netzwerk zu verfügen und somit nicht alleine zu sein, sondern viele „Freunde" zu haben, sieht immer gut aus. Hier können Sie z. B. Kolleginnen für andere Sprachen verlinken, Ihren Fotografen oder den Webdesigner, mit dem Sie zusammenarbeiten (im Übrigen immer wieder eine sehr fruchtbare Zusammenarbeit. Kunden beauftragen einen Designer mit der Erstellung ihrer

Website, möchten diese mehrsprachig, und der Designer kann zuverlässig auf Sie zurückgreifen. Oder Sie haben den Auftrag zur Übersetzung einer Website und können mithilfe des Designers das Erstellen der fremdsprachlichen Seiten gleich als Komplettangebot anbieten; so hat der Kunde nur einen Ansprechpartner). Gegenseitig verlinkt bringt das alle Beteiligten im Ranking nach oben (siehe SEO). Mit dem Thema Netzwerken befassen wir uns im Laufe dieses Buchs noch detaillierter.

FAQ: Eine Möglichkeit, sich dem Kunden gegenüber als Expertin zu präsentieren, ist das Bieten von wissenswerten Informationen rund um unseren Beruf; so erklären einige den Unterschied zwischen Übersetzern und Dolmetschern, das Prozedere bei Auftragserteilung usw. Für viele potenzielle Kunden, die erstmals einen Übersetzungsauftrag zu vergeben haben, sind diese Informationen sicherlich wissenswert – über unsere Berufssparte herrscht bekanntlich durchaus die eine oder andere Unklarheit bzw. falsche Vorstellung in der Bevölkerung.

Testimonials: Lobende Aussagen über Ihre Arbeit von Kunden; diese sollten wirklich echt sein und den Namen des Verfassers beinhalten – alles andere wirkt unglaubwürdig. Nichts ist einfacher, als sich selbst in den Himmel zu loben und als Quelle „Manager eines führenden Chemiekonzerns" anzugeben! Darauf fällt niemand mehr rein, solche gefakten Lob-Beiträge sind ein Eigentor. Echte, von Herzen kommende lobende Aussagen von realen Kunden hingegen schaffen Vertrauen. Vielleicht hat sich ein Auftraggeber ja mal begeistert bei Ihnen bedankt? Dann fragen Sie ihn, ob Sie diese Aussage veröffentlichen dürfen. Gut als Ergänzung oder als Ersatz für die Referenzseite.

News: Auch eine Unterseite mit Neuigkeiten erfüllt nur ihren Zweck, wenn darauf auch Neuigkeiten stehen und die letzte Neuigkeit keine drei Jahre alt ist. Eine Möglichkeit ist hier auch ein Newsticker: Sie legen sich ein Twitter-Account zu, auf dem Sie nur veröffentlichen, an welchem Projekt Sie gerade arbeiten, und fügen dieses mithilfe eines Plug-ins auf Ihrer Website ein (mehr zu Twitter in Kapitel 4).

Kontakt: Im Grunde stehen zwar alle Kontaktdaten im Impressum, ein Kontaktformular jedoch hat durchaus seine Vorteile: Wenn der Kunde z. B. von einem öffentlichen Rechner aus im Internet ist und sich beim Klick auf Ihre E-Mail-Adresse kein Fenster seines E-Mail-Programms öffnet, kann er Sie so dennoch schriftlich kontaktieren. WordPress bietet mehrere Plug-ins zum Einrichten eines Kontaktformulars. Wenn Sie ein Kontaktformular nutzen, sollten Sie folgenden Hinweis hinzufügen: „Mit dem Absenden des Kontaktformulars erklären Sie sich damit einverstanden, dass Ihre Daten zur Bearbeitung Ihres Anliegens verwendet werden." Das schützt Sie vor einer eventuellen Abmahnung.

AGB: Im Grunde brauchen Sie keine allgemeinen Geschäftsbedingungen; es greifen sowieso die gesetzlichen Regelungen. Dennoch sind eigene AGB recht hilfreich: Beispielsweise können Sie darin einen Zeilenpreis festlegen, der greift, soweit nichts anderes vereinbart wurde (wenn z. B. der Kunde einen Text schickt, Sie beauftragt, aber gar nicht fragt, was es kostet – haben Sie den Preis in den AGB festgelegt und dem Kunden diese AGB bei Auftragsbestätigung mitgesendet, kann er sich hinterher nicht beschweren, dass das aber teuer sei). Ebenso können Sie in Ihren AGB die Frist für die Abnahme (dazu mehr in Kapitel 21 und 23) festlegen. Die Erstellung der eigenen AGB ist unbedingt Sache eines Anwalts.

Ich oder wir?

Merkwürdigerweise ist der Pluralis Majestatis in Websitetexten sehr weit verbreitet. Vielleicht sind Marketingexperten daran schuld, die mal gelernt haben, dass „ich" ein böses Wort wäre. Wenn Sie jedoch ein Einzelunternehmen sind, eine Freiberuflerin, und Sie auf Ihrer Website allein für Ihre eigene Arbeit werben, ist das „wir" sehr irritierend. Dann fragt sich der Leser schon, ob Sie den Text denn nun selber übersetzen werden oder ... wer eigentlich sonst? Geheime Hintermänner, die keine weitere Erwähnung finden? Wo bleibt dann die persönliche Kundenbetreuung? Mit wem habe ich es jetzt eigentlich zu tun?

Seien Sie ehrlich. Wenn Sie nur sich selbst meinen, dann schreiben Sie auch „ich". Sind Sie ein Netzwerk oder haben Sie Angestellte, schreiben Sie „wir". Alles andere ist albern.

Tipps

Links: Wenn Sie auf Ihrer Website Links zu Seiten Dritter haben, achten Sie unbedingt darauf, dass sich diese in einem neuen Fenster öffnen. Sonst laufen Sie Gefahr, dass der Kunde auf einen Link klickt, die Seite interessant findet, von dort aus weiterliest und Ihre Website anschließend nicht mehr findet; das ist insbesondere der Fall, wenn er über eine AdWords-Anzeige zu Ihnen gekommen ist, die bei Eingabe derselben Keywords nicht immer erscheint, und der Kunde sich die URL nicht gemerkt hat. Wenn sich der Link in einem neuen Fenster öffnet, bleibt „Ihr" Fenster weiterhin offen und Sie somit präsent.

Texte: Lassen Sie alle Ihre Texte Korrektur lesen. Immer. Die Texte auf Ihrer Website müssen immer komplett fehlerfrei sein, und Sie werden niemals alle Fehler in Ihren eigenen Texten finden. Und Fehler in Ihren eigenen Texten können fatal sein, wecken sie beim Leser doch nicht unbedingt das Vertrauen, dass Sie die Übersetzung fehlerfrei erledigen können, wenn Sie das noch nicht einmal auf Ihrer Website hinbekommen. Sie können eine noch so professionell gemachte Seite haben, ein noch so tolles Foto und noch so gute Qualifikationen und Referenzen – sobald Sie „AGB's" oder „wegen dem" schreiben, machen Sie den ganzen mühsam aufgebauten Eindruck wieder zunichte.

Schreiben Sie **Schlüsselwörter** fett. So erleichtern Sie dem Besucher das Querlesen. So viel Mühe Sie sich auch mit Ihren Website-Texten geben: Kaum einer wird sie sich wirklich durchlesen. Es muss dem Leser reichen, nur die fett gedruckten Wörter zu lesen und am Ende dennoch zu wissen, was Sie können und was Sie anbieten.

Formulierungen: Seien Sie vorsichtig mit noch so gut gemeinten Formulierungen!
„Wir sind ein recht junges Unternehmen" bedeutet: Ich habe keine Erfahrung. Erwarten Sie Anfängerfehler und stetig steigende Preise.
„Wir sind nicht an feste Bürozeiten gebunden, sondern flexibel dann für Sie da, wenn Sie uns brauchen" bedeutet: Ich habe kein Büro, sondern arbeite hobbymäßig neben der Kinderbetreuung oder sitze wegen Hartz IV eh den ganzen Tag zu Hause.
„Wir behandeln unsere Kundendaten vertraulich und veröffentlichen deshalb keine Referenzen" bedeutet: Wir haben keine Referenzen, erst recht keine, die etwas hermachen.
„<!--[if !supportLineBreakNewLine]-->" bedeutet: Ich sehe mir meine eigene Website nie an, habe niemanden, der sie pflegt, und bin auch nicht in der Lage, kleinere Probleme selber zu beheben. Sie haben es auf gar keinen Fall mit einem kompetenten Profi zu tun.

Hobbys haben auf Ihrer Über-mich-Seite nur etwas zu suchen, wenn sie für Ihre Tätigkeit relevant sind – und dann sollten sie auch unbedingt erwähnt werden, z. B. wenn Sie Kochbücher übersetzen und gern kochen.

Kontaktdaten: Achten Sie darauf, dass Ihr Name und Ihre Kontaktdaten auf jeder einzelnen Unterseite zu sehen sind. So muss der Kunde nicht erst suchen, mit wem er es zu tun hat. Erstens hinterlässt das einen offenen, ehrlichen, transparenten Eindruck und zweitens machen Sie dem potenziellen Kunden so die Kontaktaufnahme leichter.

Anklickbare E-Mail-Adresse: Vermutlich bekommen Sie tatsächlich weniger Spam, wenn Sie statt info@ihre-domain.de „info (at) ihre-domain.de" ins Impressum schreiben. Vielleicht bekommen Sie dadurch jedoch auch weniger Anfragen. Je nachdem, wie kompliziert Ihre Domain ist, besteht so immer die Gefahr, dass sich der Interessent beim Abschreiben Ihrer E-Mail-Adresse vertippt und Sie seine Anfrage gar nicht erhalten – der Kollege mit der anklickbaren E-Mail-Adresse im Impressum jedoch schon, denn da sind Tippfehler ja ausgeschlossen. 1:0 für die Konkurrenz! Sie können den Spammern das Leben jedoch etwas schwerer machen, indem Sie die E-Mail-Adresse im Impressum nicht unbedingt mit „info" beginnen lassen.

Mobile Website: Mittlerweile dürfte die Mehrzahl der Deutschen regelmäßig mobil ins Internet gehen, und viele Websites sind auf dem kleinen Smartphone-Display nur schwer zu lesen. Überprüfen Sie deshalb auch, wie Ihre Website auf dem Smartphone aussieht; ein „Responsive Theme", d. h. ein Theme, das sich der Bildschirmgröße anpasst, ist heutzutage unverzichtbar. So werden Ihre Texte viel besser zu lesen sein, und der potenzielle Kunde wird sich eher für Sie entscheiden, als wenn er Bildausschnitte erst einmal vergrößern muss, um überhaupt etwas erkennen zu können.

Unterschiedliche Browser: Überprüfen Sie, wie Ihre Website mit anderen Browsern aussieht: Internet Explorer, Firefox, Chrome usw. Mit manchen Browsern sind manche Texte oder Umlaute nicht zu lesen, die mit anderen kein Problem sind. Ihre Website sollte jedoch mit allen Browsern professionell aussehen.

Don'ts

Verzichten Sie auf **Flash-Intros** oder ähnliche aufwendige Spielereien, die das Laden der Seite verzögern. Nicht jeder hat eine schnelle DSL-Leitung, und bevor der Kunde wartet, bis er endlich die Seite betreten darf, sucht er sich mit einer gewissen Wahrscheinlichkeit lieber eine andere.

Wenn Sie neben Ihrer Übersetzertätigkeit noch eine Textilreinigung, einen Escortservice oder Ähnliches betreiben, sollten Sie diese Tätigkeiten unbedingt streng voneinander trennen und sich separate Websites für die **unterschiedlichen Aktivitäten** zulegen – alles andere sieht weder vertrauenserweckend noch kompetent aus, denn so demonstrieren Sie, dass Sie die Übersetzertätigkeit nur nebenberuflich betreiben, und genau diesen Eindruck gilt es zu vermeiden. (Ehrlich, ich sauge mir diese Beispiele nicht aus den Fingern, die gibt es wirklich!)

Es sollte selbstverständlich sein, ist aber alles schon da gewesen: **Werbeanzeigen** auf Ihrer Website sind tabu! Pop-up-Anzeigen sind ein Ärgernis und auch auf Anzeigen mit Links zu Versandhäusern oder Ähnliches sollten Sie unbedingt verzichten, wenn Sie einen professionellen Eindruck machen möchten. Die paar eingenommenen Euros sind es nicht wert; der Verlust, den Sie erleiden, weil Kunden wegen der Werbeanzeigen wieder abspringen, dürfte wesentlich höher sein. Mit solchen Anzeigen erwecken Sie den Eindruck, dass Sie die Website zum Geldverdienen im

Internet haben – und nicht unbedingt wegen Ihrer Übersetzertätigkeit selbst.

Sonderangebote sind toll, wenn Sie ein Supermarkt sind – auf Ihrer Website jedoch haben sie nichts zu suchen. Entweder ein Besucher braucht aktuell eine Übersetzung oder nicht; aber er wird sich wohl kaum dafür entscheiden, mal eben etwas übersetzen zu lassen, weil Sie gerade eine Aktion à la „Wenn Sie 10.000 Wörter in Auftrag geben, erhalten Sie 1.000 Wörter kostenlos" laufen haben. Das klingt sehr nach Tele-Shopping, und die dort angebotenen Produkte sind sicherlich selten für ihre herausragende Qualität bekannt. Hinzu kommt Folgendes: Wenn der Kunde Sie nur wegen Ihres günstigen Sonderpreises beauftragt und somit nach einem billigen Angebot sucht, wird er kaum bereit sein, das nächste Mal Ihren Normalpreis zu bezahlen – und so haben Sie entweder einen einzigen Auftrag zum Dumpingpreis erledigt oder sind dazu verdammt, für diesen Kunden weiterhin zum Dumpingpreis zu arbeiten.

Und ich sage es noch mal: Überlassen Sie das Design einem Profi! Zwar bietet WordPress eine Vielzahl von sogenannten Themes, die sich einfach installieren lassen; dennoch sieht Ihre Website so aus wie von der Stange. Lassen Sie sich ein individuelles, professionelles Theme erstellen. Die weitere Pflege der Seite können Sie dann dank WordPress ganz einfach selbst übernehmen.

So viel Mühe Sie sich mit Ihren Texten auch geben, so informativ und fehlerfrei Sie sie auch erstellen: Außer Kolleginnen bei der Konkurrenzbeobachtung wird sie kaum jemand in Gänze lesen. Und so werden Sie immer wieder Anfragen nach Sprachrichtungen erhalten, die Sie nicht bedienen, nach Urkundenübersetzungen, obwohl Sie nicht ermächtigt sind, nach Dolmetschleistungen, obwohl Sie nicht dolmetschen. Lehnen Sie solche Anfragen nicht einfach ab. Entweder Sie nehmen sie an und beauftragen Ihrerseits eine kompetente Kollegin oder Sie empfehlen eine Kollegin. Ein großes Netzwerk ist da sehr hilfreich. So machen Sie die Kollegin glücklich, weil sie einen guten Auftrag bekommt, den Kunden glücklich, weil er eine gute Dienstleisterin gefunden hat, und irgendwann kommt alles Gute auf einen zurück und die Kollegin empfiehlt Sie vielleicht auch mal weiter. So funktioniert Netzwerken! Und der Kunde wendet sich nicht an eine Umtüter-Agentur, die ihre Übersetzerinnen ausbeutet.

3. Suchmaschinenoptimierung (SEO)

Ihre Website möchte natürlich auch gefunden werden, insofern lohnt es sich, Geld und/oder Zeit in die SEO, die Suchmaschinenoptimierung, zu investieren. Was nutzt Ihnen ein professionell erstellter Internetauftritt mit allen Informationen darüber, dass Sie Fachübersetzerin für Englisch in Oldenburg sind, wenn man Sie bei Eingabe der entsprechenden Keywords nicht findet?

Es gibt durchaus Profis für die SEO, im Gegensatz zur Erstellung der Website können Sie hier jedoch getrost zunächst selber tätig werden und bei Bedarf gegen Bezahlung aufstocken, wenn der Rubel rollt.

Zuerst überlegen Sie sich, mit welchen Suchbegriffen Sie gefunden werden sollten. Das wären in erster Linie natürlich die von Ihnen angebotenen Sprachen in Kombination mit Übersetzer, Übersetzung oder Übersetzerin: „Übersetzung Englisch". Allein damit werden Sie allerdings noch nicht gefunden, dafür gibt es zu viele Anbieter, insofern müssen Sie konkreter werden.

Viele Übersetzerinnen sind der Ansicht, dass sie, da sie ja weltweit tätig sind, keine SEO mit ihrem Wohnort benötigen, sondern eher mit ihrem Fachgebiet. Da ist zwar was dran, aber: Probieren Sie es einfach mal aus! Versetzen Sie sich in die Lage eines suchenden Auftraggebers. Gemeint ist kein Auftraggeber in Form einer Übersetzungsagentur oder eines Unternehmens, das häufiger Übersetzungsaufträge zu vergeben hat und sich mit so etwas auskennt, sondern ein Unternehmen, das erstmals eine Übersetzerin benötigt, z. B. für die Übersetzung des Prospekts für eine Solaranlage aus dem Englischen ins Deutsche. Wie würde der Zuständige wohl suchen? Da es sein erstes Mal ist, kennt er aller Wahrscheinlichkeit nach keine der üblichen Übersetzer-Datenbanken.

Also googelt er. Optimistisch, wie er ist, versucht er es zuerst mit „Übersetzer Englisch". Die ersten zehn Treffer sind durchweg kostenlose Online-Übersetzungsprogramme und Wörterbücher (zumindest war dem bei meinem Versuch eben so). Vielleicht gibt er auch „Übersetzer Englisch Deutsch" ein; das Ergebnis ist dasselbe. Also muss unser Suchender seine Suche eingrenzen, um jemanden zu finden. Versuchen wir es spaßeshalber mit der Eingabe des Fachgebietes und geben „Übersetzer deutsch englisch Solartechnik" bei Google ein: wieder nur Wörterbuchseiten. Und unser Suchender hat immer noch keine Übersetzerin gefunden! Und wird langsam genervt. Und da er nicht weiß, wie er die Suche sonst eingrenzen soll, wird er spätestens jetzt seinen Wohnort bzw. die nächstgrößere Stadt mit eingeben.

Hinzu kommt, dass der Kunde aller Wahrscheinlichkeit nach einen Dienstleister aus der Umgebung bevorzugen wird; er will zumindest das Gefühl haben, vorbeikommen zu können, wenn etwas wäre. Ansprüche auf dem Klageweg leichter durchsetzen zu können, sollte das notwendig sein. Er wird sich jemandem aus der Umgebung verbundener fühlen. Und deshalb: Seien Sie weltweit tätig und schließen Sie dennoch in Ihre Suchmaschinenoptimierung Ihren Wohnort und die nächste Großstadt in Ihrer Umgebung ein. Schadet ja nichts! Es ist ja keine Entscheidung zwischen Fachgebiet oder Wohnort – nehmen Sie beides!

Diese wichtigen Schlüsselwörter (Übersetzer und Wohnort) müssen auf Ihrer Website natürlich auch vorkommen: Wenn Sie ein SEO-Plug-in verwenden, gehören diese

Keywords in den Home Title und in die Home Description. Ferner sollten die Keywords in der Überschrift der Startseite auftauchen und natürlich auch im Text darunter – möglichst im ersten Satz. Verlinken Sie diese Keywords im Text mit der entsprechenden Unterseite. So erkennen die Suchmaschinen am besten, wovon Ihre Website handelt.

Wählen Sie für jede Unterseite unterschiedliche Suchbegriffe, unter denen Sie gefunden werden möchten: für die Unterseite „Übersetzungen" z. B. den Begriff „Medizinische Fachübersetzung", für die Unterseite „Korrektorat" den Begriff „Korrektorat", eventuell wieder in Kombination mit Ihrem Wohnort. Mit einem SEO-Plug-in können Sie für jede einzelne Unterseite einen Titel und eine Beschreibung eingeben.

Tipp: Wenn Sie in einer Großstadt leben, wählen Sie für Ihre Suchmaschinenoptimierung auch Ihren Ortsteil, insbesondere, wenn Sie auch beglaubigte Übersetzungen anbieten.

Probieren Sie es aus und googeln Sie mal „Übersetzung Oldenburg". Ich erscheine (zum Zeitpunkt des Schreibens dieses Buchs) als erster Treffer (nach den bezahlten AdWords-Anzeigen). In der blauen Zeile ganz oben „Übersetzung Oldenburg", und nach dem Bindestrich die Keywords, die ich beim SEO-Plug-in eingegeben habe; fett gedruckt sind die Suchbegriffe, die Sie gerade eingegeben haben, nämlich Übersetzung und Oldenburg. Darunter der Link zu meiner Website und darunter die von mir ebenfalls im Plug-in eingegebene Seitenbeschreibung. So einfach geht das. Können Sie alles selber machen. Kostet gar nichts und bringt viel.

Mehr zum Thema SEO finden Sie in meiner erwähnten Anleitung „Die eigene Website mit WordPress", die kostenlos in meinem Blog unter **www.miriam-neidhardt.de/blog** zum Download zur Verfügung steht.

Als Übersetzerin für Finnisch in Delmenhorst sind die Chancen, mit diesen Keywords unter die ersten drei Treffer bei Google zu kommen, natürlich wesentlich besser als für die Kollegin für Englisch in Berlin. Glücklicherweise gibt es noch andere Möglichkeiten.

Google-Produkte

Google bietet mehrere Optionen, Ihr Unternehmen darzustellen. Für alle brauchen Sie ein Google-Account, anzulegen unter **www.google.de** ▶ Anmelden ▶ Registrieren. Daten eingeben und fertig.

Unbedingt empfehlenswert ist der Eintrag bei **Google Places.** Hierfür klicken Sie auf **www.google.de/business/placesforbusiness/**, loggen sich ein und folgen den Anweisungen. Der Eintrag ist kostenlos und erscheint, wenn jemand mit Ortsangabe nach einer Übersetzerin sucht.

Überlegenswert ist auch **Google AdWords.** Das sind die Werbeanzeigen, die, wenn Sie einen Suchbegriff googeln, ganz oben oder am Rand als Anzeige markiert erscheinen. Doch nicht nur bei Google, auch auf anderen Seiten sind AdWords-Anzeigen zu finden, die immer passend zu den von Ihnen eingegebenen Suchbegriffen erscheinen. Keyword-Advertising nennt sich das. Ein AdWords-Konto können Sie bei **www.google.de/adwords/** anlegen, Ihre eigene Anzeige gestalten, die Suchbegriffe festlegen, anhand derer sie erscheinen soll, und auch, wie viel Sie dafür ausgeben möchten – pro Klick oder pro Tag. Bezahlen müssen Sie nur, wenn jemand auf Ihre Anzeige klickt (Cost per Click). Mit Google AdWords haben Sie die Chance, bei Eingabe der Suchbegriffe „Übersetzer Berlin" auf der ersten Seite zu erscheinen, was mit SEO alleine vermutlich schwierig und weitaus teurer wäre. Als ich mein AdWords-Konto eröffnete, erhielt ich kurz darauf einen Gutschein über 50 Euro, und meine Anzeige bei Google Maps rutschte ganz nach oben. Ohne die ab und an eintrudelnden Gutscheine verwende ich selbst AdWords zugegebenermaßen nicht, aus den folgenden Gründen: Für die Eingabe mit (einem nicht allzu großen) Wohnort sind meine Websites sowieso suchmaschinenoptimiert und erscheinen ganz oben. Somit wäre AdWords für mich nur interessant, wenn jemand mit Eingabe des Fachgebietes, jedoch ohne Wohnort sucht. Bei meinen Fachgebieten wäre ein hohes Ranking zu teuer und nicht rentabel. Bei klar umrissenen, sehr speziellen und seltenen Fachgebieten hingegen kann eine AdWords-Anzeige buchstäblich Geld wert sein. Probieren Sie es aus, experimentieren Sie mit den Suchbegriffen.

Wenn Sie schon bei Ihrem Google-Konto sind, legen Sie sich gleich noch ein Profil bei **Google+** zu. Google belohnt Kunden, die mehrere Google-Produkte nutzen, mit einem besseren Ranking (mehr zu Google+ und anderen sozialen Netzwerken in Kapitel 4).

Mit diesen Methoden können Sie allerdings fast nur auf Kunden aus der Umgebung abzielen; für die meisten Sprachen und Fachgebiete dürfte es zu viele Anwärter auf die ersten Plätze geben, als dass unsereiner ohne Angabe des Wohnortes eine Chance auf ein gutes Ranking hätte. Sie können Ihr Ranking jedoch verbessern, indem Sie möglichst viele gute Links auf Ihre Domain streuen.

Verlinkungen

Es gibt zwei Arten von Links: interne und externe. Interne Links verlinken innerhalb Ihrer Website Unterseiten miteinander. Diese sollten Sie unbedingt setzen! Dadurch verbessern Sie nicht nur Ihr Ranking, Sie verleiten auch den Leser dazu, sich von einer Unterseite zur nächsten zu klicken, und je länger er auf Ihrer Seite bleibt, desto eher wird er auch Kontakt zu Ihnen aufnehmen. Versehen Sie deshalb in den Texten Ihrer Website die entsprechenden Schlagwörter (z. B. Kontakt, Referenzen, Fachgebiete) immer mit dem Link zur betreffenden Unterseite.

Externe Links sind Links, die von anderen Seiten auf Ihre Website verweisen. Je mehr gute Links auf Ihre Domain zeigen, desto besser wird Ihr Ranking, denn Ihre Seite muss ja wichtig und interessant sein, wenn so viele andere Seiten sie als Referenz angeben. Ziel ist es also, an möglichst viele gute Links auf Ihre Website zu kommen.

Am einfachsten kommt man an externe Links durch Einträge in Online-Branchenbüchern, am wichtigsten und brauchbarsten dürften Die Gelben Seiten online und Das-Örtliche.de sein – in beide Branchenbücher können Sie Ihr Unternehmen kostenfrei eintragen und beide werden von Suchenden auch sicherlich genutzt. Die Finger lassen sollten Sie jedoch von Seiten, die einfach nur Links auflisten; diese schaden Ihrem Ranking.

Vorsicht ist geboten bei kostenpflichtigen Einträgen in Online-Branchenbüchern. Diese lohnen sich selten, und es gibt darunter auch das eine oder andere schwarze Schaf, häufig erkennbar daran, dass sie immer wieder anrufen und behaupten, sie müssen nur die Daten überprüfen, und plötzlich flattert eine Rechnung für ein Zweijahres-Abonnement ins Haus. Aber auch in seriösen Branchenbüchern rentieren sich bezahlte Einträge kaum – dafür sind sie zu teuer, und die meisten im Internet Suchenden werden eher Suchmaschinen bemühen als Branchenbücher. Einen kostenlosen Eintrag sollten Sie dennoch nutzen, nicht nur wegen der Verlinkung, sondern auch für die Verwender von Smartphones: Die könnten tatsächlich in der App der Gelben Seiten o. Ä. über die Umkreissuche nachsehen, und dann wollen Sie natürlich gefunden werden.

Ebenfalls ein Profil zulegen sollten Sie sich bei Übersetzerbörsen wie TRADUguide, TranslatorsTown oder ProZ, und auch XING und LinkedIn sowie Facebook, Google+ und ähnliche Social-Network-Seiten wollen genutzt werden. All diese Profile und Verlinkungen sollen dazu beitragen, dass Sie möglichst gut über möglichst viele Kanäle gefunden werden.

4. Soziale Netzwerke

Social Marketing ist in aller Munde, der Facebook-Daumen begegnet einem überall, und mit dem Twitter-Spatz verhält es sich kaum anders. Es gibt vier gute Gründe, sich bei diesen Seiten zu registrieren:

- die Verlinkung auf die eigene Website; Stichwort Suchmaschinenoptimierung
- Netzwerkbildung: Kolleginnen kennenlernen, sich bei potenziellen Kunden bekannt machen
- Informationen sammeln
- mit Kunden in Kontakt bleiben

Der letzte Punkt wird erfahrungsgemäß viel zu häufig vernachlässigt: Sie müssen mit Kunden in Kontakt bleiben. Wenn ein Auftraggeber beispielsweise nur sporadisch Arbeit zu vergeben hat und seit Ihrer letzten Zusammenarbeit vor sechs Monaten nichts von Ihnen gehört hat, kann er das als Desinteresse ihrerseits an der Fortsetzung der Zusammenarbeit deuten. Vielleicht hat er aber auch in der Zeit Ihre Kontaktdaten verloren oder Sie gar vergessen. Wenn er nichts von Ihnen hört, kann er nicht wissen, dass Sie noch arbeiten oder mittlerweile noch weitere Dienstleistungen anbieten. Schlimmstenfalls sucht er sich für den nächsten Auftrag eine andere Übersetzerin. Bleiben Sie jedoch regelmäßig mit ihm in Kontakt und ihm damit im Gedächtnis, wird er sich mit gewisser Sicherheit das nächste Mal wieder an Sie wenden. Mehr noch, er wird bei jeder Ihrer Nachrichten überlegen, ob er nicht Arbeit für Sie haben könnte, einfach nur, weil Sie so nett sind.

Aber: Übertreiben Sie es nicht! Die Grenze zwischen Kontakthalten und Spammen ist fließend. Das Gleiche gilt für den Kontakt mit Kolleginnen, die ja auch als Vermittler von Aufträgen fungieren können.

Eine sehr einfache Möglichkeit, mit dem Kunden in Kontakt zu bleiben, sind gemeinsame soziale Netzwerke. Im Folgenden werden die Wichtigsten vorgestellt. Betrachten Sie diese Aufstellung bitte nur als Einführung; sollte Ihnen diese Art des Marketings Spaß machen, und das ist beim Netzwerken das Wichtigste, finden Sie im Internet jede Menge Blogs, Webinare und weitere Informationen zum Thema. Vieles finden Sie mit der Zeit auch selbst heraus, frei nach dem Motto „Learning by Doing". Aber erst mal muss man ja irgendwo anfangen!

XING

XING ist das soziale Netzwerk für berufliche Kontakte. Die Basis-Mitgliedschaft ist kostenlos. Hier können Sie Ihr Profil einstellen, beschreiben, was Sie können, mögen, suchen und natürlich Ihre Website verlinken. Anschließend können Sie Kunden, Kollegen und Bekannte als Kontakte hinzufügen; der andere muss dieser Anfrage zustimmen. Treten Sie Gruppen bei, die mit Übersetzungen zu tun haben; welche infrage kommen, sehen Sie beispielsweise auf den Profilen von Kolleginnen. In diesen Gruppen erhalten Sie nicht nur wertvolle Informationen und haben Zugriff auf Jobausschreibungen, Sie können sich auch bekannt machen, indem Sie mitdiskutieren; der eine oder andere Leser wird auf Ihr Profil klicken und bei Bedarf auf Sie zurückkommen.

Auch hier ist die Grenze zwischen Mitdiskutieren und Anderen-auf-die-Nerven-Gehen fließend. Denken Sie gut nach, bevor Sie etwas schreiben, und beachten Sie, dass die Beiträge je nach Einstellung beim Googeln gefunden werden und für alle lesbar sind. Einstellen können Sie dies mit einem Klick auf das Zahnrad in der linken Seitenleiste (Einstellungen) und anschließend auf den Reiter „Privatsphäre".

Beschränken Sie Ihre Netzwerkaktivitäten jedoch nicht nur auf Übersetzerinnen! Treten Sie Gruppen bei, die sich mit Ihren Fachgebieten befassen, sowie regionalen Gruppen. Logischerweise ist in diesen Gruppen die Übersetzerdichte wesentlich niedriger als in Übersetzergruppen – und somit auch die Konkurrenz kleiner. Für Oldenburg gibt es beispielsweise eine regionale Gruppe, die auch After-Work-Treffen im realen Leben veranstaltet. Da werden Kontakte geknüpft! Unternehmer aus Ihrer Umgebung erfahren so von Ihrer Existenz – was will man mehr! Bringen Sie sich in diesen Gruppen und auf diesen Treffen ein, sammeln und verteilen Sie Visitenkarten, fügen Sie die dort kennengelernten Personen zu Ihrer Kontaktliste bei XING hinzu und bleiben Sie in Erinnerung. Dies geschieht am einfachsten durch regelmäßige Statusmeldungen. Alle Statusmeldungen der Kontakte erscheinen beim betreffenden Kunden auf der Startseite, und so ist er informiert, ob und welche neuen Kontakte Sie haben, an welchem Auftrag Sie gerade sitzen, ob Sie neue Dienstleistungen anbieten – nutzen Sie diese Möglichkeit. Sehr praktisch an XING ist auch, dass Sie an Geburtstage Ihrer Kontakte erinnert werden. Eine E-Mail (nicht über XING, sondern direkt!) oder gar Karte zum Geburtstag ist ein vortrefflicher Weg zur Kundenbindung.

Tipp: Wenn Sie auf eine Ausschreibung in einer XING-Gruppe antworten möchten, dann unbedingt an die im Posting angegebene Adresse bzw. per Privatnachricht an die ausschreibende Person und niemals öffentlich im Forum! 1. ist das öffentliche Angebot indiskret, und Diskretion ist für Übersetzerinnen Ehrensache; 2. möchten Sie den Job haben – wieso sollte sich der Auftraggeber dann bei Ihnen melden? Das ist Ihre Sache. Und 3. steht im Ausschreibungstext mit Sicherheit, an welche Adresse Sie Ihr Angebot schicken sollen, und Anweisungen lesen und befolgen zu können sind ebenfalls Grundvoraussetzungen für eine Übersetzerin.

Schenken Sie Ihrem Eintrag unter „Berufserfahrung" besondere Beachtung. Position und Unternehmen werden (sofern Sie diese Einstellung vornehmen, und das sollten Sie) neben bzw. unter Ihrem Namen angezeigt. Wählen Sie diese Einträge deshalb unbedingt aussagekräftig! Hier könnten Ihre Sprachkombinationen Platz finden oder Ihre Website. Bedenken Sie, dass potenzielle Kunden über die Suchfunktion von Xing nach einer Übersetzerin suchen könnten. Aus der Reihe von Profilen, die dann erscheinen, muss der potenzielle Kunde eine Auswahl treffen, und ein Profil mit der Zeile „Erfahrene Diplom-Übersetzerin Englisch/Russisch/Deutsch" wird sicherlich eher angeklickt als eines, in dem in der einzig sichtbaren Zeile nur „Selbstständig" steht.

LinkedIn

Das amerikanische Pendant zu XING für die Verknüpfung mit Ihren internationalen Kunden. Auch hier gibt es berufsrelevante Gruppen und Jobausschreibungen, und es gelten dieselben Tipps wie für XING.

Tipp: Bringen Sie in Erfahrung, ob es Seiten wie XING und LinkedIn speziell für die Länder Ihrer angebotenen Sprachen gibt, und werden Sie dort Mitglied. Der Auftraggeber in Frankreich, der einen deutschen Muttersprachler für Übersetzungen aus dem Französischen sucht, möchte Sie schließlich auch finden, und XING wird er nicht kennen. Und wenn der Prophet nicht zum Berg kommt, muss der Berg eben zum Propheten.

Twitter

Twitter ist ein Kurznachrichtendienst – wie bei einer SMS haben Sie 140 Zeichen, um Ihre Botschaft an die Welt zu schicken. Tweets nennen sich diese Botschaften. Ein Konto einrichten können Sie unter **www.twitter.com**. Auch hier können Sie ein kurzes Profil erstellen, was aus Ihrem Namen, dem Link zu Ihrer Website, einer Kurzbeschreibung und Ihrem Foto bestehen sollte. Und schon können Sie lostwittern!

Wenn Sie regelmäßig lesen möchten, was ein anderer Twitterer schreibt, können Sie diesem folgen, so wie andere Ihnen folgen können und somit Ihre Follower werden. Alle Tweets der Twitterer, denen Sie folgen, lesen Sie dann in chronologischer Reihenfolge in Ihrer Timeline. Wenn Sie jemanden direkt ansprechen möchten, setzen Sie ein @ vor seinen Twitternamen, dann erhält er die (öffentliche) Nachricht. Wenn Sie sich gegenseitig folgen, können Sie auch Direktnachrichten versenden, die dann nur Sie beide lesen können. Es gibt auch die Möglichkeit, alle eigenen Tweets zu schützen; dann können nur Leute Ihre Tweets lesen, für die Sie sie freischalten. Wenn Sie Twitter jedoch zu Marketingzwecken verwenden möchten, ist das nicht allzu sinnvoll. Sie und der Rest der Welt können sehen, wer Ihnen folgt und wem Sie folgen. Und die ganze Welt kann Ihre Tweets lesen, unabhängig davon, ob derjenige ein Twitter-Account hat oder nicht.

Es gibt unterschiedliche Nutzungsmöglichkeiten von Twitter. Einige verwenden es als **Großraumbüro**. Freiberuflerinnen im Home-Office sind nun mal viel allein, haben nicht wie die meisten Angestellten Kolleginnen, mit denen sie in der Pause quatschen können, und so nehmen einige Twitterer Twitter als Ersatz. Da wird sich zu virtuellen Kaffeepausen getroffen, Neuigkeiten ausgetauscht, sich über Kunden, Kolleginnen und Kinder aufgeregt – wie in einem richtigen Büro eben. Auch das ist Netzwerken; Übersetzerinnen finden Sie anhand des Hashtags #xl8. Ein Hashtag ist eben diese lustige Abkürzung nach dem #. Das Wort bzw. das Kürzel hinter dem # ist anklickbar, und wenn Sie das tun, erscheinen die letzten Tweets, in denen dieses Hashtag vorkam. So finden Sie andere Übersetzerinnen, denen Sie folgen können. Ferner können Sie bei diesen anderen Übersetzerinnen sehen, wem sie folgen, und auch diesen Kolleginnen können Sie wiederum folgen. Diejenige erhält eine E-Mail, dass Sie ihr nun folgen (sofern sie diese Funktion nicht deaktiviert hat; sie wird Sie jedoch trotzdem unter ihren Followern sehen), und schon ist sie auf Sie aufmerksam geworden. Bringen Sie sich in das Gespräch ein und werden Sie Teil des Großraumbüros!

Darüber hinaus ist Twitter ein hervorragender **Informationsdienst.** Manche Twitterer posten den lieben langen Tag lang Links zu relevanten Artikeln, die sie in irgendwelchen Blogs oder Online-Zeitungen gefunden haben. So erhalten Sie eine ganze Menge Informationen, die Sie über andere Wege nie gefunden hätten. Auch diese Tweets sind meist mit einem Hashtag versehen, Links zu Artikeln zum Thema Übersetzen finden Sie wieder anhand des xl8. Aber auch Zeitungen, Zeitschriften und Nachrichtensender sind bei Twitter vertreten, sodass Sie alle Informationen aus allen gewünschten Bereichen so früh erfahren können wie niemals zuvor. Sind Sie ein Fan irgendeines Sängers oder Schauspielers? Viele davon twittern ebenfalls, und Sie können live dabei sein. Twitter kann auch äußerst unterhaltsam sein, denn es sind eine ganze Menge Komiker dabei, die von morgens bis abends geballten, wenn auch kreativen Unsinn twittern.

Eine weitere Nutzungsmöglichkeit von Twitter ist der bereits in Kapitel 2 erwähnte **Newsticker.** Sie legen sich ein Twitter-Account zu, auf dem Sie nur veröffentlichen, an welchem Projekt Sie gerade arbeiten, und fügen dieses mithilfe eines Plug-ins auf Ihrer Website ein. So sind die Besucher Ihrer Website immer auf dem Laufenden und sehen, dass Sie tatsächlich Aufträge haben und gut im Geschäft sind.

Twitter kann natürlich auch rein zu Marketingzwecken verwendet werden und somit zur **Werbung.** Viermal am Tag wird dann die eigene Werbebotschaft getweetet. Ein bisschen unpersönlich und somit eigentlich das Gegenteil des Social-Marketing-Gedankens. Aber das gibt es auch.

Für Twitter und alle sozialen Netzwerke überhaupt gelten die gleichen Umgangsregeln wie überall im Leben, insofern braucht niemand einen Social-Marketing-Kurs – der gesunde Menschenverstand und übliche Anstand sollten ausreichen. Betrachten Sie Twitter wie eine **Party** mit unterschiedlichen Gästen: Einer redet die ganze Zeit nur von seinem Beruf und darüber, wie toll er ist. Der nächste zitiert die ganze Zeit Artikel, die er gelesen hat. Der dritte pöbelt rum und lästert permanent über andere. Der vierte will Ihnen ständig etwas verkaufen. Und der fünfte unterhält sich mit Ihnen, geht auf Sie ein, gibt etwas von sich preis und zeigt Interesse an Ihren Erzählungen. An welchen der fünf Gäste, meinen Sie, werden Sie sich positiv erinnern, wenn Sie einen passenden Auftrag zu vergeben haben? Ich tippe mal auf den fünften. Und genau so müssen Sie sich bei Twitter benehmen: kommunizieren. Interagieren. Nicht aufdrängen. Beziehungen aufbauen und pflegen. Einen kompetenten Eindruck machen. Dann klappt's auch mit den Aufträgen.

Ist Ihr Kunde auch bei Twitter, sollten Sie ihm unbedingt folgen – für viele ist das ein Anreiz, zurückzufolgen, und schon wird er über Ihre aktuellen Tätigkeiten informiert. Retweeten Sie seine Tweets; die meisten Twitterer sind darüber sehr erfreut, erhöht jeder Retweet doch den Bekanntheitsgrad, weil jeder der Follower diesen Tweet lesen kann und wird. Antworten Sie auf Tweets des Kunden, und schon bleiben Sie in seinem Gedächtnis! Twitterer sind eine Art eingeschworene Gemeinschaft, und wenn Sie und Ihr Kunde zu derselben Gemeinschaft gehören, ist bereits viel gewonnen.

Tipp: Senden Sie Kunden oder Kollegen einfach mal eine persönliche Direktnachricht und wünschen Sie beispielsweise ein schönes Wochenende. Das überrascht und kommt sehr freundlich, interessiert und aufmerksam an – da juckt es den Empfänger fast schon in den Fingern, sich mit einem Auftrag zu revanchieren! Übertreiben Sie es jedoch nicht – den positiven Überraschungseffekt haben Sie nur beim ersten Mal. Schon beim zweiten Mal hat der Angesprochene durchschaut, dass Sie das vermutlich bei jedem häufiger und nicht aus Nettigkeit, sondern zu Marketingzwecken machen, und dann fangen diese Nachrichten an zu nerven. Absolut tabu sind „Danke fürs Folgen"-Direktnachrichten. Ich bin vermutlich nicht die Einzige, die daraufhin kehrtwendend entfolgt.

Facebook

Wie Twitter hat auch Facebook eine Timeline, auf Deutsch „Chronik" genannt. Es gibt zwei Sorten von Facebook-Seiten: die privaten Freundschaftsseiten und die Fan-Seiten.

Beide werden angelegt unter *www.facebook.com*. Bei den **privaten Seiten, auch Freundschaftsseiten** genannt, können Sie einstellen, wer Ihre Postings in der Chronik lesen kann, entweder pauschal für alle Beiträge oder für jeden Beitrag separat: Alle (d. h. alle, die ein Facebook-Account haben und eingeloggt sind), nur Freunde, nur Freunde und Freunde von Freunden oder eine dieser Gruppen mit Ausnahme bestimmter Personen. Ihre Freunde können Sie wiederum in Listen einteilen und einstellen, dass nur eine bestimmte Liste Ihre Beiträge lesen kann, z. B. nur die Übersetzerinnen. Beiträge von Freunden haben Sie quasi abonniert; diese erscheinen, sobald Sie sich eingeloggt haben, unter „Home", genauso wie Ihre Beiträge unter „Home" Ihrer Freunde erscheinen. Um Freundschaft bei Facebook zu schließen, müssen Sie eine Freundschaftsanfrage senden bzw. Anfragen von anderen akzeptieren; ohne Einverständnis des anderen können Sie somit als privat gekennzeichnete Beiträge nicht lesen. Neben Freunden aus dem realen Leben können Sie natürlich auch Freundschaftsanfragen an Übersetzerkolleginnen senden, die Sie z. B. durch Twitter „kennen", und so den Kontakt vertiefen. Bei Facebook sind die Längen der Postings nicht beschränkt, Sie können Links, Bilder oder auch Videos verbreiten, interessante Beiträge von anderen „teilen", sodass sie auch auf Ihrer Pinnwand erscheinen und somit für Ihre Leser sichtbar sind, Sie können Beiträge anderer „liken" und/oder kommentieren, und ein Hinweis darauf kann auf Ihrer Pinnwand erscheinen (je nach Einstellung in Ihrem Konto) und vieles mehr. Man kann auch die öffentlichen Statusmeldungen anderer abonnieren, ohne die Freundschaft und somit deren Einverständnis zu benötigen. Facebook ändert seine Spielregeln relativ häufig, insofern ist es in diesem Rahmen wenig sinnvoll, näher darauf einzugehen. Probieren Sie es aus! Alles, was Sie benötigen, werden Sie mit der Zeit schon herausfinden.

Einem Kunden eine Freundschaftsanfrage senden, wenn er ein Profil ohne jegliche öffentliche Beiträge hat, sollten Sie eher nicht. Vielleicht ist sein Profil nur zum Austausch innerhalb der Familie gedacht, und eine Freundschaftsanfrage würde deutlich zu weit gehen. Sendet er Ihnen allerdings eine Freundschaftsanfrage, nehmen Sie sie an! Achten Sie jedoch penibel darauf, dass er nur Beiträge zu lesen bekommt, die er auch lesen sollte. Hier bieten sich separate Listen für „Kunden" und „Kolleginnen" an – in

Letzterer dürfen Sie sich über Kunden äußern, in Ersterer natürlich auf keinen Fall negativ! Wenn Sie in Ihrem Profil auf „View as" klicken und dort den Namen eines Freundes eingeben, können Sie Ihr Profil so sehen, wie er es sieht. Überprüfen Sie so, ob Ihre Kunden, Kolleginnen und private Freunde wirklich nur die Meldungen zu sehen bekommen, die sie sehen sollen.

Fanseiten, auch Business-Seiten genannt, hingegen sind für alle bestimmt. Jeder kann alle Beiträge lesen, ob eingeloggt oder nicht, und auf Wunsch auch abonnieren, indem er auf den „Like"-Button klickt (hierfür braucht er natürlich ein Facebook-Account). Sie können allenfalls einstellen, dass Ihre Beiträge nur für Besucher aus einem bestimmten Land sichtbar sind. Mit der Businessseite haben Sie auch keine Freunde, sondern Fans, und können Fan anderer Seiten werden; ein Einverständnis des anderen ist nicht notwendig. Diese Seiten sind zu Werbezwecken gedacht, hier können Sie berichten, was Sie so tun, oder interessante und/oder unterhaltsame Videos, Artikel, Fotos usw. veröffentlichen bzw. verlinken.

Hat Ihr Kunde eine solche Fanseite, sollten Sie unbedingt auf „Like"/„Gefällt mir" klicken; so zeigen Sie, dass Sie sich für sein Unternehmen interessieren. Vielleicht wird er umgekehrt ja auch Fan Ihrer Business-Seite, und schon erhält er Ihre Updates.

Tipp: Klicken Sie bei Fanseiten von Übersetzungsagenturen auf den „Like"-Button; manche veröffentlichen dort, wenn sie Übersetzerinnen suchen, und vielleicht ist ja mal was für Sie dabei! Bis dahin können Sie abgucken, was die richtig machen und was nicht.

Über Facebook wird regelmäßig negativ berichtet – was bei jedem Platzhirsch der Fall sein dürfte. Zum Thema

Datenschutz kann ich nur sagen: Was Sie Facebook nicht verraten, kann Facebook auch nicht wissen. Sie müssen keine Kinderfotos veröffentlichen, keine Telefonnummer angeben, keine Apps installieren, wenn Sie nicht möchten, dass Facebook diese Informationen erhält. Ich für meinen Teil hatte mit Facebook meine Anfangsschwierigkeiten, möchte es aber inzwischen nicht mehr missen. Der Hauptgrund sind die **Gruppen**. Es gibt mehrere Gruppen für Übersetzer, meine liebste nennt sich „Übersetzer/innen". In diese geschlossene Gruppe werden wirklich nur übersetzerisch Tätige aufgenommen – keine Agenturen, keine Kunden. Somit kann man sich dort relativ geschützt austauschen, über blöde Anfragen aufregen, Fragen stellen, Tipps geben, Dampf ablassen. Dort helfen Fortgeschrittene den Anfänger, dort wird genetzwerkt, was das Zeug hält. So kann man nicht nur von den Erfahrungen anderer profitieren, sondern auch Aufträge einstreichen: Dann und wann erhält eine Kollegin eine Anfrage, die sie nicht selbst bearbeiten kann, und sucht jemanden, den sie dem Kunden empfehlen kann. Passen Sie jedoch immer auf, was Sie posten oder kommentieren. Sie stehen potenziell permanent unter Beobachtung; das ist unter Kolleginnen, die oft auch Konkurrentinnen sind, nun einmal so. Wenn Sie sich häufig über Fehler lustig machen, die Sie in der Übersetzung finden, die Sie gerade Korrektur lesen, ist es nicht sehr wahrscheinlich, dass eine Kollegin aus der Gruppe Sie jemals mit einem Korrektorat beauftragen wird. Glänzen Sie durch viele Fragen, wie man irgendwelche Wörter in Fachtexten übersetzt, sinkt die Wahrscheinlichkeit, dass die Kolleginnen Sie für kompetent auf dem Gebiet halten und bei Gelegenheit für einen Auftrag empfehlen, unter den Nullpunkt. Das Gleiche gilt für Rechtschreibfehler (Tippfehler sind menschlich und verzeihlich). Halten Sie sich aus Streitigkeiten heraus, zu denen es immer wieder kommt, aber seien Sie auch keine gänzlich unsichtbare „stille Mitleserin". Wie bei einem echten Stammtisch. Nur eben virtuell.

Tipp: Wenn in einer Facebook-Gruppe – oder irgendwo sonst – eine Kollegin einen Übersetzungsauftrag ausschreibt, dann melden Sie sich, wenn möglich, lieber per E-Mail als per Privatnachricht über Facebook; die Einstellungen sind oftmals so merkwürdig, dass Nachrichten entweder kreativ versteckt werden oder ganz verschwinden. Schreiben Sie in die E-Mail unbedingt, warum Sie für den Job bestens geeignet sind! Das Mindeste ist ein Verweis auf Ihre Website, wenn Sie eine haben. Noch viel besser ist, sich mit ein paar aussagekräftigen Worten vorzustellen – bloß nicht einfach nur ein CV anhängen! Sie haben es in diesem Fall mit einer Kollegin zu tun, nicht mit einer unpersönlichen Agentur, da sollte der Kontakt auch persönlicher gehalten werden. Damit haben Sie eine deutlich höhere Chance auf eine Antwort als mit einer von zehn Nachrichten, die nur ein „Hallo, ich hätte Zeit!" enthalten.

Google+

Auch wenn der Facebook-Konkurrent von Google gern als Friedhof tituliert wird – er hat durchaus seine Fans. Schon wegen der Suchmaschinenoptimierung sollten Sie sich hier ebenfalls ein Profil zulegen. Wenn Sie dort Kunden und Kolleginnen finden, die auch wirklich aktiv sind, und Ihnen dieses Netzwerk gefällt, nehmen Sie andere in Ihre Kreise auf und mischen Sie mit!

Tipp: Wo immer Sie posten: Machen Sie es sich bitte nicht bequem und nutzen Sie keine Dienste, die Ihre Statusmeldungen gleichzeitig auf Facebook, Twitter und XING veröffentlichen. Erstens ist das für den Lesenden langweilig und zeugt nicht unbedingt davon, dass Sie Spaß an dieser Marketingmethode haben, und zweitens laufen Sie auch Gefahr, den Kundenkontakt zu verlieren. Auf Twitter beispielsweise können Sie problemlos 20 Tweets pro Tag veröffentlichen, ohne dass sich jemand durch die Frequenz belästigt fühlt; bei Facebook sind vielleicht noch fünf Statusmeldungen pro Tag in Ordnung (kommt immer drauf an, wie interessant die Meldungen sind!) und bei XING höchstens zwei pro Woche! Ich für meinen Teil habe bei XING die Nachrichten des einen oder anderen blockiert, weil ich sie als Spam empfinde, während ich dieselben Nachrichten bei Twitter gern lese.

Erwarten Sie nicht, dass Sie Unmengen an Aufträgen über Facebook oder Twitter erhalten. Alle hier genannten Plattformen sind in erster Linie dazu gedacht, auf sich aufmerksam zu machen und Kontakte zu knüpfen und zu pflegen – vielleicht, irgendwann, wenn jemand mal eine Übersetzerin braucht, erinnert er sich an Sie. Und je mehr Leute Sie in Ihren Online-Netzwerken haben und je besser der Eindruck ist, den Sie dort von sich hinterlassen, desto größer ist auch die Wahrscheinlichkeit, dass Sie daraus irgendwann einmal einen Auftrag generieren können. Insofern ist dieses soziale Marketing wirklich nur etwas für Leute, die daran Spaß haben. Wenn es nur als Arbeit empfunden wird, lohnt sich diese nicht. Und: Lieber gar kein Profil bei Twitter und/oder Facebook als eines, das seit Monaten brachliegt. Das könnte beim Leser den Eindruck erwecken, dass Sie Sachen beginnen, aber nicht zu Ende bringen – eine Eigenschaft, die man als Übersetzerin sicherlich nicht zur Schau tragen möchte. Wenn Sie Profile angelegt und dann gemerkt haben, dass das nichts für Sie ist, löschen Sie sie lieber. Man kann sie auch auf „unsichtbar" schalten, für den Fall, dass man sich noch nicht ganz davon trennen möchte.

Tipp: Auch geschäftlich genutzte Profile bei Twitter, Facebook, Xing usw. müssen ein Impressum haben! Der gut sichtbare Link zu Ihrem Impressum der Website reicht aus.

5. Online-Marketing

Das eigene Blog

Das Internet ist voll von mehr oder weniger interessanten Blogs, und es lohnt sich, einige davon zu lesen. Da gibt es Tipps für Freiberufler im Allgemeinen und Übersetzerinnen im Besonderen, Blogs über die deutsche Rechtschreibung, über lustige Begebenheiten aus dem Alltag – im Grunde alles, was das Herz begehrt. Blogs sind eine wunderbare Informationsquelle, und was für den einen Information, ist für den anderen Werbung. Wenn Sie also der Welt etwas zu sagen haben – probieren Sie es doch einfach mal aus!

Wenn Sie ein Blog in Ihre WordPress-Seite einbinden wollen, legen Sie eine neue Unterseite „Blog" an (oder wie auch immer Ihr Blog heißen soll), gehen auf Einstellungen ▶ Lesen und geben dort diese Unterseite als „Beitragsseite" an. Jetzt erscheinen alle Beiträge, die Sie schreiben, auf dieser Unterseite. Blogartikel verfassen Sie unter „Beiträge" nicht unter „Seiten". Dort können Sie nach Herzenslust losschreiben.

Natürlich können Sie ein Blog auch separat und unter einer eigenen Domain betreiben – das ist Geschmackssache. Allerdings erhöhen viele Beiträge natürlich Ihre Möglichkeiten zur Suchmaschinenoptimierung, damit die Besucherzahl, und damit verbessert sich das Ranking Ihrer gesamten Website. Auch nicht zu verachten!

Behalten Sie im Auge, wozu Sie das Blog betreiben: Sie wollen Kunden gewinnen und nicht Ihre Kolleginnen unterhalten. Ein Blog mit Tipps für Übersetzerinnen oder unterhaltsamen Geschichten aus dem Übersetzeralltag ist sehr amüsant und wird sicherlich auch gern gelesen – Kunden jedoch generieren Sie damit weniger. Sind Sie jedoch als Übersetzerin auf Kunst spezialisiert und betreiben ein Blog, in dem Sie sich mit dem Thema Kunst beschäftigten – Ausstellungen besprechen, Restaurationstechniken vorstellen, wovon auch immer Sie etwas verstehen –, und den Artikel noch mit den entsprechenden Schlagwörtern versehen, wird dieses Blog von Leuten gefunden und gelesen, die sich ebenfalls mit dem Thema befassen und vielleicht eine Übersetzerin brauchen, die sich mit so etwas auskennt. Oder Sie geben ein Angebot auf eine Ausschreibung ab oder senden einen Werbebrief an ein Unternehmen, geben Ihre Blog-Adresse an, und schon kann der potenzielle Kunde anhand Ihrer Texte sehen, dass Sie wirklich etwas vom Thema verstehen. Vielleicht möchten Sie sich auch bei Verlagen für Kinderbuchübersetzungen bewerben und veröffentlichen in Ihrem Blog Kurzgeschichten für Kinder. So können Sie Ihre Kompetenz viel besser demonstrieren als durch ein bloßes Auflisten von Referenzen oder bisherigen Tätigkeiten auf Ihrer Website oder in Ihrem CV.

Wenn Sie lieber aus Ihrem Übersetzeralltag berichten möchten, bleibt Ihnen das natürlich unbenommen – schließlich soll Ihnen das Bloggen Spaß machen. Kolleginnen, die Ihr Blog gern lesen, können schließlich auch zu Kunden werden – Stichwort Netzwerken!

Ein wichtiger Punkt für die Suchmaschinenoptimierung sind sich verändernde Inhalte. Die Texte einer Unternehmenswebsite werden nicht allzu häufig aktualisiert; oft bleiben sie monatelang in immer derselben Form im Netz. Die Suchmaschinen schließen daraus, dass sich niemand um die Seite kümmert, und schon sinken sie im Ranking. Ein Blog hingegen wird mit jedem neuen Artikel, mit jedem neuen Kommentar aktualisiert und dafür mit einem guten Ranking belohnt. Nutzen Sie das Blog somit als Ergänzung zu Ihrer Website.

Tipp: Wenn Sie Kommentare zu Ihren Blogbeiträgen zulassen, dann stellen Sie unbedingt ein, dass diese erst nach der Überprüfung durch Sie freigeschaltet werden. Im Netz sind viele Spammer unterwegs, die nichtssagende Kommentare („Great post!" „So glad you said that!" „Best post ever!") in allen möglichen Blogs hinterlassen nur mit dem Ziel, so zu einer Verlinkung zu kommen. Und wer möchte in seinem Blog schon kostenlos Werbung für alternative Heilmethoden in Indien, dubiose Medikamentenhändler oder Online-Spielcasinos machen? Auch hier bietet WordPress entsprechende Plug-ins als Spamfilter.

Tipp: Achten Sie darauf, dass auch auf jeder Unterseite Ihres Blogs zu finden ist, was Sie anbieten und wie Sie zu erreichen sind. Am besten sind diese Informationen im Header aufgehoben (alternativ in der Seitenleiste – aber nicht zu weit unten). Blogs haben für viele Menschen immer noch etwas Anonymes, und Sie betreiben das Blog ja schließlich, damit Auftraggeber Sie finden. Stellen Sie sich also auch in Ihrem Blog mit den angebotenen Sprachen/Fachgebieten, E-Mail-Adresse und gern mit Foto vor. Ein **Impressum,** in dem alle Kontaktdaten zu finden sein müssen, ist übrigens auch für Ihr Blog Pflicht.

Ein Blog möchte beworben werden, um Leser zu finden, denn: je mehr Besucher auf einer Seite, desto besser das Ranking in den Suchmaschinen. Deshalb: Teilen Sie neue Artikel über Twitter, Facebook, Google+ & Co mit.

Tipp: Registrieren Sie sich bei TOM (Texte online melden), dem Online-Meldesystem der VG Wort. Erfüllen Ihre Blogbeiträge gewisse Kriterien hinsichtlich Länge und Klicks, bekommen Sie Geld ausbezahlt. Näheres dazu unter ***www.vgwort.de***.

Kommentare auf Blogs anderer

Nicht nur auf eigenen Seiten lässt sich schreiben; unser Ziel ist es ja, möglichst viele Leute von unserer Existenz zu unterrichten, und dazu sollten wir auch auf anderen Seiten, in anderen Foren usw. vertreten sein.

Eine Möglichkeit, die, wie oben erwähnt, auch Spammer gern nutzen, sind Kommentare auf Blogs anderer. Da wir keine Spammer sind, kommen natürlich nur ernst gemeinte, relevante Kommentare infrage. Suchen Sie also nach Blogs, die sich mit Ihrem Spezialgebiet befassen und Sie somit ohnehin interessieren, und hinterlassen Sie wohldurchdachte Kommentare zu Artikeln, aus denen hervorgeht, dass Sie etwas vom Thema verstehen und Übersetzungen in diesem Bereich anbieten. Beim Eingeben des Kommentars werden Sie häufig nach Ihrer Website gefragt – diese natürlich eingeben, das ist die Verlinkung, die Sie möchten. Und auch hier gilt wieder: Nicht spammen! Kommentieren Sie wohldosiert. Wir wollen Sympathien gewinnen und niemanden nerven. Jedes Blog freut sich übrigens über Kommentare, damit andere Leser sehen, dass der Beitrag auch oft und interessiert gelesen wurde; wenn Sie also etwas zu einem Posting zu sagen haben, dann äußern Sie das unbedingt im Blog und nicht bei Facebook, selbst wenn der Beitrag dort geteilt wurde.

Avatar

Um bei diesen Kommentaren sofort erkannt zu werden, sollten Sie sich einen Avatar zulegen; das ist das Bild, das neben Ihrem Kommentar anstelle des „blassen Typen vor der grauen Wand" – oder was auch immer der Betreiber des Blogs als Standardlogo für Kommentatoren ohne Avatar eingestellt hat – erscheint. Wenn Sie also noch kein WordPress-Account haben, sollten Sie sich spätestens jetzt eines anlegen. Das geschieht unter *www.wordpress.com*. Mit der Maus auf das Bild in der rechten oberen Ecke fahren; dann erscheint ein Menü. Unter „Einstellungen" ▶ „Öffentliches Profil" können Sie ein Foto von sich hochlanden und eine Kurzbeschreibung eingeben. Dieses Foto erscheint dann neben jedem Ihrer Kommentare, bei dem Sie die für den WordPress-Account verwendete E-Mail-Adresse angeben. Die Beschreibung erscheint, wenn ein Leser Ihres Kommentars mit der Maus über Ihren Avatar fährt. Das ist wichtig, damit jeder Leser sofort sehen kann, wer Sie sind und was Sie anbieten; wir machen das alles ja nicht zum Spaß.

Fachartikel

Natürlich sind auch von Ihnen verfasste Fachartikel zu Ihrem Fachgebiet eine tolle Möglichkeit, sich bekannt zu machen. Suchen Sie sich die entsprechenden Blogs heraus und bieten Sie an, als Gastautor einen Beitrag zu verfassen. Es gibt auch Blogs, die ganz gezielt eine Plattform zur Veröffentlichung eigener Artikel zum Thema anbieten. Wenn jemand dann Ihren Namen googelt bzw. das Thema, über das Sie schreiben, findet er den Fachartikel von Ihnen und kontaktiert Sie vielleicht, denn Sie müssen ja wirklich fit ihn Ihrem Fachgebiet sein, wenn Sie sogar Artikel darüber schreiben, die auch veröffentlicht werden. Auch hier Namen, angebotene Dienstleistungen und Link zur Website nicht vergessen.

YouTube

Warum nicht? Drehen Sie einen Film, in dem Sie sich vorstellen. Das hat sicherlich nicht jeder, und der potenzielle Kunde sieht so, mit wem er es zu tun hat. Gerade, wenn Sie auch als Dolmetscherin arbeiten, hat der Kunde so die Möglichkeit zu hören, wie Sie reden, sich geben, auftreten – auch nicht unwichtig! Wenn Sie also eine geniale Idee für einen kurzen Film haben – unbedingt umsetzen! Damit heben Sie sich sicher von der Masse ab.

6. Don'ts

Oder: Was man nicht finden sollte

Fast 250.000 Deutsche haben bei Google Widerspruch gegen das Projekt Street View eingelegt, weil sie nicht wollen, dass ihr Haus im Internet für die ganze Welt sichtbar ist. In Anbetracht dieser Tatsache ist es unfassbar, welche privaten Informationen selbst und wissentlich veröffentlicht werden. Beim Googeln mancher Personen lässt sich so einiges finden: private Fotos in der Badewanne oder von der Hochzeit, Anzahl und Alter der Kinder, ob diese gestillt wurden oder nicht, welchen Toaster oder Waschmaschine sie zu Hause haben, welche Filme sie sehen, was sie in den letzten drei Monaten bei eBay gekauft oder verkauft haben ... Wenn Sie also eine private Website mit Fotos von Ihrer letzten Kegeltour, Ihrer Hochzeitsfeier, Ihrer Familie u. Ä. unbedingt im Netz haben wollen, dann achten Sie darauf, dass man diese beim Googeln Ihres Namens nicht findet, um nicht den Eindruck zu erwecken, Sie könnten mit vertraulichen Kundendaten ähnlich lax umgehen. Das gilt auch für Ihr privates Account bei Facebook oder Twitter, das unbedingt genau das sein sollte: privat.

Privates verstecken – Berufliches hervorheben

Haben Sie noch eine andere Website, mit der Sie andere Dienste anbieten, die sich mit dem professionellen Auftreten einer Übersetzerin vielleicht nicht vereinbaren lassen? Zum Beispiel einen Escortservice (alles schon da gewesen)? Oder betreiben Sie ein Blog, in dem Sie darüber schreiben, wie schwierig es ist, als alleinerziehende Mutter von vier Kindern mit ALG-2-Bezug zu überleben? Müssen Sie für diese Internetauftritte ein Impressum erstellen, in dem Ihr Name erscheinen muss? Dann sollten Sie dieses vor Suchmaschinen verstecken, damit ein potenzieller Kunde, der Sie googelt, nicht auf Ihr Zweitleben trifft. Kommt nun ein Besucher auf Ihre Zweit-Website, kann er Ihren Namen zwar im Impressum lesen, Sie googeln und so auf Ihren Internetauftritt als Übersetzerin stoßen (sofern Sie dort das Impressum nicht auch geschützt haben) – jedoch nicht umgekehrt, und genau darum geht es ja.

Googeln Sie sich regelmäßig selbst und überprüfen Sie die Suchergebnisse. Überlegen Sie bei jedem einzelnen Treffer, ob Sie die Informationen dahinter wirklich jedem Wildfremden auf der Straße erzählen würden. Oder Ihren Kunden, Ihren Ex-Freunden, Ihren Nachbarn, den Lehrern Ihrer Kinder. Wenn nicht, sollten Sie dafür sorgen, dass der Treffer verschwindet.

Passen Sie auch auf, was Sie in **Diskussionsforen** unter Ihrem Namen schreiben. Im Internet besteht stets die Gefahr, dass aus einer Mücke ein Elefant bzw. ein „Shitstorm" wird. Das Internet vergisst und verzeiht nie! Ein Beispiel aus dem echten Leben: Eine Bloggerin schrieb in ihrem privaten Blog über ein Buch, von dem sie nur das erste Zehntel gelesen hatte und es so schlecht fand, dass sie es anschließend in die Ecke warf und eine wenig freundliche Rezension über dieses erste Zehntel schrieb. Vermutlich hätte kaum jemand jemals diese Rezension gelesen oder seine Kaufentscheidung davon beeinflussen lassen – hätte nicht der Autor höchstselbst zu nachtschlafender Zeit einen wütenden und die Bloggerin persönlich angreifenden Kommentar hinterlassen, in dem er mit rechtlichen Schritten drohte. Erst dieser Kommentar machte die Rezension und das Blog bekannt und führte zu zahlreichen weiteren Blogbeiträgen, Rezensionen und somit zu einem viralen Shitstorm, der sich nicht aufhalten ließ. Da wurden andere Blogbeiträge des Autors herausgekramt sowie andere Blogbeiträge von Bloggern, die sein Buch positiv bewertet hatten, und letztendlich wurde der Autor sogar mit dem Massenmörder aus Norwegen in Verbindung gebracht. Die Folgen dieses unbedachten Kommentars haben der Autor und sein Verlag wohl noch eine ganze Weile zu spüren bekommen. Deshalb Vorsicht, wenn Sie in eine hitzige Diskussion geraten. Immer erst tief durchatmen, nachdenken, über die Sache schlafen, bevor Sie antworten. Auch der kleinkarierteste Streit könnte beim Googeln Ihres Namens gefunden werden und sich negativ auf Ihre Reputation auswirken. Bedenken Sie das immer und bei absolut allem, was Sie im Internet unter Ihrem Namen posten! Auf fremden Seiten können Sie Ihre Beiträge nicht einfach wieder löschen.

Achten Sie bei Ihren Blogbeiträgen absolut immer auf die Professionalität. Die wenigsten Kunden möchten vermutlich in Ihrem auf Ihrer Unternehmens-Website verlinkten Blog darüber lesen, wie es ist, ein Kind zu stillen (es sei denn natürlich, Sie sind auf das Übersetzen von Büchern über das Stillen spezialisiert). Auch Tipps, wie man im Falle eines Zahlungsengpasses Geld von der Kreditkarte auf das Girokonto transferiert, schaffen keinen professionellen Eindruck. Ebenfalls verkneifen sollten Sie sich unbedingt Lästereien aller Art. Kein Kunde möchte von sich lesen, dass Sie ihn für blöd halten und er Ihnen mit seinen Fehlern, die Sie nun korrigieren müssen, wertvolle Lebenszeit stiehlt. Und kein Neukunde möchte Gefahr laufen, im Falle einer Beauftragung Ähnliches über sich lesen zu müssen, selbst wenn keine Namen fallen. Unterschätzen Sie nie den Sympathiefaktor.

Noch eine wahre Geschichte: Eine Übersetzerin erhielt eine Anfrage einer ihr unbekannten Übersetzungsagentur. Also twitterte sie öffentlich die Frage an ihre Kolleginnen, ob jemand die Agentur kenne. Da ihr Twitter-Account in ihrer Signatur stand, sah die Empfängerin in der Agentur diesen Eintrag, äußerte sich darüber wenig erfreut und beendete die noch nicht begonnene Zusammenarbeit. Im Grunde hat die Kollegin nichts Verkehrtes getan – sie hat ja nur nach Erfahrungen gefragt. Dennoch: Wenn jemand anders das Unternehmen googelt und diesen Tweet findet, weiß dieser Jemand immerhin, dass vor ihm schon einmal jemand Zweifel an der Seriosität dieser Agentur hatte, und könnte sich abschrecken lassen. Stellen Sie solche Fragen somit immer nur in geschlossenen Foren, beispielsweise in der Zahlungspraxisgruppe bei Yahoo, im BDÜ-Forum, in einer geschlossenen Facebook-Gruppe o. Ä.

Google Alert ist eine praktische und kostenlose Hilfe zur Überwachung der eigenen Webpräsenz. Unter *www.google.de/alerts* können Sie die Suchanfrage eingeben (sinnvollerweise Ihren Namen) sowie Ihre E-Mail-Adresse; erwähnt dann irgendjemand irgendwo im Internet Ihren Namen, werden Sie benachrichtigt und können die Information überprüfen. Eine Alternative ist Mention (*https://de.alert.io/*) – dafür gibt es sogar eine App fürs Smartphone!

7. Offline-Marketing

Es gibt sie noch, die Leute, die nicht permanent online sind und alles, was sie suchen, zuerst in eine Suchmaschine eingeben. Die Gelben Seiten in Papierform sind nach wie vor ein Begriff und jeder Haushalt hat sie. Und sie werden auch nach wie vor für die Suche nach Dienstleistern verwendet. Insofern schadet es nicht, dort eingetragen zu sein.

Gelbe Seiten

Ein Standardeintrag in den Gelben Seiten ist kostenlos. Sie erscheinen dann unter „Übersetzungen" mit Ihrem Nachnamen, dem Anfangsbuchstaben des Vornamens, Berufsbezeichnung, Adresse und Telefonnummer. Von diesen kleinen Einträgen gibt es in jeder Stadt einige und erfahrungsgemäß rufen nicht allzu viele Leute aufgrund dieser Anzeige an. Vielversprechender ist ein kostenpflichtiger Eintrag mit Angabe Ihrer Sprachen, Fachgebiete, einem Link zur Website, das Ganze optisch von den anderen Einträgen hervorgehoben; der Preis für eine solche Anzeige richtet sich nach Auflage und Größe, lassen Sie sich beraten.

Meiner Erfahrung nach generiert ein Eintrag in den Gelben Seiten allerdings hauptsächlich Anrufe von Privatkunden, die Urkundenübersetzungen für alle möglichen Sprachen brauchen. Darüber hinaus werden die Gelben Seiten auch gern von Unternehmen verwendet, die Sie anschließend mit Werbung überschütten. Berücksichtigen Sie dies bei Ihrer Entscheidung, ob Sie sich, kostenfrei oder kostenpflichtig, eintragen lassen. Wenn Sie es mit einer kostenpflichtigen Anzeige versuchen möchten, testen Sie sie gleich für zwei Jahre – nicht jeder tauscht die Gelben

Seiten jährlich aus. Nichtsdestotrotz gehört ein Eintrag in den Gelben Seiten irgendwie dazu, wenn man ein Unternehmen hat – und sei es noch so klein.

Visitenkarten

Visitenkarten sind ein absolutes Muss. Man weiß ja nie, wo man einem potenziellen Geschäftspartner begegnet! Ich habe tatsächlich mal einen Übersetzungsauftrag vom Arzt meines Sohnes bekommen, der im Gespräch nicht nur von meinem Beruf erfuhr, sondern sich beim Fachsimpeln auch ein Bild von meiner Kompetenz machen konnte. Achten Sie darauf, dass sich das Design Ihrer Visitenkarten an das Ihrer Website anlehnt. Ein gewisser Wiedererkennungswert muss vorhanden sein, ein roter Faden, eine Corporate Identity. Verzichten Sie unbedingt auf selbst in zwei Minuten zusammengeschusterte und anschließend selbst ausgedruckte Karten. Das ist wie bei Ihrer Website: Sie können mit unprofessionellen Visitenkarten keine professionelle Leistung verkaufen. Sie können keinem Kunden weismachen, dass er einen Profi für die Übersetzung seiner Firmenbroschüre engagieren soll, obwohl er das eigentlich auch selber kann, und gleichzeitig Ihren eigenen Unternehmensauftritt selber zusammenpfuschen, anstatt einen Profi zu fragen. Geht nicht. Das ist unglaubwürdig.

Die Visitenkarten sollten Sie unbedingt auch zu Stammtischen, Konferenzen oder anderen Treffen mit Kolleginnen mitnehmen. Stichwort Netzwerken! Sollte diese Kollegin eine Anfrage nach Ihrer Sprachkombination oder Ihrem Fachgebiet erhalten, liegt Ihre Visitenkarte vielleicht gerade vor ihr, und schon haben Sie gewonnen – wenn sie Sie zwar kennt, Ihre Daten jedoch erst suchen müsste, während der Kunde am Telefon hängt, wird sie diesen Aufwand vermutlich gar nicht betreiben und den Auftrag einfach nur ablehnen. Achten Sie darauf, dass all Ihre Daten auf der

Vorderseite der Visitenkarte stehen – auf der Rückseite darf gern ein Motiv sein, aber keine wichtigen Kontaktdaten, die nicht auf der Vorderseite stehen. Denken Sie dabei an Leute, die Visitenkarten in passende Klarsichtfolien für Ordner stecken, sodass die Rückseite dann eventuell nicht mehr sichtbar ist.

Auf die Visitenkarten gehören: Name, Berufsbezeichnung (nicht mit Titeln geizen!), gern mit „(BDÜ/ATA/ADÜ)" dahinter, sofern zutreffend, Postadresse, Telefonnummer, E-Mail-Adresse, Website. Dazu Ihre angebotenen Sprachen/Dienstleistungen, wenn Sie haben: Ihr Logo und/oder Slogan.

Schön sind auch die kleineren **Netzwerkkarten.** Diese sollten Sie wie Ihre Visitenkarten stets dabeihaben – darauf stehen Ihre Online-Profile bei XING, Facebook, Twitter sowie Ihre Website und Ihr Blog. Diese Netzwerkkarten sind gedacht für Kunden wie Kolleginnen, mit denen Sie sich online vernetzen möchten. Staunende Augen sind Ihnen auf jeden Fall sicher – so etwas hat nicht jeder. Bei *www.moo.com* lassen sich wunderschöne Visitenkarten und Netzwerkkarten drucken.

Tipp: Tragen Sie Visitenkarten und Netzwerkkarten niemals einfach so im Portemonnaie mit sich rum! Die Karten zerknicken, kriegen Eselsohren – sehen einfach nicht mehr gut aus. Visitenkarten gehören unbedingt in ein entsprechendes Etui, in dem sie keinen Schaden nehmen. Auch die allerschönste, teuerste und professionellste Visitenkarte sieht mit einem Knick aus wie Müll.

Tipp: Nutzen Sie QR-Codes! **QRC** steht für Quick Response Code, und das sind diese lustigen quadratischen Labyrinthe, die man mit der entsprechenden Smartphone-App einscannen kann. Herstellen lassen sich QR-Codes kostenlos online und mit allen möglichen Informationen hinterlegen (einfach „QRC erstellen" googeln), z. B. mit Ihrer URL oder Ihren Kontaktdaten. Auf Visitenkarten sehen diese Codes nicht nur trendy aus, sie sind auch ausgesprochen praktisch, weil der Kunde Sie mit einem Tastendruck in den Kontakten seines Smartphones abspeichern kann und so immer bei sich hat, selbst wenn er Ihre Visitenkarte verlegen sollte. Außerdem machen QR-Codes neugierig – die muss man einfach einscannen, um zu sehen, was sie bedeuten!

Werbeartikel

Werbung ist alles, und man weiß nie, ob nicht gerade ein potenzieller Kunde auf der Straße an einem vorbeiläuft. In Betracht zu ziehen ist deshalb die Anschaffung von Werbeartikeln: **Kugelschreiber** beispielsweise brauchen Sie sowieso alle naselang. Ständig gehen die Dinger verloren. Das Gleiche gilt für **Feuerzeuge**. Warum also nicht Feuerzeuge oder Kugelschreiber mit der eigenen Werbung bedrucken lassen? Davon müssen Sie dann zwar mindestens 100 Stück bestellen, aber Sie können sie von der Steuer absetzen: Somit sind sie im Endeffekt kaum teurer als immer wieder bei Bedarf einzeln nachgekauft. Und Sie ärgern sich nicht mehr so, wenn wieder ein Feuerzeug oder Kugelschreiber verloren gegangen ist. Oder Sie „verlieren" sie absichtlich in der ersten Klasse im Zug oder auf Fachmessen; wo immer potenzielle Geschäftspartner vorbeikommen könnten. Das bringt natürlich nicht viel; aber es kostet ja auch nicht viel. Kleine Geschenke machen den meisten Menschen Freude. Und – wer weiß! Einige der Eltern der Schulkameraden meiner Kinder schreiben mit meinen Kugelschreibern. Das ist ähnlich wie beim sozialen Marketing: Sollte einer von ihnen mal eine Übersetzerin brauchen, wird er sicherlich zuerst an mich denken. Hätte mein Sohn die Kugelschreiber nicht so eifrig verteilt, wüssten die meisten Eltern seiner Freunde vermutlich gar nicht, was ich mache. Auch das ist Marketing! Durch in diesem Fall die Kinder auf derselben Schule besteht bereits eine Gemeinsamkeit und der Mensch tendiert grundsätzlich dazu, jemanden, mit dem er bereits eine bekannte Gemeinsamkeit hat, gegenüber einer gänzlich Fremden zu bevorzugen.

Was sich ebenfalls als rentabel erwiesen hat, ist Folgendes: Beim sonntäglichen Spaziergang einfach die eigenen **Visitenkarten** in die Briefkästen von Anwälten, Werbeagenturen und anderen Unternehmen werfen, an denen man so vorbeikommt und die eine Übersetzerin gebrauchen könnten. Ausbauen lässt sich dies, indem man die Visitenkarten mit einem Werbegeschenk (z. B. einem Kugelschreiber mit Werbeaufdruck) in einen transparenten Briefumschlag gibt und diese bei potenziellen Kunden direkt in den Briefkasten wirft. Das sieht edel aus und hat etwas Persönliches, weil der Empfänger sieht, dass man tatsächlich selber da war, er merkt, dass Sie sich Mühe gegeben haben.

Wenn Sie etwas tiefer in die Tasche greifen möchten, lassen Sie sich **Flyer erstellen**. Nicht diese einseitigen Flugblätter, sondern Prospekte – in DIN-4-Größe, auf ein Drittel gefaltet, auf dickem Papier. Darin stellen Sie Ihr Unternehmen vor und werfen sie bei potenziellen Kunden in den Briefkasten oder versenden sie per Post. Im PDF-Format können Sie den Flyer auch per E-Mail verschicken. Die Gestaltung des Flyers sollte sich natürlich an das Design Ihrer Website (und Ihres Briefpapiers, Ihrer Visitenkarten usw.) anlehnen. So etwas haben nicht viele, und damit machen Sie sicher einen professionellen Eindruck.

Vorsicht: In Briefkästen mit einem „Keine Werbung"-Aufkleber dürfen Sie weder Flyer noch Visitenkarten einwerfen! Halten Sie sich unbedingt daran, wenn Sie keine kostenpflichtige Abmahnung riskieren möchten.

Wenn Sie auch für Privatkunden arbeiten möchten, z. B. weil Sie Urkunden übersetzen, sind auch **Einkaufswagenchips** mit Werbedruck eine Idee – die lassen Sie dann einfach im Wagen stecken. Irgendwer freut sich darüber, und vielleicht klingelt dann auch bald das Telefon.

Haben Sie einen Laptop und arbeiten ab und an auch mal im Wartezimmer Ihres Hausarztes, im Café, draußen, im Zug, wo auch immer Sie gesehen werden? Dann machen Sie doch mit dem Deckel Ihres Laptops nicht Werbung für den Hersteller desselbigen, sondern für sich selbst! **Designfolien** für alle möglichen Geräte lassen sich wunderbar in den entsprechenden Shops online gestalten, sehen super aus und fallen garantiert auf! Ähnlich als Werbefläche geeignet sind E-Book-Reader, Handys, Tablet-PCs und deren Taschen, Umhängetaschen ... lassen Sie Ihrer Fantasie freien Lauf!

Eine weitere Werbemethode ist die gute alte **Autowerbung:** Auch diese Folien lassen sich bequem online designen und bestellen – wie meine Laptop-Folie hat mich auch diese Autoschrift rund 20 Euro gekostet, also eine absolut vertretbare Investition. Wählen Sie als Schriftfarbe für Ihre Autowerbung unbedingt Weiß oder Silber! Ich habe beim ersten Mal den Fehler begangen, die Schrift passend zur Autofarbe in Rot zu wählen; die erkannte man nur bei guten Lichtverhältnissen und näherem Hinsehen, während weiße Schrift dem Leser schon von Weitem ins Auge springt.

Steht ein **Klassentreffen** an? All die Freunde von damals arbeiten heute wie Sie, und vielleicht ist der eine oder andere dabei, der in einem Unternehmen angestellt ist, das irgendwann eine Übersetzerin benötigt. Setzen Sie also auch bei E-Mails an Listen zur Planung des nächsten Klassentreffens, Elternabends oder Ähnlichem immer Ihre geschäftliche Signatur darunter. Unter den Empfängern könnte ein Neukunde sein, und eine Gemeinsamkeit haben Sie ja bereits!

Wie bei allen Werbeaktionen geht es stets darum, bei möglichst vielen Leuten bekannt zu sein und im Gedächtnis zu bleiben. Irgendwann wird sich das auszahlen. Und bis dahin haben Sie immer ausreichend Kugelschreiber, Feuerzeuge und Einkaufswagenchips im Haus.

Presse

Fragen Sie bei Ihrer Tageszeitung nach, ob Interesse besteht, einen Artikel über Sie zu verfassen, z. B. zur Neueröffnung Ihres Büros. Oder schreiben Sie zum Thema passende Leserbriefe und machen Sie so als Expertin auf sich aufmerksam. Auch Manager großer Unternehmen lesen morgens beim Frühstück die Zeitung! Und sollte einer von ihnen gerade auf der Suche nach einer Übersetzerin sein, sind Sie so schon in seinem Kopf, und er hat ein wenig das Gefühl, Sie bereits zu kennen. Verzichten Sie jedoch unbedingt auf das Schalten klassischer Kleinanzeigen – das erweckt den Eindruck einer Hobbyübersetzerin, die auf der Suche nach etwas Geld nebenbei ist. Vor allem erzeugt es den Eindruck, als hätten Sie keine Aufträge und bräuchten dringend welche. Somit hat eine Kleinanzeige den gegenteiligen Effekt von dem, was wir erreichen möchten.

Veröffentlichungen

Die Fachzeitschriften der Berufsverbände freuen sich immer über Autorinnen, die einen relevanten Artikel für die Zeitschrift beitragen. Diese Artikel stoßen bei Mitgliedern auf großes Interesse: So bin ich nach einem Artikel noch

Monate später bei der Rechtsspracheprüfung von zwei der zwanzig Teilnehmer angesprochen worden, die mich aufgrund meines Artikels kannten. Auch meine Website freute sich tagelang über deutlich mehr Besucher, die Anzahl meiner Follower bei Twitter stieg merklich an und überdurchschnittlich viele Kontaktanfragen über XING erreichten mich. Eine Verlinkung zu diesen auch im Internet lesbaren Artikeln macht sich darüber hinaus auf der Referenzliste Ihrer Website sehr gut, geben Sie sich so doch als Expertin zu erkennen, zeigen, dass Sie schreiben können, und die meisten Leute zeigen sich von Veröffentlichungen durchaus beeindruckt.

8. Kaltakquise

Oder: Was tun, wenn der Kunde mich nicht findet?

Wenn Sie nicht darauf warten möchten, dass der Kunde Sie dank der bisher beschriebenen Maßnahmen selbst findet, sondern Sie ihn direkt kontaktieren möchten: Vorsicht! Nicht alles, was als Marketingmethode in englischsprachigen Blogs angepriesen wird, ist in Deutschland auch erlaubt.

Was ist erlaubt, was nicht?

Hier ist zu unterscheiden zwischen Privatpersonen und Gewerbetreibenden.

E-Mail-Marketing: Weder Privatpersonen noch Gewerbetreibenden dürfen Sie einfach eine Werbemail schreiben. Natürlich hält sich kaum einer daran, aber das ändert nichts an der Tatsache, dass Sie kein Unternehmen aus dem Branchenbuch heraussuchen und diesem ungefragt Ihre Werbemail zusenden dürfen. Tun Sie es dennoch, laufen Sie Gefahr, eine kostenpflichtige Abmahnung zu erhalten. Ausnahme: Es bestand bereits Kontakt und/oder der Empfänger hat dem Erhalt Ihrer E-Mail zugestimmt (z. B. weil er eine Übersetzung ausgeschrieben hat; dann dürfen Sie ihm natürlich mailen). Umgehen können Sie dieses Verbot, indem Sie beispielsweise eine Frage zu einem Produkt haben oder ein Lob loswerden möchten – und ganz nebenbei erwähnen, welche Dienstleistungen Sie anbieten. Reagiert der Angesprochene auf diese E-Mail mit einer Antwort auf Ihre Frage, besteht ein Kontakt, und schon dürfen Sie ihm eine Werbemail schicken.

Fax: Auch Werbung per Fax ist ohne vorherige Einwilligung verboten, egal ob bei Privatleuten oder Gewerbetreibenden.

Telefon: <mark>Kaltakquise per Telefon ist ohne vorherige Einwilligung verboten.</mark> Bei einem Geschäftskunden reicht es allerdings aus, dass er mutmaßlich eingewilligt hätte. So dürfen Sie beispielsweise ein Unternehmen anrufen und Ihre Dienste anbieten, wenn diese Dienste inhaltlich die geschäftliche Tätigkeit des angerufenen Unternehmens betreffen. Bedenken Sie allerdings, dass die meisten Personen, ob privat oder geschäftlich, Werbeanrufe als äußerst lästig empfinden.

Der Werbebrief

Die <mark>einzig wirklich erlaubte Methode</mark> der Kaltakquise dürfte der **Werbebrief per Post** sein.

Sie suchen sich – aus welchen Quellen auch immer – Unternehmen heraus, die Ihre Dienste benötigen könnten. Diese schreiben Sie an, stellen sich vor, legen Ihre Visitenkarten, Ihr Prospekt und vielleicht ein Werbegeschenk bei und kündigen eventuell Ihren Anruf für die nächsten Tage an (dann ist der Anruf auch erlaubt). Diese Werbebriefe sind ein Kapitel für sich; es gibt Bücher, Blogs und Agenturen zuhauf, die sich mit dem Thema auseinandersetzen. Es ist eine Kunst, Werbebriefe so zu gestalten, dass sie nicht umgehend in der Tonne landen. Die Erfolgsquote, so schätzen die, die sich mit so etwas auskennen, liegt bei einem mageren Prozent. Je aussagekräftiger der Brief und je gezielter die Auswahl der Empfänger, desto besser die Quote.

Wenn Sie Werbebriefe versenden, dann wählen Sie deshalb die Empfänger sorgfältig aus! Versenden Sie diese Briefe um Gottes willen niemals an Kolleginnen, die Sie aus den Gelben Seiten herausgesucht haben. Solche Briefe und E-Mails bekomme ich immer wieder und ALLE landen nach einem kurzen Lacher im Mülleimer. Aufträge von Kolleginnen bekommen Sie durch das immer wieder in diesem Buch erwähnte Netzwerken, aber ganz sicher nicht, indem Sie den Ihnen völlig unbekannten Kolleginnen einen Brief schreiben, in dem Sie womöglich Dumpingpreise bieten, jedoch keine Beziehung zu dieser Kollegin aufbauen. Werbebriefe an Kolleginnen zu versenden, ist reine Portoverschwendung.

Wenn Sie Werbebriefe verschicken, dann nur an Unternehmen, die in einer Branche arbeiten, auf die Sie sich spezialisiert haben. Übersetzen Sie beispielsweise hauptsächlich Texte über Solaranlagen, kann es durchaus Erfolg versprechend sein, Herstellern und Vertriebsunternehmen von Solaranlagen einen Brief zu schicken, in dem Sie Ihre Expertise auf dem Gebiet herausarbeiten. Wenn Sie idealerweise noch ein Blog zum Thema betreiben, sollte dieses unbedingt Erwähnung finden. Oder Sie legen eigens erstellte Übersetzungsproben von Texten aus dem Fachgebiet bei. Hübschen Sie diese als **Broschüre** auf und legen nicht einfach nur lose Blätter in den Briefumschlag – so ist die Wahrscheinlichkeit, dass Ihr Schreiben sofort im Müll landet, deutlich geringer, denn die Mühe, die Sie sich gegeben haben, ist für den Empfänger ersichtlich und wird honoriert. So beeindrucken Sie zukünftige Geschäftspartner und wecken Interesse, nicht mit Dumpingpreisen! Legen Sie dem Brief unbedingt Ihre Visitenkarte bei, damit diese den Einzug in den Visitenkartenordner finden kann, wo sie bei Bedarf griffbereit ist.

Halten Sie nach dem Werbebrief unbedingt den Kontakt zum potenziellen Kunden, beispielsweise durch einen Anruf, in dem Sie fragen, ob der Brief angekommen ist und Interesse gefunden hat und/oder durch weitere Briefe, wenn es etwas Neues von Ihnen zu berichten gibt, beispielsweise wenn Sie eine zusätzliche Qualifikation erworben haben oder eine weitere Dienstleistung anbieten. Sie müssen dem Kunden im Gedächtnis bleiben, damit er an

Sie denkt, wenn er tatsächlich einen Auftrag zu vergeben hat. Ohne Nachfassen nach dem Brief vergisst er Sie entweder sofort wieder, oder er hat, wenn er erst Monate nach dem Brief Bedarf hat, Zweifel, ob es Sie überhaupt noch gibt, schließlich hat er nichts mehr von Ihnen gehört – und beauftragt eine andere, von der er weiß, dass es sie noch gibt.

9. Akquise auf Messen

Von Ulrike Heiß

*Ulrike Heiß ist Fachübersetzerin für Medizin und Zahnmedizin und arbeitet in einem engen Netzwerk mit ihren Kolleginnen zusammen seit über zehn Jahren fast ausschließlich für Direktkunden. Daneben hält sie Seminare und Workshops. Mehr unter **www.ulrikeheiss.de**.*

Auf die Idee, Akquise auf Messen zu betreiben, brachte mich mein erster potenzieller Direktkunde. Wir telefonierten wegen eines möglichen großen Auftrags miteinander, und im Laufe des Gesprächs sagte er, „aber wir sehen uns ja bestimmt auf der IDS". Ich hatte keine Ahnung, wovon er sprach, aber erwiderte „wahrscheinlich schon". Nach dem Telefonat googelte ich erst mal, was das überhaupt war, diese IDS – die größte internationale Leitmesse für meine Branche. Und ich hatte noch nie davon gehört! Sie begann einen Tag später. In einer Hauruck-Aktion buchte ich ein Messeticket sowie eine Bahnfahrkarte und entwarf eine Visitenkarte, die ich im Druckshop um die Ecke drucken ließ. Ich hatte nichts dergleichen, denn ich war gerade erst in die Selbstständigkeit gestartet.

Mit dieser frugalen Ausstattung und minimaler Vorbereitung startete ich mein erstes Messeabenteuer. Mein Akquiseerfolg bei fremden Firmen war damals gleich null (woran das lag, dazu später mehr), aber – so viel sei verraten – ich traf den Kunden persönlich und bekam den großen Auftrag. Seit diesem Sprung ins kalte Wasser hatte ich noch viel Gelegenheit, bei meiner Kundenwerbung auf Messen Fehler zu machen und dazuzulernen.

Diese Erfahrung teile ich gern, dann können Sie sich eigene Fettnäpfchen ausdenken und brauchen nicht meine zu recyceln. Mittlerweile ist die Akquise auf Messen für mich die erfolgreichste Methode der Kundenakquise.

Nutzen: wozu Akquise auf Messen?

Messen haben einen enormen Vorteil: Man trifft alle wichtigen Marktteilnehmer einer Branche auf einmal. Damit erhalten Sie eine gute Marktübersicht und sehen, wer eventuell noch als Kunde infrage kommt. Sie bekommen außerdem die großartige Chance, Branchenvertreter „live und in Farbe" zu treffen und potenzielle Direktkunden, mit etwas Glück sogar die Entscheiderinnen und Entscheider, direkt anzusprechen.

In der kommunikativen Atmosphäre einer Messe entsteht ein Kontakt schneller und einfacher als bei der Kaltakquise. Beim Nachfassen im Anschluss an die Messe ist schon ein persönlicher Kontakt etabliert, auf den Sie zurückgreifen können.

Messen bieten die große Chance, sich als Spezialistin zu profilieren. Wenn Sie mit Ihren Kunden über deren Spezialgebiete plaudern können, werden Sie als eine der ihren akzeptiert. Im direkten Gespräch über fachliche Inhalte ist eine Begegnung auf Augenhöhe möglich, die durch andere Akquiseverfahren schwer zu erreichen ist. Die viel zitierte Chris Durban brachte es auf der BDÜ-Konferenz „Übersetzen in die Zukunft" im Herbst 2009 bei ihrem Vortrag „Finding and keeping direct clients" auf den Punkt: „Hang out where your clients hang out." Messen sind dazu eine gute Gelegenheit.

Generell lohnt sich der Messebesuch auch ohne gezielte Akquise, denn man bekommt einen guten Eindruck von

Größe, Bedeutung und Stil einer Firma. Besonders nützlich ist die Pflege von Kontakten mit bestehenden Kunden. Wer nicht dolmetscht und nur selten aus dem Büro kommt, sollte diese Möglichkeit der Kundenbindung nutzen. Kunden, die Sie schon einmal persönlich getroffen haben, reagieren in der Regel verständnisvoller auf die nächste Preisanpassung als solche, für die Sie nur eine gesichtslose Dienstleisterin unter vielen sind.

Häufig ergibt sich beim Kundenbesuch auf der Messe – zumindest bei großen Firmen – auch die Möglichkeit, neue Kunden innerhalb der Firmen zu akquirieren, mit denen Sie bereits zusammenarbeiten. Fragen Sie ruhig nach, wenn Sie weiteren Personen in der Firma vorgestellt werden möchten.

Auf Messen herrscht häufig eine Atmosphäre der Entscheidungsfreude, die Sie im besten Fall für sich nutzen können. Und wenn Sie sich nach der Messe – wie versprochen – wieder bei Ihren Interessenten melden, dann kommen Sie nicht als Bittstellerin, sondern als seriöse Geschäftspartnerin, die ihre Vereinbarungen einhält.

Bei der Vielzahl an Ausstellern werden Sie sicher nicht mit allen reden können – aber die Werbematerialien der Firmen, die für Sie als Kunden interessant sein könnten, sollten Sie mitnehmen, um die Informationen und Kontakte für Ihre „klassische" Akquisetätigkeit zu nutzen. Häufig können Sie auch die zuständigen Ansprechpartnerinnen in den Firmen direkt erfragen, und das mühselige Erforschen über die Zentrale entfällt.

Und das Beste zum Schluss: Die Akquise auf Messen ist mit einfachen Mitteln und vergleichsweise geringen Kosten umzusetzen. Falls Sie etwas Bammel davor haben: Das Schlimmste, das Ihnen passieren kann, ist, dass alles so bleibt wie bisher. Sie verlieren durch Akquise keine Kunden, aber Sie haben die Chance, neue zu gewinnen.

Einschränkungen
Für wen sich Akquise auf Messen nicht eignet (und warum sich ein Messebesuch auch für diese Menschen lohnt)

Introvertierte Menschen, die verstummen, sobald sich mehr als zwei Menschen im selben Raum befinden, können sich die Akquise auf Messen sparen. Für „Intros" ist diese Methode eine Tortur. Messen sind laut, voller Menschen, die alle um die Aufmerksamkeit der Gäste buhlen, und voller extrovertierter Angeber, die deshalb da sind, weil extrovertierte Angeber in der Regel gute Verkäufer sind. Wenn Sie sich als Intro trotzdem dazu zwingen, Akquisegespräche zu führen, wird das meistens eine sehr verkrampfte Angelegenheit, und dann kommt der innere Kritiker dazu, der Ihnen – dummerweise erst hinterher – sagt, was Sie **eigentlich** hätten sagen und wie Sie **eigentlich** hätten reagieren sollen.

Ich selbst bin zwar oft starr vor Angst, wenn ich eine Kundin oder einen Interessenten anrufen soll, funktioniere aber im Gespräch „face to face" ganz gut. Wenn Ihre „people skills" passabel sind, sollten Sie es also versuchen.

Trotzdem lohnt sich auch für Intros der Messebesuch, denn gerade wenn Sie auf andere Werbemethoden angewiesen sind, ist es wichtig, die Branche möglichst gut zu kennen und zu erspüren, wie sie tickt. Welche Bildsprache wird auf den Messeständen, in Prospekten etc. verwendet? Welche Farben dominieren? Wie drücken sich die Menschen in dieser Branche aus? Wie kleiden sie sich? Ist der Umgangston locker oder formell? Das sind wichtige Informationen, die Ihnen helfen, Ihre anderen Materialien

(Website, Flyer, Briefbögen und vor allem Marketingtexte) auf Ihre Zielbranche abzustimmen.

Wenn Sie insgeheim Verachtung für Ihre Kunden hegen oder nicht bereit sind, sich für Ihre Kunden fein zu machen („ich habe keine Lust, mich zu verkleiden"), wird Ihr Messebesuch ebenfalls erfolglos bleiben, weil Ihre potenziellen Kunden (Prospects) Sie nicht als ihresgleichen wahrnehmen. Wenn Sie nicht bereit sind, ein gewisses Stück auf Ihre Zielgruppe zuzugehen, wieso sollte diese dann auf Sie zukommen?

Wenn Sie sich überhaupt nicht mit der Übersetzung von Marketing-Texten befassen wollen, ist die Akquise auf Messen ungeeignet. Wer ausschließlich technische Texte übersetzt oder sich nur mit juristischen Texten befasst, wird es eher schwer haben. Im juristischen Bereich, weil es dafür kaum geeignete Messen gibt und es schwierig ist, auf Kongresse und andere Veranstaltungen zu kommen, die nur für Juristen gedacht sind, im technischen Bereich, weil auf Messen eher Leute aus Vertrieb und Marketing der Unternehmen anzutreffen sind, aber kaum Fachleute wie Programmiererinnen oder Ingenieure. Ausnahme: kleine Firmen. Hier kann man oft direkt mit dem Chef oder der Gründerin sprechen, die meistens selbst vom Fach sind.

Wenn Sie nicht mit Direktkunden arbeiten möchten oder sich die Betreuung von Direktkunden nicht zutrauen, ist die Akquise auf Messen Zeitverschwendung. Es gibt gute Gründe, weshalb sich manche Kolleginnen dafür entscheiden, lieber für Agenturen zu arbeiten. Das ist nicht zwangsläufig schlechter, nur anders. Wenn Sie Direktkunden akquirieren, müssen Sie sich darüber im Klaren sein, dass der administrative Aufwand, der Beratungsbedarf seitens des Kunden und die Anforderungen an Ihr professionelles

Auftreten höher sind. Das kostet Zeit und Kraft. Bei Direktkunden können Sie zwar höhere Preise erzielen, die ergeben aber nicht zwangsläufig einen höheren „Stundenlohn", wenn Sie den Mehraufwand einrechnen.

Was Sie zur Betreuung von Direktkunden außerdem zwingend brauchen, ist ein gutes und verlässliches Netzwerk von Kolleginnen, die Ihnen helfen, Auftragsspitzen abzudecken, und die Sie vertreten können, wenn Sie krank oder im Urlaub sind. Wenn Sie nicht gern netzwerken, sind Direktkunden und damit die Akquise auf Messen wahrscheinlich nicht das Richtige für Sie.

Ohne Spezialisierung ergibt die Akquise auf einer Fachmesse wenig Sinn. Wenn Sie nicht schon Expertin für ein Fachgebiet sind oder wenigstens vorhaben, sich gründlich hineinzufuchsen, können Sie den Prospects nicht auf Augenhöhe begegnen und ein entscheidender Vorteil dieser Akquiseform ist verloren.

In welchen Bereichen Akquise auf Messen schwierig bis unmöglich ist

Es gibt (sehr wenige) Branchen, in denen Messen keine besonders große oder gar keine Rolle spielen. Von einer Jura-Messe habe ich jedenfalls noch nie gehört. Und falls Ihr Fachgebiet die klinische Psychologie ist, werden Sie es vermutlich auch eher schwer haben, eine passende Messe zu finden. Ansonsten gilt aber, dass es nahezu nichts gibt, wofür es keine Messe gibt. In der Messedatenbank des Branchenverbands AUMA (Ausstellungs- und Messe-Ausschuss der Deutschen Wirtschaft e. V.; ***www.auma.de***) gibt es von A wie Abfallwirtschaft bis Z wie Zeitschriften Messen für alle Fachrichtungen. Titel wie die „postmortale" – laut Eigenwerbung die „Deutsche Messe für Bestattungskultur" – illustrieren das ganz anschaulich (und anscheinend haben die Veranstalter auch Humor).

Weshalb Akquise auf Messen heute etwas schwieriger ist als früher

Als ich vor einigen Jahren damit begann, Seminare zur Akquise auf Messen zu geben, war die Methode noch ungeheuer erfolgreich – einfach weil bis dato so wenige Kolleginnen von der Möglichkeit Gebrauch gemacht hatten. Später bekam ich von Teilnehmerinnen die Rückmeldung, sie hätten auf Messen potenzielle Kunden angesprochen und zu hören bekommen „Sie sind heute schon die dritte Übersetzerin!" Daraufhin habe ich mein Seminarangebot zu diesem Thema zurückgezogen, denn es nützt ja niemandem, wenn sich die Übersetzerinnen gegenseitig auf Messen auf den Füßen stehen. Mittlerweile scheint sich der Run wieder etwas gelegt zu haben, gleichwohl hat sich die Akquise auf Messen als Standard-Verfahren auch bei Übersetzerinnen (bei Dolmetscherinnen sowieso) etabliert. Sie stechen also nicht mehr ganz so positiv aus der Masse heraus, wenn Sie sich dafür entscheiden, potenzielle Kunden auf einer Messe anzusprechen. Andererseits ist das für ängstliche Naturen auch ein Vorteil: Es ist nicht mehr so ungewöhnlich für die Firmen, auf Messen von Übersetzerinnen und anderen Dienstleistern angesprochen zu werden.

Ein weiterer Grund zur Vorsicht ist die aktuelle Rechtslage. Schon lange weisen die Messeveranstalter in ihren AGB darauf hin, dass man ohne ihre Erlaubnis auf ihrem Gelände (ggf. auch davor) keine Werbung machen darf, ohne dafür zu bezahlen. Das ergibt Sinn, denn schließlich ist es das Geschäftsmodell von Messen, dass andere Firmen Geld dafür bezahlen, dort Werbung für sich machen zu dürfen. Wenn Sie sich also aufs Messegelände stellen und Flyer für Ihre Dienstleistung verteilen, wird Ihnen mit großer Wahrscheinlichkeit ein Hausverbot erteilt und es ist (wahrscheinlich nur in besonders dreisten Fällen) auch mit einer Klage zu rechnen. So liegt eine Entscheidung des

OLG Düsseldorf vom 03.03.2016 vor (***www.justiz.nrw.de/ nrwe/olgs/duesseldorf/j2016/I_13_U_62_15_Urteil_ 20160303.html***, abgerufen am 29.08.2016), die grob besagt, dass die beklagte Firma, die unerlaubt Werbung auf dem Messegelände gemacht hatte, stattdessen ein Werbepaket des Messeveranstalters hätte buchen müssen und deshalb zur Zahlung einer bestimmten Summe an den Veranstalter verpflichtet wird. Allerdings war die Werbung in diesem Fall auch ziemlich dreist, und ich gehe davon aus, dass Sie noch nicht Aufmerksamkeit und Zorn des Messeveranstalters erregen, wenn Sie ein paar potenzielle Direktkunden ansprechen, zumal wenn Sie sich nicht an Besucherinnen und Besucher, sondern an Ausstellende wenden. Da ich keine Juristin bin, kann ich aber schlicht nicht beurteilen, inwiefern die Akquise auf Messen erlaubt ist. (Zur Kaltakquise per Telefon und E-Mail gibt es ja schon länger einschlägige Urteile.) Falls Sie unsicher sind, lesen Sie das Urteil nach, es ist recht unterhaltsam.

Die richtige Messe finden

Messen in Deutschland: Zahlen und Fakten
In Deutschland ansässige Übersetzer haben den großen Vorteil, dass hierzulande zwei Drittel aller Weltleitmessen, also der bedeutendsten Messen für eine bestimmte Branche, stattfinden. Viele Kolleginnen mit Muttersprache Deutsch meinen, sie träfen auf einer Messe nur deutsche Firmen, die allenfalls Übersetzungen in andere Sprachen bräuchten. Das ist mitnichten so: 55 % der Aussteller kommen nach den Kennzahlen des AUMA aus dem Ausland. Wir müssen für die Akquise also nicht um die halbe Welt reisen.

Für das Marketing der Unternehmen haben Messen trotz des Bedeutungsgewinns der Online-Medien nach wie vor einen hohen Stellenwert, und laut AUMA geben Aussteller

und Besucher für Messen in Deutschland 12 Milliarden Euro im Jahr aus. Bei über 170.000 Ausstellern im Jahr 2015 sollte dabei auch der eine oder andere potenzielle Kunde für Sie dabei sein.
Quelle der o. g. Zahlen: „Messewirtschaft in Zahlen 2016", Hrsg. AUMA, Ausstellungs- und Messe- Ausschuss der Deutschen Wirtschaft, Stand 5/2016, abgerufen über auma.de, am 22.08.2016

Auch die Messe als solche generiert einen hohen Bedarf an Übersetzungs- und Dolmetschleistungen. Ein Stück vom 12-Milliarden-Kuchen kann sich also auch unser Berufsstand sichern. Einige meiner Kunden reservieren im Vorfeld der wichtigsten Messe der Branche Kontingente bei mir. Umgekehrt schreibe ich einige meiner Kunden mit etwa sechs Monaten Vorlauf vor der Messe gezielt an, um sie daran zu erinnern, genügend Zeit und Budget für die Übersetzung ihrer Messematerialien einzuplanen. Auch das hat schon so manchen Auftrag eingebracht.

Auswahlkriterien: Wie finde ich die richtige Messe?
Angesichts des riesigen Angebots an Fachmessen könnten Sie zwar theoretisch alle zwei bis drei Tage auf eine Messe gehen, sinnvoll ist das allerdings nicht. Auch wenn Sie mehrere Fachgebiete bedienen, reicht es aus, wenn Sie zwei bis drei Messen pro Jahr auswählen. Und falls das nicht schon deutlich geworden ist: Verbrauchermessen sind für die Akquise ungeeignet. Unser Revier ist die B2B-Messe.

Das wichtigste Auswahlkriterium ist die Frage: Welche Fachgebiete bediene ich schon, und welche möchte ich künftig stärker ausbauen? (Auf die Bedeutung der Spezialisierung wurde in diesem Buch schon hingewiesen, und man kann sie gar nicht oft genug betonen.) Sie sollten sich auch darüber klar sein, wie Ihr Traumkunde aussehen soll, damit Sie gezielt passende Firmen akquirieren können. Viele Übersetzerinnen machen ihre Spezialisierung vom Zufall abhängig, aber wenn Sie Expertin werden wollen, ist es sinnvoll, sich auf ein oder zwei Fachgebiete zu fokussieren, die Ihnen wirklich liegen und die Sie selbst ausgesucht haben.

Damit Sie nicht nur irgendwelche Kunden an Land ziehen, sondern Kunden, die zu Ihrer Spezialisierung passen (wovon sowohl Sie als auch Ihre Kunden einen höheren Nutzen haben), ist es sinnvoll, im Vorfeld der Akquise ein klares Profil Ihres Traumkunden zu erstellen. Danach wählen Sie dann die Messen aus.

Informationsbeschaffung
Fast alle Messen in Deutschland mit überregionaler Bedeutung finden Sie unter **www.auma.de**. Auch die Webseiten der jeweiligen Branchenverbände, der Messeorte und -veranstalter und der IHKs haben eigene Messekalender.

Wenn Sie schon Kunden aus der Zielbranche haben, fragen Sie, auf welchen Messen sie als Aussteller vertreten sind. Meistens kommt dieses Interesse beim Kunden gut an. Wenn Sie schon dabei sind, kündigen Sie gleich Ihren Besuch am Messestand an oder vereinbaren Sie einen Termin mit Ihrem Kunden auf der Messe. Sie können auch die Webseiten der Firmen beobachten, die für Sie als Kunden interessant wären, sofern Sie das schon im Vorfeld wissen, und dort nachsehen, wo diese Firmen ausstellen. Die meisten werben schon auf der Startseite mit ihrer Messepräsenz.

Die Größe der Messe ist nicht so entscheidend für den Erfolg, sondern höchstens für Ihre Planung: Für eine kleine Messe reicht ein halber Tag, dafür lohnt sich vielleicht eine weite Anreise nicht. Je größer die Messe ist, desto wichtiger ist die Vorbereitung, eine kleine Messe in Ihrer Region können Sie auch mal spontan besuchen. (Um genau zu sein, können Sie natürlich jede Messe spontan besuchen, Ihr Erfolg ist dann nur geringer, als wenn Sie Ihren Messebesuch vorbereiten.)

Wie gesagt, gibt es für alles eine Messe, das heißt aber auch, dass bei dem großen Angebot auch überflüssige Messen dabei sind. Es lohnt sich also bei Messen, die Sie nicht kennen, die Website und das Ausstellerverzeichnis kritisch in Augenschein zu nehmen.

Exkurs: Traumkunde

Ich will Ihnen nicht vorschreiben, wie Ihr Traumkunde auszusehen hat, möchte Ihnen aber ein paar Tipps und Erfahrungen in Bezug auf Direktkunden mitgeben. Große Kunden sind anspruchsvoll zu betreuen und schwer zu halten, d. h. für große Firmen braucht man auch ein großes, agenturähnlich funktionierendes Netzwerk. Trotzdem sind Sie dort nur ein Dienstleister von vielen und haben häufig einen großen Aufwand mit Angeboten, die nicht zustande kommen (u. a. weil häufig Vergleichsangebote nur eingeholt werden, weil das „von oben" verlangt wird, und der gewünschte Anbieter eigentlich schon feststeht).

Auch der technische Aufwand ist hoch, genauso wie der Preisdruck über die Technik (durch firmeneigene TMs, MT etc.). Große Firmen versuchen häufig, die Preise selbst festzulegen oder zu drücken. So kann es Ihnen passieren, dass Sie als Dienstleisterin „rausfliegen", wenn die Einkaufsabteilung neue Vorgaben macht, unabhängig davon, wie zufrieden Ihre Auftraggeberin in der Firma mit Ihrer Arbeit ist.

Schnell wechselnde und eine hohe Anzahl an Ansprechpartnern innerhalb einer Firma, die sich nicht untereinander koordinieren, sorgen für einen hohen Verwaltungsaufwand (man könnte auch von einem kostenlosen Outsourcing des Projektmanagements sprechen). Bei großen Firmen ist die Zahlungsmoral oft schlecht, zumindest sind die Zahlungsfristen zumeist sehr lang. Dagegen werden von Ihnen kurze Lieferfristen erwartet – auch bei hohen Textvolumina.

Mittelständische Firmen, von denen es in Deutschland noch sehr viele, auch exportstarke gibt, können schon mit einem mittelgroßen Netzwerk und mittlerem Aufwand betreut werden. Sie sind in der Regel treue Kunden, denn für Angebots-Hopping haben sie keine Zeit. Wenn Sie eine vertrauensvolle Arbeitsbeziehung aufbauen konnten, kommen die Aufträge ohne die Bitte um ein Angebot „zu den üblichen Konditionen". Gezahlt wird zumeist pünktlich, es gibt wenige Ansprechpartner und kurze Dienstwege, was besonders nützlich ist, wenn es Fragen zu klären gibt.

Mittelgroße Firmen wollen natürlich ebenso verlässlich betreut werden, wenn Sie krank oder im Urlaub sind, wie große Firmen auch. Sie bringen aber häufig mehr Verständnis für längere Bearbeitungsfristen auf und haben eine höhere Bereitschaft, für gute Qualität gutes Geld zu bezahlen, weil sie Ihren guten Service und Ihre Sachkenntnis zu schätzen wissen (beides müssen Sie dann allerdings auch liefern!).

Die gute Nachricht: Diese Mittelständler sind auf Messen besonders stark vertreten. So beschäftigen 62 % der ausstellenden Unternehmen weniger als 100 Personen.
Quelle: AUMA Messetrend 2016, Hrsg. Ausstellungs- und Messe-Ausschuss der Deutschen Wirtschaft e. V., Geschäftsbereich Institut der Deutschen Messewirtschaft, abgerufen über auma.de, am 22.08.2016

Für die Betreuung mittelständischer Kunden brauchen Sie:

- die Bereitschaft, mit Kolleginnen eng zusammenzuarbeiten
- Geduld in der „Kundenaufklärung" (Manche nennen es „Erziehung", aber Ihre Kunden sind erwachsene Menschen und wollen auch so behandelt werden.)
- die Bereitschaft, die Kunden über die reine Übersetzung hinaus zu beraten
- die Bereitschaft, Zusatzleistungen anzubieten
- Zeit für die Pflege der Kundenbeziehungen

Ihr Netzwerk dient als Absicherung bei Krankheit, Urlaub und großvolumigen Aufträgen. Wenn Sie den Kunden in diesen Fällen nicht zufriedenstellend „verarzten" können, geht er nächstes Mal nämlich doch zur Agentur. Mittelständische Kunden haben oft wenig Erfahrung damit, Übersetzungsleistungen in Auftrag zu geben. Seien Sie deshalb geduldig und transparent, was Ihre Zeilen- oder Wortpreise angeht. Erklären Sie den Kunden, weshalb gute Vorlagen für eine gute Übersetzung wichtig sind, und helfen Sie mit, diese zu verbessern.

Informieren Sie die Kunden über Ihre technischen Möglichkeiten. Viele sind sehr froh, nicht alles aus InDesign in Word und wieder zurück kopieren zu müssen, und freuen sich, dass wir mit Exportformaten arbeiten können. Beraten Sie die Kunden auch in Bezug auf die Optimierung ihrer Übersetzungsworkflows. Die meisten sind dafür dankbar, wenn Sie Ihnen (zeitliche) Einsparpotenziale aufzeigen können.

Exkurs: Spezialisierung

Als Spezialistin können Sie höhere Preise fordern, doch dazu muss Ihre Spezialisierung klar erkennbar und belegbar sein. „Medizin" beispielsweise ist als Fachgebiet zu groß. Da sollten Sie sich schon auf einzelne Bereiche der Medizin konzentrieren. Sonst müssen Sie sich immerzu in neue Fachgebiete einarbeiten und arbeiten nie lukrativ. Die Spezialisierung ist die beste Möglichkeit, sich vom „grauen Markt" abzugrenzen und von den dort gezahlten Preisen unabhängig zu machen.

Wenn Sie sich dabei ein Fachgebiet aussuchen, das Ihnen liegt, sind Ihre Erfolgsaussichten höher, als wenn Sie die Auswahl dem Zufall überlassen. Wenn Sie erst einmal als Spezialistin etabliert sind, brauchen Sie nur noch sehr wenig Akquise, weil Sie dann von Kundinnen und (nicht zu unterschätzen) Kolleginnen weiterempfohlen werden.

Hierbei sein eigenes Profil zu schärfen oder sich selbst zur Marke zu entwickeln, passiert nicht über Nacht, aber man muss ja irgendwo damit anfangen. Die Akquise auf Messen schärft Ihr Profil fast automatisch, weil Sie spezialisierte Kunden akquirieren, und je weiter Sie sich in Ihr Gebiet einarbeiten, umso selbstbewusster können Sie beim nächsten Mal auf der Messe auftreten.

Exkurs: ein eigenes Netzwerk

Suchen Sie sich für Ihr Netzwerk nicht nur Kolleginnen, die Sie ergänzen, also Ihre Fachgebiete in anderen Sprachen oder Ihre Sprachen in anderen Fachgebieten bearbeiten, sondern vor allem Leute, die exakt dasselbe machen wie Sie. Nur so können Sie mittelgroße Direktkunden zufriedenstellen.

Viele Übersetzerinnen haben Angst vor Konkurrenz und halten sich deshalb von Kolleginnen, die dieselbe Sprache oder dasselbe Fachgebiet bedienen, lieber fern. Sie sind aber für die Betreuung von Direktkunden aufeinander angewiesen und sollten sich deshalb zumindest einen engsten Kreis von Lieblingskolleginnen aufbauen, denen Sie vertrauen und auf die Sie sich verlassen können. Klar kann es passieren, dass Sie mit der einen oder anderen auf die Schnauze fallen, aber meine Erfahrungen sind fast durchweg positiv. Wenn Sie sich selbst an getroffene Vereinbarungen halten und offen und transparent mit Ihren Projekten umgehen, danken das die meisten Kolleginnen mit Vertrauen und Loyalität (beides muss natürlich auf Gegenseitigkeit beruhen). Eine Grafikerin und eine Texterin sind sinnvolle Ergänzungen, werden aber nicht ganz so häufig gebraucht.

Treten Sie bei der Akquise auf Messen mit Ihrem Netzwerk gemeinsam auf. Dann bleibt der Begriff des „Netzwerks" nicht nebulös, sondern die Prospects sehen sofort, dass es tatsächlich eine vertrauensvolle Kooperation gibt. Zu zweit oder zu dritt am Messestand zu erscheinen, wirkt sehr professionell und ist erstaunlich erfolgreich.

Messevorbereitung

Wenn Sie aus Ihrem Messebesuch wirklich Nutzen ziehen wollen, sind die Phasen der Vorbereitung und der Nachbereitung der Messe mindestens genauso wichtig wie der Messebesuch selbst.

Besuchen Sie die Website der Messe nicht nur, um ein Ticket zu bestellen, sondern schauen Sie sich das Ausstellerverzeichnis an. Häufig können Sie das Ausstellerverzeichnis auch online nach bestimmten Kriterien filtern. Wenn Sie Ihre Branche schon gut kennen, werden Ihnen die wichtigsten Marktteilnehmer schon bekannt sein. Wenn das nicht der Fall ist, ist es gut, sich auch auf den (zumeist verlinkten) Websites der Aussteller umzusehen. Suchen Sie dabei gezielt im Vorfeld nach wichtigen Informationen zu Firmen, die möglicherweise als Kunden infrage kämen. Auf welchen Märkten ist das Unternehmen tätig? Wie viele Mitarbeiter hat es? Gehören die Produkte oder Dienstleistungen der Firma noch zu Ihrem Spezialgebiet? Erstellen Sie so eine Liste der Unternehmen, die Sie auf der Messe besuchen wollen. Machen Sie sich Notizen zu den Firmen, z. B. die Unternehmensgröße, den Namen der Geschäftsführerin und in welchem Bereich die Firma tätig ist.

Wenn Sie wissen wollen, wie der ungeschriebene Dresscode für Ihre Messe ist, sehen Sie sich bei den Fotos im Pressebereich der Messe-Website um. Dabei erhalten besonders Neulinge viele Hinweise darauf, was sie auf der Messe erwartet. Wie hoch ist der Frauenanteil? Tragen die Besucher legere Kleidung oder Anzug und Krawatte? Wenn Sie mit Ihren Prospects auf Augenhöhe sprechen wollen, sollten Sie auch äußerlich in die Branche passen, damit sich Ihre potenziellen Kunden im Gespräch mit Ihnen schnell wohlfühlen und nicht über die Frage grübeln, warum ihnen Ihr Outfit komisch vorkommt. Auch Kleidung ist Kommunikation.

Dabei geht es nicht darum, sich immer möglichst fein zu machen. Wenn Sie mit Anzug und Krawatte auf der Musikmesse oder der Gamescom erscheinen, ist das ein genauso großer Fauxpas, wie im T-Shirt Ihrer Lieblingsband auf der Immobilienmesse aufzuschlagen. Sie brauchen sich dabei nicht zu verbiegen (denn wenn Sie sich unwohl oder verkleidet fühlen, merken Ihre Gesprächspartner das), sollten sich aber anpassen. Wenn Sie das partout nicht hinkriegen (wollen), sollten Sie sich ernsthaft fragen, ob Sie die richtige Branche ausgesucht haben.

Es gibt das Sprichwort „wer einen Bäcker etwas lehren will, sollte Mehl an seinen Händen haben." Es geht darum, dem

Kunden klarzumachen „ich bin eine von euch!", sonst hört er gar nicht erst zu. Auch im persönlichen Gespräch gilt es, dem Kunden in seinem Modell der Welt zu begegnen – so wie er Sie anspricht, will er auch angesprochen werden. Das ist sozusagen die Umkehrung des Prinzips „wie es in den Wald ruft".

Vielleicht denken Sie jetzt, „das brauche ich alles nicht, ich habe doch so tolle Flyer und bin fachlich spitze." Deshalb möchte ich hier an das hinlänglich bekannte Eisberg-Modell der Kommunikation erinnern, wonach nur 20 % unserer Kommunikation bewusst, 80 % aber unbewusst ablaufen. Somit bekommen Sie erst gar keine Chance, Inhalte zu vermitteln, wenn Sie nicht vorher einen guten Kontakt zum Gesprächspartner herstellen. Diesen zu etablieren ist einfacher, wenn Sie auf möglichst vielen Ebenen eine Übereinstimmung zu Ihren Kunden herstellen. Wenn Sie damit Schwierigkeiten haben, lesen Sie im Internet über die Idee des „Pacing" nach, es gibt auch YouTube-Filme, die das Konzept erklären.

Wie komme ich an Karten?

Beim Bestellen von Messetickets werden Sie in der Regel nach Ihrem Beruf bzw. Ihrer Branche gefragt, um festzustellen, ob Sie Fachbesucherin sind. Scheuen Sie sich nicht, „sonstige Dienstleistungen" anzuklicken (oder was auch immer als Auswahl angeboten wird) und sich als Fachbesucherin zu begreifen. Wenn Sie mit dem Übersetzen von Werbematerialien für Baumaschinen Ihren Lebensunterhalt bestreiten, dann müssen Sie sich nicht am Besuchertag auf der BauMa durch die Massen schlängeln.

Bei vielen Messen ist bei einer frühen Online-Vorregistrierung der Eintritt zur Messehalle frei oder vergünstigt.

Meistens kann man sich dann ein Ticket mit Barcode im Büro ausdrucken und spart sich damit die langen Schlangen im Eingangsbereich der Messe.

Gelegentlich kann es bei Messen, die auch beim Laienpublikum beliebt sind, schwierig sein, eine Karte für die Fachbesuchertage zu bekommen. Wenn Sie schon Kunden aus der Branche bedienen, ist es in diesem Fall sinnvoll, dort zu fragen, ob Sie eventuell ein Messeticket von Ihrem Kunden bekommen können, weil Sie ihn gern auf der Messe besuchen wollen. Die Aussteller bekommen meist größere Kontingente an Freikarten, die sie oft nicht ausschöpfen.

Die besten Tage für den Messebesuch sind die ersten beiden. Da sind die Aussteller noch frisch und die Entscheider noch da. Besuchen Sie die Messe unbedingt an einem Fachbesuchertag, besonders bei beliebten Messen, z. B. der Buchmesse, Automobilmesse etc. Gegen Ende der Messe sind die Aussteller ausgelaugt, nicht selten auch verkatert, und ihr Bedürfnis nach verbaler Kommunikation ist auf Wochen hinaus gedeckt. Unter diesen Umständen ist es deutlich schwieriger, potenzielle Kunden von sich zu überzeugen.

Wenn Sie zu großen Messen in größerer Entfernung fahren, sollten Sie daran denken, rechtzeitig ein Hotelzimmer zu buchen. In Messestädten wie Hannover werden während der großen Messen auch viele Privatzimmer vermietet, aber um ein günstiges Zimmer zu bekommen, müssen Sie früh dran sein. Hotels verlangen während der Messezeiten hohe Aufschläge. Es lohnt sich aber bei großen Messen durchaus, am Vortag anzureisen, denn Sie wollen frisch und ausgeruht sein, damit Sie Ihren Gesprächspartnern aufmerksam zuhören und eine anregende Konversation betreiben können. Behandeln Sie den Messebesuch wie ein Bewerbungsgespräch. (Und vergessen Sie nicht, eine ordentliche Reisekostenabrechnung für Ihre Steuerberaterin aufzustellen.)

Termine

Rufen Sie Ihre Bestandskunden aus der Branche an und kündigen Sie Ihren Besuch an. Wenn Sie etwas Konkretes zu besprechen haben, vereinbaren Sie einen Termin mit ihnen an ihrem Messestand. Viele Messestände verfügen sogar über ein oder mehrere kleine Separees für Besprechungen.

Für Mutige: Sie können auch versuchen, mit den Firmen, die Sie aus dem Ausstellerverzeichnis ausgewählt haben, im Vorfeld einen Termin zu vereinbaren. Rufen Sie an und sagen Sie, dass Sie die Firma gern an ihrem Messestand besuchen würden. Fragen Sie sich zu der Person durch, die für das Marketing oder die Vergabe von Übersetzungen zuständig ist, und bitten Sie um einen gemeinsamen Termin am Stand. Halten Sie Ihre Termine dann aber auch ein und bereiten Sie sich darauf vor.

Werbematerial

Wie bei allen Werbematerialien geht es darum, mit möglichst geringem Aufwand maximale Wirkung zu erzielen. Auf meinem allerersten Messebesuch hatte ich nur Visitenkarten dabei. Viele Kolleginnen haben eigene Flyer, manche sogar etwas teurere geheftete Broschüren. Nach meiner Erfahrung stechen solche Werbematerialien zu wenig aus der Lawine an Werbematerialien heraus, mit denen man auf einer Messe beworfen wird. Wenn Sie mit Flyern oder Broschüren losziehen, geben Sie immer auch mindestens eine Visitenkarte dazu, damit auch im Nachhinein ersichtlich ist, dass es einen persönlichen Kontakt gab. Zweisprachige Visitenkarten sind zu empfehlen –

oder verschiedene Visitenkarten für verschiedene Sprachen.

Bewährt haben sich Präsentationsmappen, also in Ihrem Corporate Design gestaltete Kartonmappen, am besten fürs DIN-A4-Format mit Laschen, in die sich eine Visitenkarte einstecken lässt, und die sich individuell befüllen lassen. Hier hinein kommen (jeweils auf Ihrem Briefbogen) ein kurzes Profil Ihrer Fähigkeiten und Alleinstellungsmerkmale und ein paar Eckdaten zu Ihrer Qualifikation (kein Lebenslauf!) und, sofern vorhanden, eine Liste Ihrer eigenen Veröffentlichungen, Ihrer veröffentlichten Übersetzungen und natürlich Ihre Visitenkarte. Wenn Sie das preisgeben wollen, bzw. damit werben dürfen, legen Sie auch eine Liste der Firmen bei, für die Sie schon gearbeitet haben. Ein weiterer Vorteil der Mappen ist die Möglichkeit, sie mit Inhalten in verschiedenen Sprachen bzw., wenn Sie mehrere Fachgebiete bedienen, je nach Fachgebiet unterschiedlich zu bestücken. Das ist mit Broschüren nicht so leicht möglich.

Wenn Sie so viel Zeit in die Vorbereitung investieren wollen, können Sie noch für die Firmen, von denen Sie schon im Vorfeld wissen, dass Sie sie besuchen werden, ein individuelles Anschreiben formulieren. Die übrigen Firmen erhalten die Mappe ohne oder mit einem allgemein formulierten Anschreiben.

Flyer sind günstiger als Mappen, werden aber auch als weniger wertig empfunden und landen schneller im Papierkorb. Mappen haben darüber hinaus den Vorteil, dass Sie sie leicht an Ihre Zielgruppe anpassen können. Und denken Sie daran, dass Sie sich natürlich nicht einfach auf die Messe stellen und Ihre Flyer verteilen dürfen.

Andere Werbemittel oder Give-aways finde ich auf der Messe nicht zielführend (außer Ihnen fällt etwas ungeheuer Originelles ein), weil auf Messen tonnenweise Werbemittel unters Volk gebracht werden und vieles davon hinterher direkt im Müll landet. Das ist weder umweltfreundlich noch bringt es Sie weiter. Außerdem müssen Sie das ganze Zeug ja auf der Messe herumschleppen.

Ein sehr kurioser Vorschlag zu diesem Thema, den ich zumindest in unserem Kulturkreis nicht zur Nachahmung empfehle, kam von den Jenners: Man solle seinen potenziellen Kunden, mit denen man Termine vereinbart hat, Snacks zum Messestand bringen, am besten fürs ganze Team. Das ist meines Erachtens nicht nur logistisch schwierig, sondern auch kontraproduktiv. In einem typischen Frauenberuf ist es ohnehin schwer genug, von den zumeist noch immer männerdominierten Industriefirmen als Partnerin auf Augenhöhe wahrgenommen zu werden. Es will mir nicht einleuchten, wie es meine Position stärken soll, wenn ich mich freiwillig auf die Stufe einer Messehostess stelle. (Nichts gegen Messehostessen, aber wir wollen ja etwas mehr verdienen.)

Jenner, Judy A. und Dagmar V.: The Entrepreneurial Linguist: The Business-School Approach to Freelance Translation, EL Press 2010

Tipp für die Gestaltung von Werbematerialien: Stimmen Sie Ihr Bildmaterial auf die Branche ab, auf die Sie sich spezialisieren (wollen). Meiden Sie Klischees. Oder wollen Sie die hunderttausendste Übersetzerin sein, die als Website-Header ein Bild der Tower Bridge verwendet? Seien Sie auch achtsam bei der Farbwahl. In der Medizin wird zum Beispiel selten rot verwendet (wahrscheinlich wegen der Assoziation zum Blut), grün kann dagegen nach „öko" aussehen. Auch beim Material sollten Sie an Ihre Zielgruppe denken. Auf der BioFach mit einem Hochglanzpapier für sich zu werben, kommt bei der Zielgruppe nicht so gut an. Hier können Sie mit Recycling-Papier Sympathiepunkte sammeln, während es in der Automobilbranche vielleicht als zu billig wahrgenommen wird.

Ein für Messen besonders wichtiges, nicht physisches Werbemittel ist der sogenannte „Elevator Pitch". Damit sind ein paar kurze, prägnante Sätze gemeint, mit denen Sie sich und Ihre Dienstleistung innerhalb von dreißig Sekunden bis maximal einer Minute vorstellen. Die Idee ist, in der kurzen Zeit einer gemeinsamen Fahrstuhlfahrt einem fremden Gegenüber Lust darauf zu machen, Sie kennenzulernen oder mehr über Ihre Dienstleistung zu erfahren. Beim Elevator Pitch sollten Sie deshalb *nicht* Ihre ganzen Diplome aufzählen oder Ihre Arbeitsweise erklären, sondern Ihrer Gesprächspartnerin klar machen, wie Sie ihr Nutzen bringen können. Wählen Sie für den Elevator Pitch Eigenschaften, die Sie aus der Masse abheben, Ihre USPs, und betonen Sie die Besonderheiten Ihrer Dienstleistung.

Legen Sie sich ein paar solcher Sätze zurecht, lernen Sie sie auswendig und üben Sie sie an Freunden und Bekannten. Bitten Sie auch um Feedback, damit Sie Ihren Elevator Pitch verbessern können. Verwenden Sie ihn so oft wie möglich, nicht nur auf Messen, sondern bei Treffen von Business-Netzwerken, bei zufälligen Bekanntschaften im Zug und wann immer Sie jemanden kennenlernen.

Auch beim Elevator Pitch spielt der Faktor Emotion eine große Rolle. Genauso wichtig wie das, was Sie sagen, ist wie Sie ihn vortragen. Es ist wichtig, den Elevator Pitch auswendig zu können, aber Sie dürfen ihn nicht herunterleiern. Legen Sie Ihren Stolz auf Ihre Arbeit in Ihre Stimme, achten Sie darauf, nicht zu schnell zu sprechen, und nehmen Sie eine offene Körperhaltung ein, während Sie ihn vortragen. Und dann heißt es üben, üben, üben. Am besten üben Sie den Elevator Pitch in unkritischen Situationen, wo es nicht darauf ankommt, ihn perfekt rüberzubringen.

Ziele festlegen

Akquise kann eine entmutigende Tätigkeit sein. „Jetzt habe ich zwanzig Leute angesprochen, und nur einer hat sich für meine Dienstleistung interessiert", denken Sie vielleicht (dabei ist das eine sehr gute Quote im Vergleich zu anderen Formen der Akquise). Damit kein Frust entsteht, ist es wichtig, sich für die Akquise Ziele festzulegen. Ziele sind motivierend, und man kneift vor Ort nicht so leicht, wenn man sich ein konkretes Ziel gesetzt hat. Nur wenn Sie Ihre Ziele im Vorfeld klar definieren, können Sie hinterher überprüfen, ob Sie sie erreicht haben, und sich dafür auf die Schulter klopfen und belohnen.

Gemeint sind hier keine Affirmationen oder „Bestellungen beim Universum" nach dem Muster „ich glaube an mich und gehe mit fünf neuen superlukrativen Kunden nach Hause" (dagegen habe ich aber prinzipiell nichts einzuwenden, wenn es Sie stärkt – visualisieren Sie Ihre gewünschten Ergebnisse ruhig). Gemeint ist hier eine Liste von messbaren Zielen, die Sie unabhängig von den Reaktionen anderer objektiv erreichen können, z. B.:

- Ich besuche meine Kunden X, Y und Z.
- Ich spreche Firma A, B und C an, die ich mir aus dem Ausstellerverzeichnis gesucht habe.
- Ich übe meinen Pitch an mindestens sieben Messeständen, an denen ich gar nicht interessiert bin.
- Ich besorge mir Werbematerial von Firma G, H und I.
- Ich spreche mindestens fünf weitere Entscheider an Messeständen anderer Firmen an.

Wichtig ist, dass Sie Ihre Ziele schriftlich festhalten und dass Sie sich schon vorher überlegen, wie Sie sich belohnen wollen, wenn Sie Ihr Ziel erreicht haben. Hilfreich ist es auch, wenn Sie Ihre Ziele den Partnerinnen in Ihrem Netzwerk mitteilen, das verstärkt die Selbstverpflichtung.

Formulieren Sie Ihre Ziele nach den SMART-Kriterien. Wie das geht, können Sie unter anderem in meinem Artikel bei campushunter nachlesen (S. 48/49).
www.campushunter.de/dwn/ch_2016/ pdf_kompakt_120dpi_SS_2016.pdf

Messebesuch

Der Messebesuch selbst ist nach einer guten Vorbereitung keine große Sache mehr und lässt sich in wenigen Sätzen abhandeln.

Planen Sie mehr Zeit als sonst für den Weg zum Eingang der Halle ein. Bei großem Andrang dauert der kurze Weg vom Bahnhof Köln-Deutz, der direkt am Messegelände liegt, in die Messehalle locker eine halbe Stunde. Wenn Sie auf entfernte Parkplätze ausweichen müssen, brauchen Sie ebenso lang in die Messehalle – vom erhöhten Verkehrsaufkommen bei wichtigen Messen ganz zu schweigen.

Bei sehr großen Messen lohnt es sich, vorab anhand des Hallenplans eine Reihenfolge festzulegen, in der Sie die Firmen, die Sie sich aus dem Ausstellerverzeichnis gepickt haben, besuchen wollen. Die Wege sind sonst zu lang, und Sie verlieren zu viel Zeit. Manche Messen bieten auf Ihren Websites auch die Möglichkeit, sich eine nach Messehallen geordnete Merkliste oder einen Besuchsplan auszudrucken. Dann brauchen Sie diese nur noch um Ihre eigenen Notizen zu den Ausstellern zu ergänzen. Berücksichtigen Sie dabei Ihre zuvor vereinbarten Kundentermine.

Bilden Sie ein Team mit den anderen Mitgliedern Ihres Netzwerks und treten Sie bei wichtigen Kunden und Prospects gemeinsam auf. Für die kleineren Firmen können Sie sich dann wieder aufteilen, um Zeit zu sparen. Auf diese Weise können Sie nicht nur die Betreuung vorhandener

Kunden Ihres Netzwerks aufteilen, sondern auch die Nachbereitung, also das Hinterhertelefonieren oder -schreiben.

Planen Sie genügend Pausen für Hirn und Füße ein, damit Sie wieder munter und aufmerksam sind für den nächsten Gesprächspartner. Messen bombardieren unser Sensorium mit so vielen Eindrücken, dass sie einen sonst schnell ermüden können.

Wenn Sie mit der Bahn anreisen, trainieren Sie Ihren Elevator Pitch am besten schon mal an ein paar unbedarften Mitreisenden. Ansonsten laufen Sie sich auf dem Gelände bei den erstbesten Firmen warm (natürlich nicht bei denen, die Sie wirklich akquirieren wollen), die auf dem Weg zu Ihren Kunden und ausgewählten Prospects liegen.

Geben Sie alles, was Sie nicht brauchen, an der Garderobe ab. Dieser Rat klingt banal, aber es kommt nicht gut an, wenn man mit der einen Hand den Trolley mit dem eigenen Werbematerial hinter sich her zieht und mit der anderen, über der noch der Mantel hängt, versucht, Hände zu schütteln.

Bei internationalen Messen sind oft Handelskammern oder ähnliche Organisationen vertreten, die mitunter sogar eigene Listen mit Übersetzern und Dolmetschern für ihre Mitglieder führen. Fragen Sie danach.

Wenn Sie zu einem „Ihrer" Messestände kommen, gehen Sie ruhig erst mal daran vorbei und spähen Sie ihn schon mal aus der Ferne aus. Wer ist nur „Dekoration" und wer sind die Entscheider? Falls die Entscheider ununterbrochen im Gespräch sind und es halbwegs in Ihren Plan passt, lassen Sie sich von deren Mitarbeitern einen Termin geben. Gehen Sie ansonsten gezielt auf die Person zu, die Sie für den/die Entscheider/-in halten.

Bereiten Sie sich auf eventuelle Einwände vor („wir haben schon eine Übersetzerin", „wir haben keinen Bedarf" etc.) und sammeln Sie Argumente, die diese Einwände entkräften. Bringen Sie Ihre Argumente an, falls der Einwand kommt. Auch falls in Ihnen das Gefühl entsteht, der Einwand *könnte* gleich kommen, können Sie ihn selbst im Vorfeld aufgreifen („Sie fragen sich vielleicht, wieso ich mich an Sie wende, obwohl Sie doch schon mehrsprachige Broschüren haben ...") und dann Ihr Argument anbringen. Wichtig dabei: Ja-abern Sie nicht! Niemand möchte belehrt werden oder mit Ihnen herumdiskutieren. Wenn Ihr Gegenüber wirklich kein Interesse an Ihrer Dienstleistung hat, lassen Sie ihn/sie auch in Ruhe.

Mögliche Einwände selbst vorwegzunehmen und zu entkräften (am besten schriftlich, damit Sie sie gelegentlich wiederverwenden können) ist eine nützliche Vorbereitung für viele wiederkehrende Gesprächssituationen, z. B. Preisverhandlungen, Akquise-Telefonate etc.

Ins Gespräch kommen

Bei Firmen, die Sie noch nicht kennen, kann der Einstieg ins Gespräch gut über das Werbematerial des Ausstellers erfolgen:

- „Mir ist aufgefallen, dass Sie Ihr Unternehmen im Augenblick ausschließlich mit englischem/deutschem/französischem/türkischem Marketing-Material präsentieren ..."
- „Ihre Broschüre sieht ja klasse aus. Haben Sie das Material noch in anderen Sprachen da?"
- „Würden Sie sich gern bei der nächsten Messe auch auf Deutsch/Türkisch etc. präsentieren?"

Falls Sie die Antwort bekommen, dass die Materialien in anderen Sprachen vorliegen, fragen Sie höflich, ob Sie in beiden Sprachen ein Exemplar mitnehmen dürfen, und betonen Sie, wie wertvoll solches Referenzmaterial für Sie ist. Werden Sie dann Ihren Pitch los – die haben zwar offensichtlich einen Übersetzer, aber wer weiß ...

Falls sich das übersetzte Material schon auf den ersten Blick als schlecht entpuppt, haben Sie ebenfalls einen Hebel. Der kann sich allerdings als Bumerang entpuppen, wenn Sie Ihre Verbesserungsvorschläge anbringen und sich herausstellt, dass der Chef der Marketingabteilung, mit dem Sie gerade sprechen, die Übersetzung selbst gemacht hat. Manchmal fallen einem die Leute aber auch fast um den Hals, denn viele spezialisierte Firmen tun sich schwer, geeignete Übersetzerinnen zu finden und sind heilfroh, wenn Ihnen echte Fachleute begegnen. Da diese Art des Gesprächseinstiegs aber schnell als Besserwisserei empfunden werden kann und den potenziellen Kunden möglicherweise in die Defensive drängt, würde ich sie sehr sparsam einsetzen.

Häufig stellen auf internationalen Messen Firmen aus, die im Messeland noch nicht vertreten sind und noch einen geeigneten Vertrieb suchen. Da lohnt es sich, an der Firma dran zu bleiben. Kommen Sie mit den Leuten dort ins Gespräch und lassen Sie Ihre Visitenkarte da. Und ganz wichtig: Lassen Sie sich immer auch eine Visitenkarte Ihres Gesprächspartners geben.

Rufen Sie nach der Messe bei der Firma an oder schreiben Sie und fragen nach, ob die Firma mit dem Verlauf der Messe zufrieden war, ob sie einen Vertrieb für Deutschland gefunden hat, und erinnern Sie an Ihre Leistung.

Falls die Firma (was häufig der Fall ist) sich nicht selbst um Übersetzungen kümmert, lassen Sie sich die Kontaktperson beim Vertriebspartner nennen, und machen Sie dann mit der Akquise beim Vertrieb weiter. Nehmen Sie dort Bezug auf den Messebesuch und Ihren Kontakt mit der Firma (für den Vertrieb ist das ein Kunde!).

Möglicher Einstieg: „Haben Sie schon einen Vertrieb für Ihr Produkt in Deutschland? Mir fällt gerade auf, dass Ihr Marketingmaterial nur auf Englisch vorliegt ..." Ein guter Einstieg ist auch, erst mal den Aussteller reden zu lassen. Der hat schließlich auch einen Pitch eingeübt und möchte ihn loswerden. Dann können Sie gezielte Fragen zu den Produkten stellen, mit denen Sie sich als Fachfrau „outen". Bringen Sie dann Ihren eigenen Elevator Pitch.

Es ist generell wichtig, gut zuzuhören und auf die Produkte des Ausstellers einzugehen. Die meisten sind ja stolz auf das, was sie hier präsentieren. Werden Sie dabei konkret. „Tolles Produkt haben Sie da!" ist als Einstieg zu lapidar. Benennen Sie, was genau Sie daran interessant oder besonders im Vergleich zu den Produkten der Mitbewerber finden. Gelegentlich kommt das bei Repräsentanten großer Firmen nicht so gut an, weil die ihre Marketingsprüche schon selbst nicht mehr hören können, bei kleinen Firmen sind Sie damit aber ruckzuck tief im Fachgespräch.

Falls es sinnvoll möglich ist, bieten Sie Ihrem Gesprächspartner etwas an, z. B. die Vermittlung eines Kontakts, wenn Sie ihm selbst nicht helfen können, das Versenden einer Information, die für ihn interessant sein könnte, oder was immer Ihnen an Gründen einfällt, um nach der Messe wieder Kontakt aufnehmen zu können. Sagen Sie auch, dass Sie sich nach der Messe wieder melden werden, und tun Sie es.

Lassen Sie sich eine Visitenkarte geben, auch wenn Sie schon Imagebroschüren in fünf Sprachen in der Tasche haben. Sie brauchen unbedingt den Namen Ihres Gesprächspartners für die Messe-Nachbereitung. Geben Sie auch selbst Visitenkarten ab, am besten zwei, eine für Ihren Gesprächspartner und eine zum Weitergeben.

Achten Sie bei Ihren Gesprächen auf die Beziehungsebene und denken Sie an das Eisbergmodell. Die verbale Ebene macht nur einen geringen Teil der Kommunikation aus. Machen Sie Ihrem Gegenüber das Gespräch so angenehm wie möglich.

Wenn Sie so etwas noch nie gemacht haben, mag das alles kolossal schwierig klingen. Das ist es aber nicht. Sie werden feststellen, dass Ihnen der Gesprächseinstieg mit der Zeit immer leichter fällt und die Gespräche immer natürlicher laufen. Ich empfehle auch Fortgeschrittenen, zu Beginn der Messe bei Firmen zu üben, die für sie gar nicht interessant sind, um sich warmzulaufen.

Und denken Sie daran, dass Sie nichts zu verlieren haben, sondern nur gewinnen können. Das Schlimmste, was Ihnen passieren kann, wenn Sie einen potenziellen Neukunden ansprechen und dabei Fehler machen, ist, dass er nicht Ihr Kunde wird. Damit ändert sich an Ihrer bisherigen Situation – nichts.

Was sonst noch am Messetag wichtig ist
Viele Fachverlage bieten auf Messen kostenlose Probeabos ihrer Fachzeitschriften an, die sonst nahezu unerschwinglich sind. Machen Sie davon Gebrauch. Sammeln Sie auch von Firmen, die für Sie als Kunden eine Nummer zu groß wären, mehrsprachige Broschüren als Referenzmaterial ein. Das kann eine nützliche Terminologiehilfe sein.

Kaufen Sie sich einen Messekatalog. Der ist oft übersichtlicher als die Webseiten der Messen und meistens nicht teuer. Außerdem ist er manchmal selbst schon ein wahres

Branchen-Wörterbuch, wenn er mehrsprachig vorliegt, da die Aussteller darin normalerweise nicht nur alphabetisch aufgelistet sind, sondern ihre Produkte und Dienstleistungen verschlagwortet werden.

Messenachbereitung

Analyse

Machen Sie sich nach der Messe Notizen, was Ihnen aufgefallen ist, was gut und schlecht lief usw. Steigen Sie aber nicht am Ende des Messetages sofort in die Manöverkritik ein. Da dürfen Sie sich erst mal für Ihren Mut belohnen und sich freuen, dass Sie es geschafft haben. Wer müde ist, neigt zu Pessimismus. Am Tag danach ist es dann Zeit für eine Analyse:

- Was lief gut? Was nicht?
- Konnten Sie alle Aussteller auf Ihrem Plan besuchen?
- Haben Sie Ihre Ziele erreicht?
- Welcher Gesprächseinstieg hat sich für Sie bewährt (fürs nächste Mal festhalten!)?
- Wie waren die Reaktionen auf Ihren Elevator Pitch? Wollen Sie ihn eventuell überarbeiten?
- Gab es Unsicherheiten oder Situationen, für die Sie sich gern ein paar Sätze fürs nächste Mal zurechtlegen wollen?

Legen Sie im Anschluss an die Analyse fest, was Ihre konkreten nächsten Schritte beim Nachfassen bei Ihren Interessenten sind. Halten Sie Zeit im Kalender frei für die Telefongespräche mit Ihren Kontakten.

Würdigen Sie Ihren Erfolg und Ihr Engagement und machen Sie sich bewusst: Wenn Sie auf einer Messe akquirieren, tun Sie mehr für Ihren Erfolg als die meisten Ihrer Kolleginnen.

Kontakt wiederaufnehmen
Nehmen Sie in der Zeit nach der Messe Kontakt mit Ihren Interessenten auf. Geben Sie den Ausstellern dabei zuerst etwas Zeit, denn die haben im Nachgang der Messe viel zu tun. Ausnahme: Sie haben einem Kontakt etwas versprochen, das versenden Sie natürlich sofort. Ein guter Zeitraum, um den Gesprächsfaden wiederaufzunehmen, ist zehn bis 14 Tage nach der Messe. In meiner Erfahrung bringen dabei Briefe wenig, E-Mails nichts, wogegen Telefonate den Kontakt am besten wieder wachrufen.

Generell gilt, dass Sie hier keine Wunder erwarten dürfen. Herkömmliche Mailingaktionen haben eine Erfolgsquote von 1–3 %. Sie machen mit Ihrer „Vorwärmaktion" keine Kaltakquise und können mit wesentlich besseren Rücklaufquoten rechnen. Seien Sie auch geduldig. Manche Interessenten melden sich erst nach Monaten wieder.

Kontaktieren Sie zuerst Ihre Interessenten und telefonieren Sie danach die übrigen Kontakte ab. Zuerst die, von denen Sie Visitenkarten, also einen Ansprechpartner haben, danach die, von denen Sie nur Broschüren haben und keine Ansprechperson kennen. Im letzteren Fall müssen Sie nach den Zuständigen fragen, und es läuft fast wie eine Kaltakquise ab.

Falls Ihr Ansprechpartner auf der Messe nicht die Person war, die für die Vergabe von Übersetzungen zuständig ist, rufen Sie die Person trotzdem an und fragen Sie nach den Zuständigen.

Teamunterstützung
Aus Erfahrung weiß ich, dass eine gewisse Neigung besteht, diesen Part der Akquise auf Messen wegzulassen. Man ist wieder im Tagesgeschäft, hat einen Eilauftrag und überhaupt hat der Interessent ja vielleicht gerade gar keine

Zeit? Sichern Sie sich deshalb die Unterstützung Ihres Netzwerks, verpflichten Sie sich gegenseitig, eine bestimmte Zahl an Anrufen pro Tag zu erledigen, und vereinbaren Sie dann einen Telefontermin mit Ihrem Team, an dem Sie sich gegenseitig fragen, ob Sie Ihre „Hausaufgaben" gemacht haben. Analysieren Sie den Akquiseerfolg gemeinsam, tauschen Sie sich aus und spornen Sie sich gegenseitig an, um sicherzustellen, dass es nicht bei guten Vorsätzen bleibt.

Das Nachfassen nach der Messe ist der wichtigste Teil der Akquise von Neukunden. Es ist äußerst selten, dass die Interessenten nach der Messe von allein auf Sie zukommen. Machen Sie den nächsten Schritt!

10. Erfolgreich mit kleinen Sprachen

Von Iva Wolter

Iva Wolter ist Diplom-Übersetzerin und beeidigte Dolmetscherin für Tschechisch und Polnisch mit Spezialisierung auf Recht und Wirtschaft. Mehr über die Autorin auf **www.dolmetschbar.de**

Eigentlich war ich zum Scheitern verurteilt – zumindest in den Augen einiger Professoren während meines Übersetzer-Studiums. Denn ich mache kein Englisch. Und für „meine" kleinen Sprachen gäbe es keine Festanstellungen und überhaupt keinen Bedarf.

Englisch regiert schließlich die Welt. Zumindest die internationalen wirtschaftlichen Beziehungen werden auf Englisch geführt. Demzufolge findet sämtliche internationale Kommunikation auf Englisch statt, und viele Produkte sowie Dienstleistungen werden auf Englisch präsentiert. Müssen sich darauf auch die ÜbersetzerInnen und DolmetscherInnen einstellen und Englisch in ihrem Sprachportfolio anbieten?

Auch die meisten deutschsprachigen Ratgeber sind ausgerichtet auf ÜbersetzerInnen von in Deutschland häufig vorkommenden Fremdsprachen wie Englisch, Französisch, Spanisch oder Russisch. Den ÜbersetzerInnen der sogenannten kleinen Sprachen, die eine deutlich kleinere Berufsgruppe darstellen, wird in der Regel wenig Beachtung geschenkt. Doch es gibt durchaus sinnvolle Marketingstrategien gerade für ÜbersetzerInnen kleiner Sprachen – wenngleich einige meiner Tipps auch von Englisch-ÜbersetzerInnen erfolgreich adaptiert werden können.

Kleine Sprachen als Wettbewerbsvorteil

Kleine Sprachen definiere ich als in Deutschland eher selten gesprochene europäische Sprachen. Ausdrücklich nicht gemeint sind exotische Sprachen wie Urdu, Farsi, Tigrinya und ähnliche, da ich diesbezüglich keine Erfahrungswerte habe.

Der größte Vorteil kleiner Sprachen ist aus Marketingsicht ihre Seltenheit. Im Gegensatz zum Beispiel zum Englischen, das von 1,5 Milliarden Menschen gesprochen wird. Der Bedarf an dieser Sprache ist damit zwar recht groß, die Konkurrenz jedoch ebenfalls. SprachmittlerInnen kleiner Sprachen haben es daher leichter, aus der Masse hervorzustechen und sich auf dem Markt zu positionieren. Überlegen Sie nur, wie viele Englisch-ÜbersetzerInnen Sie bei Ihrem letzten Übersetzer-Stammtisch getroffen haben. Aber: Wie viele Kroatisch-DolmetscherInnen kennen Sie?

Diesen Umstand müssen Sie für sich ausnutzen. Sie müssen sich auf dem Markt so bekannt machen, dass Ihr Name sofort jedem einfällt, der eine/-n Kroatisch-ÜbersetzerIn oder -DolmetscherIn benötigt. Sie müssen Ihre kleine Sprache zum Vorteil machen. Sie ist Ihre Nische.

Kleine Sprachen werden meistens nur in einem bestimmten Land als anerkannte Amtssprache gesprochen. So können Sie sich bei Ihrer Akquise auf das Land Ihrer Arbeitssprache konzentrieren, während Ihre KollegInnen mit Englisch gleich auf mehreren Kontinenten agieren und dabei noch die unterschiedlichen sprachlichen und kulturellen Gegebenheiten der einzelnen englischsprachigen Länder beachten müssen.

Dieser Vorteil der kleinen Sprachen ist nicht nur bei gezielter Akquise, sondern auch beim schnelleren Übersetzen standardisierter Texte spürbar. So gibt es z. B. in der

Tschechischen Republik nur eine Form von Heiratsurkunden. Wer sich dafür beim ersten Übersetzen eine Vorlage erstellt, kann bei künftigen Übersetzungsaufträgen seine Kunden relativ preiswert und vor allem sehr schnell bedienen. Das ist ein großer Wettbewerbsvorteil gegenüber einem Englisch-Übersetzer, der zahlreiche Vorlagen für viele verschiedene Länder erstellen muss, um auf das gleiche Stundenhonorar zu kommen.

Auch deshalb möchte ich BerufsanfängerInnen mit kleinen Sprachen ermuntern, nicht aufzugeben und weiter hochwertige Übersetzungen für entsprechende Preise anzubieten. Ich als freiberufliche Übersetzerin und Dolmetscherin für Tschechisch und Polnisch mit meiner mittlerweile fast zehnjährigen „Karriere" kann eigentlich als gutes Beispiel dafür gelten, dass man auch von der Arbeit mit kleinen Sprachen gut leben kann. Aber natürlich müssen sich ÜbersetzerInnen kleiner (wie auch großer) Sprachen ihre Marktposition nach und nach aufbauen.

Nutzen Sie die am Anfang längeren Phasen zwischen den Aufträgen zum Marketing, zur Kundenakquise oder zu Fortbildungen. Jetzt ist dafür noch Zeit, später bei vollständiger Auslastung lässt sich das schwerer realisieren. Ich habe zum Beispiel in dieser Anfangsphase den Großteil meiner Webseiten-Texte geschrieben (und sie später nur immer wieder leicht überarbeitet) oder ein einjähriges Aufbaustudium an der Juristischen Fakultät der Karls-Universität in Prag absolviert. Wobei ich nicht falsch verstanden werden möchte: Auch bei voller Auslastung dürfen Fortbildung und Marketing nicht vernachlässigt werden. Schließlich entwickeln sich unsere Fachgebiete weiter, und auch Stammkunden können wegfallen.

Netzwerken bei KollegInnen

Marketing dient dazu, sich einen Namen zu machen und bekannt zu werden. Am leichtesten gelingt dies bei KollegInnen, die Sie über Berufsverbände, bei Stammtischen, auf Seminaren oder ähnlichen Treffen kennenlernen können. Aber auch online – in Facebook-Gruppen, über Twitter, XING und LinkedIn – ist es möglich, leicht Kontakte zu KollegInnen zu knüpfen. Und die Möglichkeiten, die derartige Netzwerke bieten, sollten auf keinen Fall unterschätzt werden. KollegInnen können viele Aufträge vermitteln, die sie selbst aus Mangel an Sprachkenntnissen nicht bewältigen können. Pflegen Sie daher Kontakte zu Ihren KollegInnen, helfen Sie Ihnen im Gegenzug bei deren Problemstellungen zum Beispiel zu CAT-Tools, bei der Klärung schwieriger Terminologie oder übernehmen Sie auch mal die nicht so beliebte Korrektur einer Übersetzung. Überzeugen Sie sie von Ihrer Professionalität und Kompetenz. Bauen Sie sich ein Online- und Offline-Netzwerk aus KollegInnen unterschiedlicher Sprachen und aus KollegInnen der gleichen Sprachenpaare auf. Vielleicht benötigt eine Kollegin oder ein Kollege Unterstützung bei der Bearbeitung eines großen Projekts oder übernimmt als deutsche/-r MuttersprachlerIn nur eine Sprachrichtung. Bleiben Sie mit KollegInnen über Social Media in ständigem Kontakt und sehen diese nicht als Ihre Konkurrenten, sondern als Chance.

Die eigene Website

Schwieriger ist es, sich bei Direktkunden bekannt zu machen. Da die meisten Kunden heutzutage ihre Dienstleister über das Internet suchen, ist eine ansprechende Website unverzichtbar. Die Gestaltung und Programmierung Ihrer Internetpräsenz sollten in professionelle Hände gelegt werden. Nichts ist schlimmer als eine selbstgebastelte Website, mit der Sie Kunden im oberen Preissegment ansprechen wollen. Zu einer professionellen Website gehören professionelle Bilder von Ihnen und Texte mit korrekter Rechtschreibung. Als ausgewiesener Sprachexperte dürfen Sie sich hier keine Fehler erlauben und sollten Ihre Texte lieber noch einmal gegenlesen lassen. Gestalten Sie Ihre Website mehrsprachig. Dies ist der beste Beweis für die eigenen Sprachkenntnisse. Betrachten Sie Ihre Präsentation aus der Sicht des Kunden. Also nicht nur schreiben, was Sie alles können, sondern welchen konkreten Nutzen Ihre Kunden daraus ziehen. Die Homepage sollte so ansprechbar wie möglich gestaltet sein, damit Ihre Kunden bereits beim ersten Besuch wissen, was sie erwartet. Entscheiden Sie sich nur dann für eine Rubrik mit aktuellen Informationen, wenn Sie wirklich in der Lage sind, die Angaben regelmäßig zu aktualisieren. Machen Sie Ihren Kunden die Kontaktaufnahme so leicht wie möglich, auch mit Hilfe von Social-Media-Kanälen. Dabei müssen die rechtlichen Vorgaben für das Betreiben von Webseiten wie zum Beispiel die Impressumspflicht oder Urheberrechte beachtet werden. Die eigene Website darf nicht überfrachtet sein, sondern über eine kundenfreundliche Menüstruktur verfügen mit Verlinkungen innerhalb der einzelnen Webseiten. Denn eine benutzerfreundliche, übersichtliche und gut strukturierte Website mit wertvollen Inhalten, die Ihre Zielgruppe anspricht, ist das oberste Ziel einer Internetpräsentation.

Vorteilhaft ist die Verwendung eines sogenannten Content-Management-Systems (CMS), mit dem die Inhalte der eigenen Webseiten über eine grafische Oberfläche selbst bearbeitet werden können. Der Aufwand bei der Einarbeitung in ein Open-Source-CMS lohnt sich, und Sie können ohne Programmier- oder HTML-Kenntnisse den Content Ihrer Webseiten beliebig verändern.

Und das Verlinken auf die eigene Website nicht vergessen! Melden Sie sich deshalb bei verschiedenen Webkatalogen an, von denen Sie auf Ihre Website kostenlos verlinken können. Eventuell lohnt sich auch die Anmeldung bei kostenpflichtigen Angeboten. Geben Sie den Namen Ihrer Website überall dort an, wo Sie als UnternehmerIn auftreten. Und verwenden Sie in der eigenen E-Mail-Adresse auch den eigenen Domainnamen.

Aber auch die beste Website nutzt nichts, wenn sie niemand findet. Über Suchmaschinenoptimierung (SEO) sollten Sie sich unbedingt Gedanken machen.

Wie gewinne ich Kunden?

Im Bereich des Akquisemanagements gibt es die sogenannte Pull-Methode und die Push-Methode. Ich bin ein großer Verfechter der Pull-Methode. Im Unterschied zur Push-Methode, dem aktiven Ansprechen von möglichen Interessenten zum Beispiel durch den Versand von Werbeschreiben, die Kaltakquise per Telefon oder die direkte Ansprache von Messebesuchern lässt man sich bei der Pull-Methode von potenziellen Kunden „finden". Die Pull-Strategie orientiert sich an aktuellen Bedürfnissen des Konsumenten, dem Informationen über das eigene Produkt oder die eigene Dienstleistung passiv bereitgestellt werden, damit er aktiv und selbstbestimmend in dem Moment handeln kann, in dem er Bedarf hat. Diese Kundenansprache ist für freiberufliche SprachmittlerInnen im Rahmen eines langfristigen Konzepts auf ganz unterschiedliche Weise möglich, zum Beispiel durch:

- eine gut auffindbare Website,
- das Eintragen in Verzeichnismedien und das Verlinken auf Seiten von Herstellern, Verbänden etc.,
- die aktive Nutzung von Social Media wie XING, LinkedIn, Twitter, Facebook, Google+, YouTube etc.,
- das Verfassen von Blogartikeln,

- das Veröffentlichen von Fachartikeln und die Präsentation von Vorträgen,
- Online-Werbung (z. B. Google AdWords) und das Schalten von Anzeigen in regionalen und überregionalen Zeitungen und Zeitschriften.

Im Gegensatz dazu steht bei der Push-Strategie das Produkt oder die Dienstleistung im Mittelpunkt, die durch Massenwerbung aktiv und unaufgefordert einem passiven Publikum offeriert werden, teilweise auch durch aggressive Preispolitik und Rabatte. Das ist aus meiner Sicht zum einen sehr anstrengend. Zum anderen kann es auch schnell das Gegenteil bewirken, wenn sich der potenzielle Kunde durch aktives Anwerben belästigt fühlt. Zudem sind nur wenige ÜbersetzerInnen vom Typ her ein „Verkäufer", der gern seine Kompetenzen durch direkte Ansprache des potenziellen Kunden offensiv promotet. Daher ist für viele ÜbersetzerInnen kleiner Sprachen die Pull-Methode genau das Richtige.

Ich persönlich halte die Kombination verschiedener Arten des Pull-Marketings mit aktivem Networking für das erfolgversprechendste Akquisemodell für ÜbersetzerInnen und DolmetscherInnen kleiner Sprachen. Dreh- und Angelpunkt ist dabei die eigene Website mit gutem Content. Gerade SprachmittlerInnen kleiner Sprachen benötigen dafür kein großes Budget und können – im Gegensatz zu ÜbersetzerInnen und DolmetscherInnen großer Sprachen oder Übersetzungsagenturen – mit wenig Aufwand aus der Masse aller SprachmittlerInnen hervorstechen.

Allerdings sollte man den Zeitaufwand für einige der aufgeführten Pull-Methoden nicht unterschätzen. Dies gilt vor allem für das Verfassen von Fachartikeln, das Vorbereiten von Vorträgen und die Social-Media-Aktivitäten.

Die Chancen von Social Media

Social Media ist sehr vielfältig und bietet zahlreiche Möglichkeiten. Trotzdem müssen Sie nicht sofort und gleichzeitig auf allen möglichen Social-Media-Kanälen vertreten sein. Die Devise lautet: Frst beobachten, dann vorsichtig ausprobieren und schließlich gezielt anwenden. Konzentrieren Sie sich auf die Plattformen, auf denen sich Ihre Wunschkunden präsentieren. Liken Sie deren Postings, folgen Sie ihnen und kommentieren Sie ihre Beiträge, um auf sich aufmerksam zu machen. Alles natürlich in Maßen und nur dann, wenn Sie etwas Konstruktives beizutragen haben.

Für den Anfang ist das Erstellen eines aussagekräftigen Profils (mit Bild) bei den Businessnetzwerken XING (für deutschsprachige Kunden) und LinkedIn (für internationale Kunden, häufig auf Englisch) zu empfehlen. Beide Plattformen eignen sich zur Pflege bestehender Geschäftskontakte und zum Knüpfen neuer geschäftlicher Verbindungen. Achten Sie bei der Ansprache neuer Kontakte auf die Angabe eines triftigen Kontaktgrundes und setzen Sie auch bei Ihrem Netzwerk lieber auf Qualität anstelle von Quantität. Bei neuen persönlichen Kontakten lohnt es zu überprüfen, ob diese auch in sozialen Medien vertreten sind, um die geknüpften Kontakte nachhaltig aufrechtzuerhalten. Melden Sie sich unbedingt in den vielfältigen Gruppen an und nutzen Sie die Möglichkeit, sich dort vorzustellen. Gut geeignet sind Gruppen, in denen KollegInnen sowie bestehende und potenzielle Kunden zu finden sind. Oft gibt es in einzelnen Ländern eigene Social-Media-Plattformen dieser Art wie z. B. GoldenLine in Polen.

Eine weitere im Social-Media-Marketing beliebte Kommunikationsplattform ist Twitter. Durch das Verbreiten von kurzen Textnachrichten sowie das Followen anderer Nutzer und das Retweeten ihrer Beiträge kann dieser

Mikroblogging-Dienst zur Steigerung der eigenen Sichtbarkeit beitragen.

Trotz eines immer noch weitverbreiteten Irrtums eignet sich Facebook ebenfalls für die unternehmerische Kommunikation. Mittels einer Unternehmenspage können „Fans" über Postings auf interessante Neuigkeiten zum Unternehmen und seiner Branche aufmerksam gemacht werden, was die Kundenbindung stärkt. Aber auch durch das Liken und Kommentieren von Beiträgen anderer Facebook-Nutzer lässt sich die eigene Sichtbarkeit steigern.

Der größte Konkurrent zu Facebook ist Google+. Auch hier ist es für Unternehmen und Selbstständige möglich, auf Google+-Seiten unter ihrem Namen aufzutreten und Benutzer in Kreise einzuteilen.

Setzen Sie auch visuelle Mittel ein, um Ihre Botschaften zu unterstützen und Fachkompetenz nachhaltig zu zeigen. Die Social-Media-Plattformen Flickr oder Instagram bieten die Möglichkeit, eigene Fotos einzustellen, zu verwalten und mit anderen zu teilen. Dies kann man mit entsprechenden Bildern auch für berufliche Zwecke nutzen. Das Gleiche gilt für kurze Videos zum Beispiel auf YouTube, die sich immer größer Beliebtheit erfreuen. Genauso können Sie die Präsentation eines Vortrags, den Sie gehalten haben, bei SlideShare hochladen. Binden Sie diese Social-Media-Dienste in Ihre Website ein. Der Vorteil: Sie können dort überall ein Profil mit Ihrem Namen, Ihrem Unternehmen und Ihrer Website erstellen und sind dadurch im weltweiten Netz wieder ein Stück leichter als ÜbersetzerIn und DolmetscherIn kleiner Sprachen auffindbar.

Mit der bloßen Anmeldung bei den Social-Media-Plattformen ist es allerdings nicht getan. Erst die aktive Nutzung zumindest eines Teils der vielfältigen Anwendungsmöglichkeiten führt aus Marketingsicht zum Erfolg. Insgesamt bieten soziale Medien gute Möglichkeiten der Präsentation der eigenen Fachkompetenzen, die man sich nicht entgehen lassen sollte.

Kompetenz zeigen mit einem eigenen Weblog

Das eigene Fachwissen lässt sich sehr gut durch das Verfassen von Blogartikeln präsentieren. Doch dazu sollten Sie sich genau überlegen, für wen Sie schreiben wollen, wie oft Beiträge erscheinen sollen und worüber Sie bloggen möchten. Es gibt viele Blogs mit Tipps für KollegInnen. Marketingtechnisch sinnvoll sind aber vor allem Blogartikel, die Ihre Kunden interessieren: zum Beispiel Berichte über die Länder Ihrer Sprachen, über die von Ihnen besuchten Fachkongresse, Informationen aus Ihren Fachgebieten oder Hinweise für Ihre Kunden bei der Beauftragung von ÜbersetzerInnen.

Das Weblog sollte unbedingt auf dem eigenen Webspace unter der eigenen Domain betrieben werden. Nutzen Sie Ihr eigenes Corporate Blog (Unternehmensblog) als ein effizientes Marketinginstrument zu Ihrer Profilierung. Sinnvoll ist es aber auch, die RSS-Feeds auf Blogs Ihrer KollegInnen und Kunden zu abonnieren und auch mal eine fachkundige Meinung oder Anmerkung in den Kommentaren unter den Blogbeiträgen zu hinterlassen.

Wem eine auditive Darstellung lieber ist, dem bietet sich das Podcasting an, um mittels selbstaufgenommener Audiodateien über verschiedene Themen zu berichten. Gerade für DolmetscherInnen könnte dies eine interessante und in der Sprachmittlerbranche bisher kaum genutzte Alternative zum Verfassen von Textbeiträgen sein, zumal gerade DolmetscherInnen daran gewöhnt sind, mit ihrer Stimme zu arbeiten.

Kompetenz zeigen mit Vorträgen und Fachartikeln

Vorträge zu halten und Fachartikel zu schreiben ist eine weitere in der Sprachmittlerbranche sehr wenig genutzte Möglichkeit, um als FachexpertIn für Übersetzungen und Dolmetschleistungen kleiner Sprachen auf sich aufmerksam zu machen. Ich persönlich habe damit sehr gute Erfahrungen gemacht. Fachartikel haben auch eine äußerst nachhaltige Wirkung, vor allem dann, wenn sie (auch) im Internet veröffentlicht werden. Verlinken Sie von Ihrer Website auf diese Publikationen. Schreiben Sie für Fachzeitschriften, die Ihre Kunden lesen, und beschäftigen Sie sich in Ihren Fachartikeln mit Themen, die für Ihre Kunden relevant sind. Die Präsentationen Ihrer Vorträge können Sie bei der Social-Media-Plattform SlideShare veröffentlichen und in Ihre Website einbinden.

Sie als FachexpertIn

Mit Vorträgen, Fachartikeln, Kommentaren in Fachforen, Posten von Informationen aus Ihrem Fachbereich und Teilnahme an Fachkongressen werden Sie auffallen, aus der anonymen Masse hervorstechen und Ihr Expertenwissen unter Beweis stellen. Wird sich der Kunde zwischen einer Agentur mit namenlosen freien Mitarbeitern, einem freiberuflichen Generalisten oder Ihnen als FachexpertIn entscheiden müssen, wird ihm Ihre Fachkompetenz die Entscheidung erleichtern.

Bereits auf der eigenen Website muss deutlich werden, was Sie bisher in Ihrem Berufsleben erreicht haben: zum Beispiel durch das Verlinken auf Bücher, die Sie übersetzt haben oder durch Kundenstimmen von Unternehmensvertretern aus Ihrer Branche. Vielleicht haben Sie schon bekannte Persönlichkeiten gedolmetscht, bei einer Radiosendung mitgewirkt oder wurden für einen Fernsehbericht engagiert. Zeigen Sie sich in Aktion und präsentieren Sie die Ergebnisse Ihrer Arbeit. Das macht Sie nicht nur kompetenter, sondern auch menschlicher und greifbarer.

Weitere Werbemöglichkeiten

Online-Werbung ist eine eher teure Marketingmaßnahme. Selbst von Google AdWords bin ich inzwischen abgekommen, da mittlerweile auch viele Übersetzungsbüros diese Werbemöglichkeit für sich entdeckt haben und dadurch den Preis pro Klick nach oben schrauben. Als ich vor acht Jahren damit angefangen hatte, konnte ich relativ günstig viele Kundenanfragen auf diese Weise generieren. In den letzten Jahren setze ich vermehrt auf gute Suchmaschinenoptimierung und Social-Media-Aktivitäten, die für ein gutes Ranking der Website sorgen. Es spricht aber nichts dagegen, auch diese Art der Pull-Methode zumindest zu testen.

Beim Schalten von Anzeigen in Zeitungen und Zeitschriften meine ich nicht große bekannte Tageszeitungen, sondern Fachzeitschriften, die von Ihren Kunden gelesen werden. Hier ist es wichtig, höhere Kosten einzukalkulieren und im Sinne einer Nachhaltigkeit die Veröffentlichung in regelmäßigen Abschnitten zu wiederholen.

Spezialisierung nur auf wenige Fachgebiete?

In allen Seminaren, Vorträgen und Ratgebern für freiberufliche ÜbersetzerInnen ist immer die Rede von einer Spezialisierung auf Fachgebiete: nicht Übersetzungen in den Bereichen Recht, Wirtschaft und Technik anbieten, sondern sich zum Beispiel auf Arbeitsrecht spezialisieren. Das ist im Prinzip richtig. Und stimmt dennoch nicht ganz für freiberufliche ÜbersetzerInnen kleiner europäischer Sprachen!

Wenn Sie sich als SprachmittlerIn für Slowakisch nur auf das Übersetzen von Fachtexten aus dem Bereich Ernährungswissenschaften konzentrieren, finden Sie mit viel Glück zwei oder drei Kunden, die Sie aber nicht über das ganze Jahr mit genügend Aufträgen versorgen können. Deshalb müssen Sie sich als ÜbersetzerIn kleiner Sprachen breiter aufstellen. Sie werden dann jedoch nie so tief in die Materie eintauchen können wie ÜbersetzerInnen großer Sprachen mit der Spezialisierung auf ein Fachgebiet. Demzufolge werden Sie nicht so schnell übersetzen und sich nicht so umfangreiche Terminologiedatenbanken aufbauen können. Das muss mit einem höheren Preis kompensiert werden. Orientieren Sie sich daher nicht an der Preisgestaltung von Englisch-ÜbersetzerInnen. Gegenüber den Kunden lässt sich ein höherer Preis mit unzureichenden (Fach-)Wörterbüchern, fehlenden Referenztexten und demzufolge aufwendigerer Recherche rechtfertigen.

Beim Übersetzen kleiner Sprachen ist also noch viel mehr als sonst die Bereitschaft nötig, sich schnell in neue Fachgebiete einzuarbeiten. Neugier, hohe Auffassungsgabe und Lernbereitschaft sind daher wichtige Eigenschaften für ÜbersetzerInnen kleiner Sprachen. Diese Mühe wird mit Einblicken in ganz verschiedene Bereiche belohnt.

Konzentrieren Sie sich dennoch auf die Gebiete, bei denen Ihnen die Einarbeitung leichtfällt. Wenn Sie eher technikaffin sind, Ihnen dafür aber kreative Texte überhaupt nicht liegen, können Sie die Aufträge in Richtung Technik steuern. Ich persönlich übersetze zum Beispiel viele Texte aus dem juristischen Bereich, da mir die Bearbeitung solcher Texte leichtfällt. Medizinische Fachtexte hingegen delegiere ich an KollegenInnen und kann so auch diese Wünsche meiner Kunden erfüllen.

Der Nutzen einer Beeidigung und Ermächtigung

Eine Beeidigung bzw. Ermächtigung ist in erster Linie die Voraussetzung für die Tätigkeit bei Justizorganen. Sie lohnt sich aber ebenso gegenüber anderen Kunden, denn sie dient sehr gut als Qualitätssiegel. Nicht nur die Übersetzung von Urkunden und Zeugnissen für Privatpersonen, sondern auch von Handelsregisterauszügen, Steuerunterlagen, notariellen Urkunden, Gesellschaftsverträgen u. v. m. für Unternehmen gehören zu den Aufgaben einer ermächtigten Übersetzerin. Bei einer standesamtlichen Trauung oder einer notariellen Beurkundung eines Kauf- und Abtretungsvertrags oder eines Grundstückkaufvertrags können lediglich beeidigte DolmetscherInnen zum Einsatz kommen.

Gerade bei den kleinen Sprachen vertrauen die Direktkunden ihre Texte lieber einem ermächtigten Übersetzer an. Selbst wenn sie keine beeidigte Übersetzung benötigen, haben sie dann eher das Gefühl, sich auf die Qualität des/der ÜbersetzerIn verlassen zu können. Schließlich gibt es nicht so viele Studienmöglichkeiten für die kleinen Sprachen. Die Beeidigung bzw. Ermächtigung gilt also als ein Vertrauensvotum und ist ein Pluspunkt.

Gerichte, Staatsanwaltschaften und die Polizei sind besondere Kunden. Eine Beauftragung ist nur nach Aufnahme in das Verzeichnis der beeidigten DolmetscherInnen und allgemein ermächtigen ÜbersetzerInnen möglich und daher durch gezielte Akquise schwer beeinflussbar. Aber auch hier gilt das Prinzip des professionellen Auftretens und der überzeugenden Kompetenz. Wenn der Richter, Staatsanwalt oder Polizeibeamte den Eindruck gewinnt, dass Sie Experte auf Ihrem Gebiet sind, wird er Sie gern wieder beauftragen. Dies gilt insbesondere für Dolmetschleistungen und Übersetzungen in die Amtssprache der Staatsorgane.

Als beeidigte ÜbersetzerInnen kleiner Sprachen haben Sie bei den Justizbehörden insofern den enormen Vorteil, dass Ihre Konkurrenz sehr klein ist. Daher ist die Wahrscheinlichkeit einer Beauftragung viel höher als beispielsweise bei Englisch-ÜbersetzerInnen. Dies gilt für DolmetscherInnen in einem noch größeren Maße, da es prinzipiell weniger beeidigte DolmetscherInnen als ermächtigte ÜbersetzerInnen gibt und die Justizorgane mit der Dolmetschleistung nur in Ausnahmefällen eine/-n auswärtigen SprachmittlerIn beauftragen.

Qualitätssiegel als Zeichen von Professionalität

Vor allem viele ÜbersetzerInnen kleiner Sprachen in Deutschland müssen sich gegen LaienübersetzerInnen behaupten, die ohne einschlägige Ausbildung oder große Erfahrungswerte auf dem Markt agieren, nur weil sie aus ihrem Heimatland nach Deutschland gezogen sind und außer ihrer Muttersprache keine anerkannten Fachkompetenzen besitzen. Da der Beruf des Übersetzers und der Dolmetscherin nicht geschützt ist, kann ihn jeder ausüben, der meint, eine fremde Sprache sprechen zu können. Um sich von diesen LaienübersetzerInnen abzuheben, kann eine Beeidigung von großem Nutzen sein.

Ein überzeugendes Argument für die eigene Professionalität ist auch die Mitgliedschaft in einem Berufsverband. In Deutschland nimmt der Bundesverband der Dolmetscher und Übersetzer e. V. (BDÜ) nur nachweislich qualifizierte SprachmittlerInnen auf. Dank der Mitgliedschaft können Sie hier außerdem leicht Kontakt zu professionellen KollegInnen aufnehmen. Werden Sie nach Möglichkeit auch Mitglied in den einschlägigen Berufsverbänden in den Ländern Ihrer Arbeitssprachen. Das erleichtert zugleich den Kontakt zu KollegInnen aus anderen Ländern.

Überlegen Sie, ob sich für Sie auch die Mitgliedschaft in anderen Fachverbänden lohnt, in denen Ihre Kunden anzutreffen sind. Nicht immer ist eine vollwertige Mitgliedschaft möglich. Vielleicht können Sie aber zumindest in deren Verteiler aufgenommen werden, um über Neuheiten zum Beruf informiert zu werden. Viele technische ÜbersetzerInnen sind beispielsweise Mitglied in der Gesellschaft für Technische Kommunikation (tekom) oder im Verein Deutscher Ingenieure (VDI). Aber auch der Austausch in einem Verein, der sich für internationale Beziehungen zwischen zwei oder mehreren Ländern einsetzt wie zum Beispiel die Deutsch-Polnische Gesellschaft, kann zu Ihrer Sichtbarkeit beitragen.

Netzwerken auf Veranstaltungen, Messen, Kongressen oder Tagungen

Vereine, Gesellschaften oder andere vergleichbare Organisationen bieten gute Gelegenheiten zum Netzwerken, zum Beispiel auf den dort angebotenen Seminaren, Vorträgen und Veranstaltungen. Sie erfahren dort nicht nur interessante Informationen und lernen Menschen kennen, die mit Ihren Sprachen in Kontakt sind, sondern bekommen auch die Chance, sich selbst und Ihre Dienstleistungen vorzustellen. Die gleichen Möglichkeiten bieten auch Botschaften, Konsulate, Kulturzentren, ausländische Institutionen und verschiedene Business-Netzwerke. Potenzielle Kunden beauftragen lieber einen Dienstleister, mit dem sie ein konkretes Gesicht verbinden.

Verstecken Sie sich also nicht hinter Ihrem Schreibtisch, sondern gehen Sie dorthin, wo Sie Ihre Kunden treffen können. Sie lernen dadurch lockerer zu kommunizieren, was Ihnen auch bei Akquise-, Telefon- und Kundengesprächen zugutekommt. Viele Geschäfte werden „an der Bar" abgeschlossen, wenn Sie dort nicht nur über sich und die eigene Arbeit sprechen, sondern auch den Gesprächspartnern zuhören. Auf keinen Fall darf der Eindruck erweckt werden, es gehe nur darum, neue Kunden zu gewinnen. Seien Sie authentisch und pflegen Sie Ihr Netzwerk. Auch wenn es sehr zeitintensiv erscheint, ist die Investition ins Netzwerken lohnenswert. Dank Social Media ist das Networking zudem leichter geworden. Wie bei den KollegInnen-Netzwerken haben Sie als SprachmittlerIn kleiner Sprachen den Vorteil, mit Ihrer Dienstleistung relativ konkurrenzlos zu sein. Wenn Sie es schaffen, sich mit Ihrer natürlichen und offenen Art in das Gedächtnis der Menschen einzuprägen, werden sich diese, wenn sie eine/-n SprachmittlerIn kleiner Sprachen benötigen, an Sie erinnern. Dann gilt es, mit professioneller Leistung zu punkten und den neugewonnen Kunden dadurch an sich zu binden.

Messebesuche zur Akquise von Kunden sind für ÜbersetzerInnen kleiner Sprachen eher mühsam, da man dort häufig Firmen antrifft, die meistens Bedarf an großen Sprachen haben. Wer also nicht auch als Vermittler anderer Sprachen agieren möchte, wird hier Schwierigkeiten haben, in der Masse einen potenziellen Kunden zu finden. Eine entsprechende Vorbereitung im Vorfeld ist daher das A und O, um Frustration und Geldverluste zu vermeiden. Neben den Ausgaben für Eintrittskarten ist noch mit Reise- und Hotelkosten sowie meistens kostenpflichtigem Rahmenprogramm zu rechnen. Es ist auch eine sehr hohe Resistenz gegenüber der Ablehnung seitens der Messeaussteller erforderlich. Wenn Sie aber ein kommunikativer Typ sind, ist für Sie diese Art der direkten Akquise eine Möglichkeit der Kundengewinnung. Sie können davon ausgehen, dass Sie bei direkter Ansprache Ihrer potenziellen Kunden weit und breit die einzige ÜbersetzerIn kleiner Sprachen sind, da die meisten SprachmittlerInnen diese Art der Akquise scheuen.

Ausnahmen bilden spezielle, traditionell eher kleine Messen, die sich auf ein Land konzentrieren. Auch Messen in den Ländern Ihrer Arbeitssprachen können für Sie vorteilhaft sein, wenn davon auszugehen ist, dass die Aussteller Geschäftsbeziehungen zu Deutschland pflegen.

Der Besuch einer Fachmesse, eines Kongresses, einer Tagung oder einer anderen öffentlichen Veranstaltung lohnt sich bei kleinen Sprachen vor allem dort, wo das eigene Spezialgebiet im Mittelpunkt steht. Hier können Sie nicht nur Neukunden akquirieren und Kundenkontakte auffrischen, sondern auch Informationen über Ihr Fachgebiet sammeln und wichtige Kontakte zu Fachleuten knüpfen.

Arbeiten für Direktkunden

Englisch-ÜbersetzerInnen können davon ausgehen, dass nahezu jedes international tätige Unternehmen Bedarf an englischsprachigen Texten für Websites oder andere Unternehmenspräsentationen hat. Für ÜbersetzerInnen kleiner Sprachen ist es häufig deutlich mühevoller, einen potenziellen Auftraggeber ausfindig zu machen. Außer einigen bekannten Global Playern wie in Tschechien zum Beispiel der Autohersteller Škoda Auto fallen vielen Berufsanfängern keine Gesellschaften mit Übersetzungsbedarf ein. Doch die großen Konzerne arbeiten erfahrungsgemäß ohnehin eher mit Übersetzungsagenturen zusammen, um den Bedarf an verschiedenen Sprachen ohne großen Aufwand decken zu können.

Vergessen Sie aber nicht die kleinen und mittelständigen Unternehmen, die oft sehr nachhaltige Geschäftsbeziehungen zu Ihren Sprachländern führen. Diese Firmen sind meistens an einer langfristigen Zusammenarbeit mit ÜbersetzerInnen interessiert, zu denen sie einen direkten Kontakt pflegen. Solche Kunden sind auch offen für Ihre

Vorschläge, Einwände und Anmerkungen und freuen sich über Hinweise, um eigene Sprachbarrieren zu überwinden. So haben sich beispielsweise schon viele meiner Kunden für meine Erläuterung bedankt, warum ich in einer Übersetzung bei der polnischen Anrede den Namen der angesprochenen Person weggelassen habe. Sicherlich wäre der polnische Geschäftspartner nicht beleidigt, wenn er seinen Namen hinter der Begrüßung liest. Auf der anderen Seite freuen sich gerade die Sprecher kleiner Sprachen, wenn sie feststellen, dass sich jemand mit den Gepflogenheiten ihres Landes beschäftigt hat. Ihr Kunde wird durch solche unauffällig verpackten Ratschläge einen guten Draht zu seinen Geschäftspartnern finden, was wiederum zu seinem beruflichen Erfolg beiträgt. Er wird Sie dadurch als FachexpertIn für internationale Kommunikation schätzen. Das Gleiche gilt auch für DolmetscherInnen, die vor Ort noch mehr Einfluss auf eine gelungene Verständigung haben.

Die Arbeit für Direktkunden hat den Vorteil, dass die Ansprache der zuständigen Kontaktpersonen bei kleinen und mittleren Betrieben mit einer flachen Unternehmensstruktur viel einfacher ist. SprachmittlerInnen kleiner Sprachen können zum Beispiel anhand zweisprachiger Internetseiten oder über Auslandshandelskammern solche Firmen ausfindig machen. Suchen Sie nicht nur nach Unternehmen, die im Land Ihrer Arbeitssprache Produkte und Dienstleistungen verkaufen und entsprechenden Bedarf an Übersetzungen von Informationsmaterial, Prospekten, Werbung oder der Website haben. Interessant sind ebenso Unternehmen, die dort eigene Betriebsstätten für die Herstellung beziehungsweise den Service betreiben oder über Kooperationspartner verfügen. Diese benötigen ÜbersetzerInnen und DolmetscherInnen für die Kommunikation zwischen den Betriebsstätten z. B. bei Verhandlungen, bei der Anmeldung ausländischer Niederlassungen, bei Vertragsabschlüssen, der Erstellung erforderlicher Dokumentationen oder Schulungen. Nicht zu vergessen sind auch die gesetzlichen Anforderungen an ausländische Unternehmen, die oft ohne (bestätigte) Übersetzungen nicht auskommen.

Ich bin selbst manchmal überrascht, wenn ein mittelständisches Unternehmen mit Sitz in meiner Nähe, das offensichtlich Geschäftsbeziehungen zu tschechischen oder polnischen Kunden pflegt, mich mit einer Übersetzung beauftragt. Ich wäre nie auf die Idee gekommen, diese Firma direkt anzusprechen. Das macht wieder deutlich, wie wichtig es ist, für Kunden mit Übersetzungsbedarf auffindbar zu sein.

Arbeiten für Übersetzungsagenturen

Selbstverständlich können Sie Ihre Dienstleistungen auch den vielen verschiedenen Übersetzungsbüros anbieten. Vor allem Berufsanfänger können so relativ leicht an Aufträge gelangen. Aber Sie sollten sich nicht unter Wert verkaufen und für Ihre jahrelange Ausbildung und erworbenen Sprach- und Fachkenntnisse entsprechend entlohnt werden. Zu niedrige Preise schaden der gesamten Branche. Und wer später dann den Sprung ins große Business geschafft hat, ärgert sich selbst über derartige BerufsanfängerInnen und LaienübersetzerInnen, die ihre Dienstleistungen zu Dumpingpreisen anbieten. Bei Übersetzungsagenturen gilt es, die Spreu vom Weizen zu trennen. Seriöse Agenturen fungieren nicht lediglich als sogenannte „Umtüter", sondern bieten sowohl dem Endkunden als auch dem/der ÜbersetzerIn einen Mehrwert. Hier gelangen Sie mitunter an interessante Aufträge von Großkonzernen, die Sie als Freiberufler nicht oder nur mit unverhältnismäßig hohem Aufwand erhalten hätten.

Arbeiten für Privatkunden

Viele KollegInnen arbeiten nicht gern für Privatpersonen mit Kleinaufträgen, die zugleich aber zeitintensiv zu sein scheinen. Ich persönlich sehe das anders und arbeite gern auch für Privatkunden. Die Übersetzungen für diese Zielgruppe lassen sich leicht zwischen größeren Aufträgen erledigen. Die von Privatkunden oft benötigten Übersetzungen von Personenstandsurkunden, Zeugnissen, Meldebescheinigungen, Einkommensteuerbescheiden usw. sind weitgehend standardisiert, und der Bearbeitungsaufwand lässt sich mit selbst erstellten Vorlagen überschaubar halten. Denn bei kleinen Sprachen, die meistens nur in einem Land als Amtssprache gesprochen werden, ist die Anzahl der zu formatierenden Vorlagen deutlich geringer als bei englisch- oder französischsprachigen Ländern. Oft kommen tschechische und polnische Landsleute zu mir, die in Deutschland leben und zunächst Übersetzungen für eine private Angelegenheit benötigen. Doch vergessen Sie nicht, dass diese Personen Freunde, Verwandte, Nachbarn, Kollegen und Arbeitnehmer haben, denen sie Ihre Dienstleistungen weiterempfehlen können, wenn sie mit Ihrer Arbeit zufrieden waren. Mundpropaganda funktioniert selbst bei kleinen Sprachen. Ich habe beispielsweise einen bedeutenden Kundenkreis aus Vietnamesen, die von ihrem Umzug nach Deutschland in Tschechien lebten und sich jetzt Empfehlungen bei ihren Landsleuten für Tschechisch-ÜbersetzerInnen einholen.

Rahmenverträge – bei kleinen Sprachen kaum möglich

Es ist eine Illusion, als ÜbersetzerIn kleiner Sprachen von einigen wenigen Stammkunden leben zu können. Nur selten können Kunden Sie das ganze Jahr über mit lukrativen Aufträgen für Ihre kleinen Sprachen versorgen. Der Bedarf der Unternehmen ist meistens nicht so groß. Deshalb werden sie mit Ihnen auch keine Rahmenverträge wie mit Englisch- oder Französisch-ÜbersetzerInnen abschließen. Selbst bei Übersetzungsagenturen genügt es nicht, sich darauf zu verlassen, von einigen wenigen dieser Jobvermittler genügend Aufträge zu erhalten. Sie werden also breit streuen und mehrere Kunden bedienen müssen. Aus betriebswirtschaftlicher Sicht ist es ohnehin nicht klug, sich nur auf wenige Auftraggeber zu verlassen. Bleiben dort plötzlich Aufträge aus, sinkt der Umsatz gleich schmerzlich. Zudem besteht die Gefahr der Scheinselbstständigkeit. Sie benötigen als ÜbersetzerIn kleiner Sprachen mehrere Auftraggeber und müssen intensiver Neukunden akquirieren als ÜbersetzerInnen großer Sprachen.

Kein Erfolg ohne vorherige Festanstellung?

ÜbersetzerInnen großer Sprachen behaupten oft, dass in diesem Beruf nur erfolgreich sein kann, wer zuvor festangestellt war und dort Berufserfahrung gesammelt hat. Lassen Sie sich dadurch nicht verunsichern! Für ÜbersetzerInnen kleiner Sprachen ohne Englisch im Portfolio gibt es kaum Stellen. Viele davon sind dann auch noch schlecht bezahlt oder für Berufsanfänger unerreichbar. Das bedeutet, dass Sie in einem ganz anderen Beruf arbeiten müssten, um die angeblich so bedeutende Sichtweise des Kunden kennenzulernen. Ich behaupte jedoch, dass man dies auch während eines Praktikums oder als Nebenjob lernen kann. Wenn Sie sich für eine Festanstellung in einem anderen Beruf entscheiden, vergehen Jahre, in denen Sie Ihre Übersetzungsfertigkeiten nicht weiterentwickeln können. Dies bedeutet möglicherweise, dass der (Wieder-)Einstieg in den Beruf der Übersetzerin oder des Übersetzers schwerfällt. Als freiberufliche ÜbersetzerIn können Sie auch ohne vorherige Festanstellung erfolgreich sein. Es ist sicherlich nicht einfach, und der Verdienst ist am Anfang mit den wenigen Kunden möglicherweise noch niedrig.

Aber der Erfolg hängt allein von Ihnen und Ihrer Fähigkeit und Bereitschaft ab, sich auf die Selbstständigkeit einzulassen. Und ich kann für mich behaupten, dass mir mein erlernter Beruf als Übersetzerin Spaß macht. Und ich so immer wieder aufs Neue motiviert bin.

5 Tipps für freiberufliche ÜbersetzerInnen

Zum Schluss möchte ich Ihnen fünf Tipps auf den Weg geben, um als ÜbersetzerIn kleiner Sprachen nicht nur zu überleben, sondern davon als FreiberuflerIn gut leben zu können und erfolgreich zu sein:

Der eigene Weg
Meine Ratschläge sollen Ihnen die Richtung anzeigen, aber es gibt kein Patentrezept. Wie Sie es angehen, bleibt Ihnen überlassen. Seien Sie mutig und experimentieren Sie auch ruhig. Innovative Ideen führen eher zum Erfolg als das Kopieren altbekannter Strategien. Gehen Sie Ihren eigenen Weg!

Qualitativ hochwertige Arbeit
Unabdingbare Voraussetzung für ein erfolgreiches ÜbersetzerInnen-Dasein ist das Abliefern einer qualitativ hochwertigen Arbeit. Die übersetzten Texte sind gründlich recherchiert, sorgfältig bearbeitet, terminologisch einwandfrei, grammatikalisch korrekt, stilistisch durchdacht, der Zielgruppe angepasst, pünktlich geliefert und erfüllen ihren Zweck. Kurz: Sie liefern Übersetzungen ab, auf deren Qualität sich der Kunde verlassen kann. Eine mangelhafte Arbeit spricht sich herum, und selbst wenn Sie zum Marketingexperten werden, können Sie mit schlechter Qualität keine Kunden dauerhaft an sich binden. Der Erfolg ist dann nur von kurzer Dauer.

Gutes Marketing
Andererseits nutzt es nichts, zu den besten ÜbersetzerInnen zu gehören, wenn Sie niemand beauftragt. Der potenzielle Kunde muss Sie kennen und bei Bedarf finden. Werbung für die eigenen Dienstleistungen ist unabdingbar. Also keine Scheu vor Kundenakquise. Machen Sie sich mit verschiedenen Marketingstrategien vertraut und setzen Sie einige davon um. Marketing ist ein wichtiger Bestandteil der Unternehmensaktivitäten.

Professionelles Auftreten
Immer wieder stelle ich überrascht fest, wie viele freiberufliche ÜbersetzerInnen einen geringen Wert auf professionelles Auftreten legen. Sie gehen nicht ans Telefon und rufen nicht zurück, sie haben keine Signatur in ihrer E-Mail-Adresse, benutzen Freemail, haben keine Visitenkarten, sind im Internet nicht auffindbar oder antworten nicht auf E-Mails. So werden sie als HobbyübersetzerInnen wahrgenommen. Unternehmen möchten aber mit Profis zusammenarbeiten! Hat der Kunde erst einmal den Eindruck, eine/-n LaienübersetzerIn vor sich zu haben, wird er Ihnen entweder den Rücken kehren oder nicht bereit sein, angemessene Honorare zu zahlen.

Der erste Eindruck ist für die Auftragserteilung oft entscheidend. Wenn Ihre Internetpräsenz nicht innerhalb weniger Sekunden das Interesse Ihrer Zielgruppe weckt, wenn Ihr Gesamtauftritt nicht professionell wirkt oder wenn der erste telefonische Kontakt mit Ihnen nicht überzeugend ist bzw. wenn Sie gar nicht erreichbar sind, haben Sie einen potenziellen Kunden an die Konkurrenz verloren.

Die Außenwirkung ist ganz wichtig. Legen Sie sich ein Corporate Design zu, das Sie konsequent überall verwenden. Ich persönlich plädiere für einen unverwechselbaren Fantasienamen in Verbindung mit Ihrem Vor- und Nachnamen und ein professionell gestaltetes Logo. So wird für viele Unternehmen der Unterschied zum Hobbyübersetzen bereits im Namen deutlich. Melden Sie sich beim Finanzamt als umsatzsteuerpflichtig an. Sie werden dadurch als ProfiübersetzerIn und nicht als KleinunternehmerIn mit geringem Umsatz wahrgenommen.

Professionelles Auftreten bezieht sich auf alles, was Sie in Zusammenhang mit Ihrer selbstständigen Tätigkeit ausüben: von der Angebotserstellung über E-Mail-Korrespondenz bis hin zur Rechnungslegung. Professionell zu sein heißt, für Kunden da zu sein, auf Augenhöhe zu verhandeln und serviceorientiert zu handeln, um mehr Kunden an sich zu binden. Und zufriedene Kunden empfehlen ihren Dienstleister gern weiter.

Ausdauer
Der Weg zu lukrativen (Stamm-)Kunden, die Ihre professionellen Übersetzungs- und Dolmetschleistungen weiterempfehlen, ist mit Höhen und Tiefen verbunden. Geben Sie aber nicht voreilig auf. Ein erfolgreiches Unternehmen aufzubauen, bedeutet harte Arbeit. Genießen Sie auch die schönen Seiten dieses wunderbaren Berufs und führen Sie sich vor Augen, was Sie bereits erreicht haben. Setzen Sie sich kleine konkrete Ziele, die Sie in einem festgelegten Zeitrahmen erreichen wollen. Kalkulieren Sie Rückschläge ein – die auch viele andere Selbstständige verdauen müssen. Finden Sie heraus, was für Sie und Ihre Sprachkombination marketingtechnisch am besten geeignet ist, um genügend lukrative Aufträge dauerhaft zu erhalten.

11. Mein Name im Impressum – Bücher übersetzen

Von **Susanne Schmidt-Wussow**

Susanne Schmidt-Wussow übersetzt medizinische und biologische Fachtexte aus dem Englischen, Französischen und Japanischen (**www.schmidt-wussow.de**), aber auch Sachbücher für Kinder und Erwachsene (**www.buchprinzessin.de**).

Einmal ein richtiges Buch übersetzen – das ist nach wie vor der Traum vieler Übersetzerinnen. Um es gleich einmal vorwegzunehmen: Ja, Bücher übersetzen macht tatsächlich großen Spaß. Die schönsten Aufträge, die ich bisher bearbeitet habe, waren Bücher, und gerade wenn man Sachbücher übersetzt, lernt man dabei auch jedes Mal etwas Neues.

In diesem Beitrag soll es um die Besonderheiten der Buchübersetzung gehen und um die Zusammenarbeit mit Verlagen. Da ich selbst zum überwiegenden Teil Sachbücher übersetze, beschränke ich mich auch auf diesen Teilbereich; meine Kollegin Kerstin Fricke wird jedoch im Anschluss darauf eingehen, in welchen Punkten sich die Übersetzung von Belletristik von der Sachbuchübersetzung unterscheidet.

Was sind Sachbücher?

Eine scheinbar banale Frage, über die ich aber trotzdem vorweg ein paar Worte verlieren möchte. „Sachbuch" ist nämlich ein unglaublich weiter Begriff, unter dem vom Kochbuch über die Biografie bis zur Abhandlung über den

Dreißigjährigen Krieg alles zusammengefasst wird, was nicht ausgedacht ist, sondern auf Fakten basiert. Der Übergang zum Fachbuch ist teilweise fließend, grundsätzlich richtet sich ein Sachbuch aber eher an Nicht-Fachleute, also an die breite Öffentlichkeit.

Unterscheiden muss man weiterhin zwischen Sachbüchern im Fließtextlayout und layoutgebundenen Sachbüchern mit vielen Textkästen, Grafiken, Legenden usw., wie es beispielsweise im Bereich Kindersachbuch üblich ist. Bei layoutgebundenen Büchern ist die Textmenge im Verhältnis zur Seitenzahl oft relativ gering, dafür ist die Bearbeitung der kurzen Texte, die zusätzlich häufig auch noch Längenbeschränkungen unterliegen und/oder direkt ins Layout eingearbeitet werden (zur Arbeitsweise später mehr), ungleich aufwendiger als bei einem Fließtext. Das sollte natürlich auch in die Auftragskalkulation mit einfließen, sowohl was das Honorar angeht als auch die Bearbeitungszeit.

Wer vergibt die Aufträge und wo finden sie Übersetzerinnen?

Will man Bücher für Verlage übersetzen (zumindest bei Sachbüchern ist das nach wie vor der übliche Weg), gibt es zwei Möglichkeiten der Zusammenarbeit: Entweder erhält man den Auftrag direkt vom Verlag oder von einer Agentur, die sich auf die Produktion von Büchern spezialisiert hat (einem sogenannten Book-Packager). Der Packager bekommt vom Verlag den Auftrag, den deutschen Titel zu produzieren, und übernimmt dann meist alle Arbeiten, die dazugehören: Übersetzung, Lektorat, Satz und Druck. Während Lektorinnen und Lektoren bei Verlagen und oft auch bei Packagern angestellt sind und nur teilweise auf Freiberufler zurückgegriffen wird, werden Übersetzungen in den meisten Fällen extern vergeben.

Das wirft zwangsläufig die zentrale Frage auf: Wie kommen Verlage und Packager an die richtige Übersetzerin? Wenn sie Glück haben (und die aufstrebende, leider noch unbekannte Sachbuchübersetzerin Pech), kennen sie schon jemanden, mit der sie bereits an einem ähnlichen Thema zusammengearbeitet haben und mit deren Arbeit sie zufrieden waren. Manchmal war es auch ein ganz anderes Thema – auf diese Weise bin ich schon zu Büchern über Yoga und Pilates, Basteln mit Beton oder auch Numerologie gekommen.

Auch Empfehlungen spielen eine wichtige Rolle; hat die Lektorin keine passende Übersetzerin zur Hand oder sind ihre Stammkontakte gerade alle ausgebucht, fragt sie möglicherweise in Kollegenkreisen oder auch unter „ihren" Übersetzerinnen, ob sie nicht jemanden kennen, den sie für geeignet halten. Eine weitere wichtige Quelle ist die Datenbank des VdÜ, in die sich freilich nur Mitglieder eintragen lassen können. Mitglied kann allerdings nur werden, wer schon mindestens eine veröffentlichte Übersetzung aufzuweisen hat; für Einsteigerinnen fällt diese Option damit weg. Schließlich gibt es aber in den Verlagen meist einen Ordner (echt oder virtuell), in dem interessante Bewerbungen gesammelt werden. Auch der wird bei konkretem Bedarf durchforstet. Es kann also durchaus sein, dass lange Zeit nach einer ersten Kontaktaufnahme und dem obligatorischen und unverbindlich klingenden „Wir melden uns, wenn Bedarf besteht" sich tatsächlich jemand meldet. (Mein persönlicher Rekord liegt übrigens bei vier Jahren!)

Wie läuft ein Auftrag ab und wie wird er vergütet?

Das Schöne an Buchübersetzungen ist, dass sie selten so eilig sind, wie wir es aus dem Tagesgeschäft gewohnt sind. Normal sind zwei bis drei Monate Bearbeitungszeit (je nach Umfang natürlich), und meistens kommen die

Anfragen auch mit einem ausreichenden Vorlauf, sodass sich der Auftrag gut einplanen lässt.

Welche Daten für die Übersetzung herausgegeben werden, ist ganz unterschiedlich. Früher war es nicht ungewöhnlich, direkt aus dem Originalbuch ohne elektronische Daten zu übersetzen, aber diese Zeiten sind zum Glück vorbei. Mindestens eine PDF-Version gibt es heute auf jeden Fall, manchmal auch eine extrahierte Word-Version, die sich dann im CAT-Tool der Wahl bearbeiten lässt. (Ob CAT-Tools bei einer Buchübersetzung eher nützlich sind oder hinderlich, sei hier mal dahingestellt. Ich bin inzwischen zu dem Schluss gekommen, dass sie auch Literaturübersetzern unter bestimmten Umständen die Arbeit durchaus erleichtern können, das hat aber auch viel mit der persönlichen Arbeitsweise zu tun.) Bei layoutgebundenen Sachbüchern arbeite ich zunehmend häufig auch direkt in InDesign (gegen ein höheres Seitenhonorar oder eine zusätzliche Satzpauschale pro Buchseite).

Auch hier sind die Anforderungen und Wünsche kundenspezifisch individuell: Während der eine Kunde vor allem längere Fließtexte lieber in Word lektoriert, empfindet der andere es als echte Arbeitserleichterung, wenn die erste Einpassung der Übersetzung ins Layout schon durch die Übersetzerin vorgenommen wird und nicht erst im Lektorat erfolgen muss. Übrigens braucht man heute keine vierstelligen Summen mehr auszugeben, um alle paar Monate mal eine InDesign-Datei bearbeiten zu können, denn Adobe bietet seine hochpreisigen Programme inzwischen gegen einen Monatsbeitrag im Abonnement an.

Nur wenige Verlage schicken die lektorierte Fassung der Sachbuchübersetzung zur Prüfung bzw. Abnahme nochmals an die Übersetzerin zurück, normalerweise ist der Auftrag mit der Abgabe der Übersetzung erledigt.

Das Honorar wird üblicherweise auf der Basis von Normseiten festgelegt. Anders als im Belletristikbereich ist bei Sachbüchern wegen des komplizierteren Layouts dabei meist eine rechnerische Normseite von 1800 Zeichen gemeint, während die belletristische „echte" Normseite, die auf der alten Schreibmaschinenseite basiert und aus 30 Zeilen à höchstens 60 Zeichen besteht, durch Absätze, Dialoge usw. im Durchschnitt auf etwa 1500 Zeichen kommt. Diese Differenz muss man beim Aushandeln des Seitenhonorars natürlich berücksichtigen.

Genauere Informationen zu Seitenhonoraren, Gemeinsamer Vergütungsregel und mehr gibt es auf der Seite des VdÜ (*www.literaturuebersetzer.de*) unter „Übersetzungsvergütung". Je nach Fachlichkeit und Anspruch werden Sachbücher im Durchschnitt übrigens etwas besser bezahlt als Romane, allerdings ist der Übersetzungsaufwand oft auch deutlich größer. Innerhalb des Komplexes „Sachbuch" wiederum unterscheiden sich die einzelnen Genres in ihrer Vergütung: Für Kochbücher gibt es in der Regel zum Beispiel ein niedrigeres Honorar als für Naturbücher, was auch hier vor allem am unterschiedlich hohen Aufwand für die Übersetzung liegt.

In Verlagsverträgen ist normalerweise eine Umsatzbeteiligung der Übersetzerin ab einer bestimmten Verkaufsschwelle vorgesehen; allerdings sind die Auflagen bei Sachbüchern meist nicht hoch genug, als dass diese Schwelle je erreicht wird (mir ist es jedenfalls noch nie passiert). Arbeitet man für einen Packager, schließt man mit diesem üblicherweise ohnehin einen Werkvertrag ab; bezahlt wird also nur die reine Übersetzung, weitere Beteiligungen (die ohnehin nur der Verlag einräumen könnte) sind nicht vorgesehen. Wie gesagt, in der Praxis spielt dieser eigentlich wichtige Unterschied eher keine Rolle. Nicht vernachlässigen sollte man dagegen die sogenannten

Zweitverwertungsrechte. Um diese wahrnehmen zu können, muss man einen Wahrnehmungsvertrag mit der Verwertungsgesellschaft Wort (VG Wort) abschließen. Dieser Vertrag zieht keinerlei Kosten oder Verpflichtungen nach sich, berechtigt die Übersetzerin jedoch dazu, alle veröffentlichten Übersetzungen (übrigens auch von Filmen, Fernsehsendungen oder Fachartikeln) bei der VG Wort zu melden. Einmal im Jahr findet eine Hauptausschüttung statt, bei der die VG Wort die von den Verwendern eingezogenen Entgelte für die Nutzung der schriftlichen Werke (etwa durch Bereitstellen in Bibliotheken) nach einem festgelegten Schlüssel an die Wahrnehmungsberechtigten verteilt. Da die Meldung nur einmal erforderlich ist, die Ausschüttung dann aber jedes Jahr stattfindet, solange die Übersetzung in entsprechender Form genutzt wird, kann hier mit steigender Anzahl der veröffentlichten Übersetzungen durchaus ein erkleckliches Sümmchen zusammenkommen.

Was unterscheidet Sachbuchübersetzungen von anderen Übersetzungen?

Das Übersetzen von Sachbüchern ist eine ganz spezielle Herausforderung. Ein sehr angenehmer Aspekt besteht darin, dass man es mit oft schön geschriebenen und im Normalfall sorgfältig lektorierten Texten zu tun hat. Natürlich gibt es auch Ausnahmen, aber der überwiegende Teil der Texte ist tatsächlich „fertig" und rund, da er vor der Veröffentlichung schon mehrere Stationen der Qualitätssicherung durchlaufen hat.

An die Übersetzung werden dementsprechend aber auch höhere Ansprüche gestellt als an viele Fachübersetzungen. Sie muss nicht nur fachlich korrekt sein, sondern soll sich auch flüssig und wie ein deutscher Originaltext lesen. Theoretisch besteht dieser Anspruch zwar an jede

Übersetzung, aber in der Praxis muss aufgrund von Zeitdruck oder Budgetbeschränkungen die korrekte Übersetzung oft genügen. Eine Sachbuchübersetzerin muss sich daher trauen, sich weiter als üblich vom Original zu entfernen, um einen gut lesbaren deutschen Text zu erschaffen; in diesem Punkt ähneln sich Übersetzungen von Sachbüchern und Romanen sehr. Gleichzeitig braucht die Sachbuchübersetzerin eine hohe Recherchekompetenz, um Sachverhalte nachvollziehen und korrekt ausdrücken zu können; das wiederum ist uns aus dem Bereich der Fachübersetzungen vertraut. Weiterhin muss sie die Genreregeln kennen und beherrschen; bei der Übersetzung eines Kochbuchs etwa muss sie wissen, wie ein Rezept aufgebaut ist, die gängigen Formulierungen kennen und die charakteristische formelhafte Sprache richtig anwenden. Gleichzeitig sollten ihr Ungereimtheiten auffallen (muss die Zwiebel nicht erst gewürfelt werden? Wo ist der Estragon aus der Zutatenliste geblieben? Kann daraus ohne Flüssigkeitszugabe überhaupt eine Suppe werden?), zu denen sie dann Anmerkungen macht, damit das Lektorat an diesen Stellen entsprechende Entscheidungen treffen kann.

Eine besondere Schwierigkeit liegt gerade bei Kochbüchern (das gilt aber auch für andere Anleitungsbücher) oft im Wechsel der Stilebenen. Während die Rezepte bzw. Anleitungen sehr formelhaft und knapp formuliert sind, können Einleitungs- oder Zwischentexte geradezu blumig ausfallen. Hier den richtigen, natürlichen Ton zu finden, ist manchmal gar nicht so einfach und erfordert einiges an Kreativität.

Wer Bücher übersetzt, muss außerdem bereit sein, sich über Wochen oder sogar Monate mit ein und demselben Thema zu beschäftigen. Es bedarf dabei einer nicht unbeträchtlichen Ausdauer, damit das letzte Kapitel ebenso sorgfältig recherchiert und formuliert ist wie das erste, obwohl man sich endlich in der Zielgeraden wähnt oder die Zeit zum Ende hin dann doch knapper wird als gedacht. Das ist durchaus nicht jedermanns Sache, stellt jedoch einen zentralen Aspekt der Arbeit dar. Ebenso muss die Übersetzerin in der Lage sein, ein großes Projekt zu überblicken und einen sinnvollen Arbeitsplan erstellen zu können, damit die Übersetzung zum abgesprochenen Zeitpunkt auch fertig ist.

Fazit

Das Übersetzen von Büchern ist überwiegend eine zutiefst befriedigende Arbeit, die ich persönlich um nichts in der Welt missen möchte. Die Bezahlung liegt zwar im Durchschnitt unter der von Fachübersetzungen, aber auch auf diesem Markt besteht eine recht große Bandbreite, und es ist entgegen hartnäckiger Vorurteile (die nicht zuletzt auch von Literaturübersetzern selbst gern zementiert werden) nach meiner Erfahrung durchaus möglich, vom Bücherübersetzen gut zu leben. Wer in der Buchbranche Fuß fassen möchte, darf sich nicht schnell entmutigen lassen und braucht auf jeden Fall einen langen Atem. Hat man dann jedoch erst einmal einen Fuß in der Tür, kommt man dank der stark beziehungsgeprägten Struktur der Verlagswelt verhältnismäßig leicht an Folgeaufträge.

Anmerkungen: Was ist bei Belletristikübersetzungen anders?

Von Kerstin Fricke

*Kerstin Fricke übersetzt PC- und Konsolenspiele, Belletristik und Graphic Novels aus dem Englischen. Mehr über sie und ihre Arbeit auf ihrer Website **www.kf-uebersetzungen.de** und in ihrem Blog unter **https://pbcat.wordpress.com**.*

Aufträge erhalten/Bewerbung
Zuerst einmal werden Romane im Allgemeinen von Verlagen oder vom Autor selbst im Selfpublishing herausgegeben. Die klassische Bewerbung bei einem Verlag erfolgt per E-Mail oder Brief, doch man braucht vor allem einen langen Atem. Nur mit sehr viel Glück kann es passieren, dass man als direkte Reaktion eine Übersetzung angeboten bekommt – meist erhält man eine mehr oder weniger standardisierte Antwort, dass man in der Datenbank gelandet ist, und danach heißt es warten, bis der Verlag auf einen zukommt. Natürlich kann man sich auch auf Buchmessen an den Ständen der Verlage informieren und nach den zuständigen Lektoren erkundigen, die man vielleicht sogar kurz zu sprechen bekommt; aber auch das ist Glücksache, und wenn man auf Nummer sicher gehen will, sollte man vorher einen Termin ausmachen.

Ablauf
Ähnlich wie bei Sachbüchern erhält man meist eine Word- oder PDF-Datei mit dem Manuskript, oftmals aber auch das zu übersetzende Buch, so es bereits erschienen ist. Soll es besonders schnell gehen, arbeitet man in Ausnahmefällen sogar schon mit einer noch nicht lektorierten oder gar unfertigen Manuskriptvorlage. Der zeitliche

Rahmen, in dem die Übersetzung angefertigt werden soll, hängt vor allem vom Buchumfang und der Dringlichkeit des Projekts ab und kann zwischen vier Wochen und bis zu einem Jahr betragen, im Schnitt hat man jedoch meist drei bis vier Monate Zeit, um die Übersetzung abzuliefern.

Was nach der Abgabe der Übersetzung passiert, ist von Verlag zu Verlag unterschiedlich. Bei einigen ist für den Übersetzer das Kapitel damit sofort abgeschlossen und man kann die Rechnung stellen, bei anderen erhält man später noch die lektorierte Fassung, um die Änderungen durchzugehen und anzunehmen oder abzulehnen. Je nachdem, was vorher vertraglich vereinbart wurde, ist man zu guter Letzt manchmal noch für die Fahnenkorrektur, also die Schlussredaktion, verantwortlich.

Vertragliches
Abgerechnet wird üblicherweise nach Normseite, die noch aus Schreibmaschinenzeit mit „30 Zeilen zu 60 Anschlägen" definiert ist, wobei dies nicht als 1800 Zeichen zu verstehen ist, vielmehr wird die Seite dem Original entsprechend gegliedert und in Absätze unterteilt. Beim Honorar wird noch unterschieden, ob die Übersetzung zuerst als Hardcover oder gleich als Taschenbuch erscheinen wird, wobei laut VdÜ-Honorarumfrage zwischen 2004-2008 für Hardcover durchschnittlich 17,83 € und für Taschenbücher 15,30 € gezahlt wurden. Bei besonders rechercheintensiven Romanen kann man gelegentlich auch noch eine Zusatzpauschale aushandeln. Im Allgemeinen erhält man bei Vertragsunterzeichnung einen aushandelbaren Vorschuss und den Rest nach Abgabe der Übersetzung und Rechnungsstellung.

Generelles
Auch wenn man Vorlieben für Genres oder Autoren hat, die man besonders gern übersetzen würde, ist es gerade am

Anfang schwer, dieses Ziel zu erreichen. Meiner Erfahrung nach kann es nicht schaden, sich auch an Genres zu erproben, die man zwar nicht auf Dauer übersetzen möchte, in denen man sich aber sicher genug fühlt, um zumindest schon einmal einen Fuß in die Tür zu bekommen. Erfahrungsgemäß ist es einfacher, sich verlagsintern weiterempfehlen zu lassen, wenn man erst einmal einige Übersetzungen zur Zufriedenheit des Lektors abgeliefert hat, und dann kann man auch erwähnen, dass man doch schrecklich gern mal etwas aus seinem Lieblingsgenre übersetzen würde ...

12. Mein Autor und ich – über die Zusammenarbeit mit Selfpublishern

Von Jeannette Bauroth

Jeannette Bauroth ist Literaturübersetzerin und hat sich gemeinsam mit einer Übersetzerkollegin auf Buchübersetzungen für Indie-Autoren spezialisiert. Mehr Infos über ihre aktuellen Projekte sowie ihr Blog findet man unter **www.indie-translations.de.**

Für viele Übersetzer ist es ein Traum, einmal den eigenen Namen über einer Romanübersetzung stehen zu sehen. Der klassische Weg dorthin führt natürlich über die Zusammenarbeit mit einem Verlag. Leider ist es für frischgebackene Übersetzerinnen nicht ganz leicht, in die Übersetzerkartei eines Verlagshauses aufgenommen zu werden. Initiativbewerbungen können zwar erfolgreich sein, doch in den seltensten Fällen folgt sofort der erste Auftrag. Und selbst nach Empfehlung durch eine Kollegin kann es eine ganze Weile dauern, bis in der Redaktion der nächste Job zu vergeben ist. Ein langer Atem ist also unabdingbar.

In den letzten Jahren hat sich der Buchmarkt jedoch drastisch verändert: Inzwischen braucht ein Autor nicht mehr zwangsläufig einen Verlag, um sein Buch zu veröffentlichen – Selfpublisher haben sich erfolgreich beim Leser etabliert. Auch die anfängliche Skepsis bzw. der Verdacht, ein Indie-Autor könne nur jemand sein, dessen Geschichte aus Qualitätsgründen von keinem Verlag angenommen wurde, hat sich gelegt. Selfpublishing bedeutet nicht automatisch eine geringere Qualität der Bücher, sondern ist oftmals eine rein wirtschaftliche Entscheidung, insbesondere in den USA. Beim Selfpublishing erhält der Autor einen höheren prozentualen Gewinn als bei einer Verlagsveröffentlichung, was für viele den zusätzlichen Aufwand eines selbst in Auftrag gegebenen Lektorats, Korrektorats oder des eigenständig organisierten Marketings rechtfertigt. Manche Schriftsteller sind auch als sogenannte Hybrid-Autoren tätig, das heißt, sie veröffentlichen einige ihrer Bücher bei Verlagen, andere im Selbstverlag.

Da fremdsprachige Autoren inzwischen auch den deutschen Buchmarkt für sich entdeckt haben, eröffnet sich Literaturübersetzerinnen (und solchen, die es werden wollen) ein ganz neues Arbeitsfeld.

Bevor ich nun genauer darauf eingehe, wie man zu einer solchen Buchübersetzung kommen könnte, hier noch ein paar Fakten zum aktuellen Stand des Buchmarktes in Deutschland.

Die Rahmenbedingungen

Die Zahl der Übersetzungen bei deutschen Verlagen belegt, dass die Leser nach wie vor großes Interesse an übersetzten Büchern englischsprachiger Autoren haben. Im Jahre 2015 machten Übersetzungen 11,4 Prozent des gesamten Buchmarkts aus, knapp 59 Prozent davon waren Übersetzungen aus dem Englischen (Quelle: **Der Buchmarkt in Deutschland – Buch und Buchhandel in Zahlen 2016**). Ein Blick auf die deutschen **Kindle-Top-100-Bestseller** zeigt, dass deutsche Leser vor allem Krimis, Thriller und Liebesgeschichten bevorzugen.

Laut einer Auswertung der **Amazon-Kategorien-Charts** in der „Selfpublisherbibel" von Buchmarktkenner Matthias Matting werden die größten Umsätze in den Bereichen Gegenwartsliteratur, Kriminalliteratur, Fantasy und Populäre Belletristik erzielt (Stand: Oktober 2016).

Die Genre-Auswahl

Nun könnte man sich denken: Hey, Krimis und Liebesromane liegen ganz weit vorn, die übersetze ich ab jetzt! Das ist der Markt, da liegt das Geld! Natürlich stimmt das; allerdings kann ich nur davor warnen, ein Buch zu übersetzen, mit dessen Genre man eigentlich nichts anfangen kann. Jemand, der blutrünstige Thriller zutiefst verabscheut, wird sich durch das Buch quälen. Und so eine Buchübersetzung ist lang! Ihr werdet damit Wochen und Monate beschäftigt sein. Habt ihr schon mal ein Buch angefangen und es nicht zu Ende lesen können, weil es euch überhaupt nicht gefallen hat? So ähnlich verhält es sich mit Übersetzungen, deren Genre einem nicht liegt. Genau wie der Autor selbst sollte man außerdem die ungeschriebenen Gesetze und Konventionen des Genres kennen, ebenso die Leser-Erwartungen. Das kann man meist nur, wenn man dieses Genre selbst gern liest. Also überlegt euch bitte gut, was ihr anbieten wollt. Der größte Markt muss nicht immer zwangsläufig der erfolgversprechendste sein. Vielleicht interessiert ihr euch ja eigentlich für etwas ganz anderes und könnt dort eine Nische besetzen, weil ihr euch in dem Genre gut auskennt.

Stellt euch immer die Frage: Kann ich das leisten, was hier übersetzerisch von mir gefordert wird? Wer zum Beispiel einen heißen Liebesroman übersetzt, wird um ein paar stürmische Liebesszenen kaum herumkommen. Könnt ihr das? Wollt ihr das? Würdet ihr so was lieber vermeiden, weil ihr auch euren Eltern ein Belegexemplar schenken wollt? Ist der Auftrag einmal angenommen, muss er auch „werktreu" erfüllt werden; das heißt, Weglassen oder Abschwächen von „unbequemen" Szenen kommt nicht infrage.

Gleiches gilt für das Krimi- und Thrillergenre. Nicht jeder beginnt seinen Arbeitstag gern mit der Übersetzung von gruseligen Szenen. Mögt ihr Agatha Christie lieber als

Stephen King? Sind euch Psychothriller zu gruselig? Dann sucht euch Buchprojekte aus, die zu euch passen. Niemand kann sich ein ganzes Buch über verstellen – liegt euch das Genre nicht, wird das Ganze zu sehr harter Arbeit. Im schlimmsten Fall merkt auch der Leser, dass ihr euch damit schwergetan habt. Und natürlich erhält der auftraggebende Autor eine Rückmeldung über die Qualität der Übersetzung, nämlich durch die Rezensionen. Was einmal im Internet steht ... Hier geht es schließlich auch um euren Ruf.

Der Leistungsumfang

Sobald ihr euch für ein Genre entschieden habt, folgt die nächste Überlegung: Was wollt und könnt ihr anbieten? Versetzt euch einmal in die Lage des Autors. Ich bleibe hier beim Beispiel eines amerikanischen Selfpublishers, weil Englisch meine Arbeitssprache ist und ich mich damit am besten auskenne. Bis ein Buch veröffentlichungsreif ist, durchläuft es mehrere Bearbeitungsstadien – Übersetzung, Lektorat, Korrektorat, Layout, Satz, Coverauswahl, Marketing. Beauftragt euch ein Autor direkt, so fehlen zunächst die Arbeitsgänge nach der Übersetzung, die sonst in der Regel vom Verlag übernommen werden. Nun müsst ihr euch überlegen, wie ihr das handhaben wollt. Es gibt mehrere Möglichkeiten: Erstens, ihr bietet ausschließlich die Übersetzung an, und die Autorin ist selbst dafür verantwortlich, weitere Dienstleister mit den verbleibenden Leistungen zu beauftragen. Zweitens, ihr empfehlt Profis aus eurem Netzwerk. Drittens, ihr bietet ein Gesamtpaket an, wobei ihr selbstverständlich nicht Übersetzerin, Lektorin und Korrektorin in Personalunion sein solltet.

Für die Autorin ist Variante drei sicher am komfortabelsten. Häufig sprechen amerikanische Autoren kein oder nur wenig Deutsch, und es ist recht schwierig, auf eigene Faust aus dem Ausland kompetente Ansprechpartner zu finden, wenn man deren Leistung mangels Fremdsprachenkenntnissen nicht prüfen kann. Spätestens die Leser strafen eine unprofessionell wirkende Veröffentlichung mit entsprechenden Rezensionen ab, aber dann ist in der Regel der Autorenname schon mit geringer Qualität assoziiert und es kann nur noch Schadensbegrenzung betrieben werden. Insofern liegt es natürlich im Interesse der Auftraggeberin, möglichst kompetente Personen empfohlen oder gleich „mitgeliefert" zu bekommen. Und auch in eurem Interesse, denn schließlich steht euer Name mit im Buch.

Das Honorar

Wenn ihr euch für einen Serviceumfang entschieden und vielleicht ein gutes Team um euch geschart habt, steht die Preiskalkulation an. Ich höre oft das Argument, man habe schon immer davon geträumt, mal ein Buch zu übersetzen, und in der Kunst werde eben so gut wie nichts gezahlt. Deshalb sei es okay, das betreffende Buch praktisch zum Nulltarif zu übersetzen. Jede muss für sich selbst entscheiden, ob sie ein Teil dieser Ideologie sein will. Ich persönlich möchte es nicht, denn ich verdiene meinen Lebensunterhalt mit Buchübersetzungen; sie sind nicht mein Hobby. Daher habe ich einen Preis ausgerechnet, der meine laufenden Kosten deckt und den Gewinn abwirft, den ich für mich als Zielsumme ermittelt habe. Wie man sein persönliches Honorar errechnet, hat Miriam bereits erläutert.

Überlegt euch auch, welche Honorar- und Tantiemenregelung ihr mit euren Autorinnen vereinbaren wollt. Auf der Website des VdÜ kann man nachlesen, welche Seitenhonorare und Tantiemen bei Verlagen üblich sind. Die solltet ihr auch bei Übersetzungen für Selfpublisher nicht unterschreiten, da ihr dabei meistens sogar einen Mehraufwand haben werdet. Und selbstverständlich müssen die Preise für Lektorat und Korrektorat einkalkuliert sein, sofern ihr diese Dienstleistungen im Zusammenschluss mit Kolleginnen mit anbieten wollt. Bedenkt bitte auch alle „versteckten" Kosten, die anfallen können. Wer einen freiberuflichen Lektor oder Coverdesigner beauftragt, muss zum Beispiel eine Abgabe für die Künstlersozialkasse leisten. Beachtet alle Regelungen für die Rechnungslegung gegenüber Kunden aus anderen Ländern. Bei Zahlungen aus dem Ausland werden Bankgebühren fällig, und auch das Projektmanagement, falls ihr eines anbietet, muss im Hinblick auf den Arbeitsaufwand eingepreist sein. Wer seinen Freiberuflerstatus nicht riskieren möchte, sollte sich zudem unbedingt von einem Steuerberater darüber aufklären lassen, wo das Freiberuflersein aufhört und ein Gewerbe beginnt.

Zahlungsmodalitäten

Jetzt wisst ihr schon, was ihr in welchem Genre anbieten könnt und was es kosten soll. Vergesst aber auch nicht, dass man an einer Buchübersetzung viele Wochen lang arbeitet. Falls ihr eure Rechnung erst am Ende des Projekts stellt, bleibt ihr bis dahin unter Umständen auf euren laufenden Kosten sitzen. Ich handhabe es in der Regel so, dass ich bei Vertragsabschluss die erste Hälfte in Rechnung stelle und die zweite nach Abschluss des Projekts. So ist zum einen Geld da, das meine Lebenshaltungskosten deckt, während ich übersetze, und zum anderen merkt man auf diese Weise auch schon vor Beginn der Arbeit am Buch, ob es mit den Zahlungen eventuell Probleme geben könnte.

Überlegt euch außerdem, auf welchem Weg ihr euer Geld erhalten möchtet. In den USA ist zum Beispiel PayPal weit verbreitet, aber die Gebühren sind sehr hoch. Für eine Banküberweisung ins Ausland muss man dort jedoch häufig persönlich die Bank aufsuchen, und das ist natürlich deutlich umständlicher als eine schnelle Online-Überweisung. Scheckzahlungen, eine gängige Bezahlmethode in den USA, sind in Deutschland längst nicht mehr alltäglich. Klärt auch, wer die Gebühren übernimmt, und haltet all diese Regelungen in einem Vertrag fest.

Der Vertrag

Da dieser Markt ziemlich neu ist, gibt es noch keine Musterverträge. Wichtig ist jedoch, dass ihr einmal alles schriftlich festlegt, was geregelt sein muss. Dazu gehören auf jeden Fall die Honorarvereinbarungen, Zahlungsmodalitäten, der Abgabetermin der Übersetzung, der Veröffentlichungstermin des Buches und mögliche Vertragsstrafen, sollte eine der beiden Parteien ihren Verpflichtungen nicht nachkommen. Auch das Recht auf Übersetzernennung sollte noch einmal schriftlich festgehalten werden, das ist nicht überall selbstverständlich. Als Richtlinie kann dabei unter Umständen der **Model Contract for Literary Translations** von PEN America dienen.

Und nicht vergessen: Auch wenn ich hier ein paar rechtliche und steuerrechtliche Punkte anschneide, beruhen meine Tipps lediglich auf allgemein zugänglichen Informationen und eigenen Erfahrungen. Die Informationen sind keinesfalls vollständig und natürlich auch ohne Gewähr. Eine kompetente und auf eure Lage zugeschnittene rechtliche und steuerrechtliche Beratung darf und kann nur ein Anwalt bzw. Steuerberater leisten. Auch den Vertrag sollte sich deshalb ein Anwalt noch mal gemeinsam mit euch anschauen, idealerweise jemand, der sich mit Medienrecht auskennt. Better safe than sorry, wie der Engländer so treffend sagt.

Wie finde ich Kunden?

Die Möglichkeiten sind endlos, hängen aber ein wenig von eurem Persönlichkeitstyp und euren Interessen ab. Vom Home-Office aus bietet es sich an, einmal zu schauen, wer in dem gewählten Genre stark präsent ist. In der Regel sind die großen Namen fest in Verlagshand und kommen somit als Kundinnen erst einmal nicht in Betracht. Gibt es vielleicht Autorinnen, von denen erst ein Buch auf Deutsch erschienen ist und dann lange nichts mehr? Eventuell hat der Verlag die weiteren Bücher der Autorin nicht mehr ins Programm genommen, aber sie würde gern selbst auf dem deutschen Markt tätig werden. Dann ist das eine ideale Kandidatin für euch.

Oder fällt euch eine Autorin ein, deren Bücher ihr auf Englisch verschlingt, die aber offenbar noch kein deutscher Verlag für sich entdeckt hat? Auch das wäre ein möglicher Anknüpfungspunkt. Informiert euch, recherchiert, tretet mit den Autoren in Kontakt. Das ist meistens viel leichter als gedacht – entweder per E-Mail oder über Social Media. Wichtig ist nur, den Autoren nicht das Gefühl zu geben, dass ihr beliebig nach zu übersetzenden Texten sucht. Beschäftigt euch vorher ausgiebig mit ihren Büchern.

Wer sich gern unter Menschen mischt, kann sein Glück auf Buchmessen und Konferenzen versuchen. Idealerweise macht ihr euch vorher darüber schlau, wer da sein wird. Auch das geben Autoren gern auf Facebook oder ihrer Website bekannt. Vereinbart einen Gesprächstermin oder probiert es einfach spontan, natürlich nicht im stressigsten Moment. Mit ein bisschen Fingerspitzengefühl kann man so gute Kontakte knüpfen und vielleicht das eine oder andere tolle Projekt landen.

Selbstverständlich gibt es auch Online-Plattformen, auf denen Autoren Buchübersetzer suchen, allen voran Babelcube. Diese Plattform kommt für mich selbst jedoch nicht infrage. Auf Babelcube wird nach einem reinen Tantiemenmodell übersetzt, ohne Grundhonorar. Außerdem nimmt der prozentuale Tantiemensatz für den Übersetzer ab, je besser sich das Buch verkauft. Darin kann ich für mich persönlich keinen Anreiz erkennen. Um seine Bezahlung etwas zu erhöhen, müsste man mithelfen, das Buch zu vermarkten, und so etwas frisst viel Zeit. Für Autoren ist das natürlich eine risikolose Variante, denn sie geben lediglich einen Teil der Tantiemen an Babelcube ab und erhalten die Übersetzung im Gegenzug praktisch kostenlos.

Rechtliche Grundlagen

Ehe ihr euch nun voller Tatendrang in die Kundenakquise stürzt, informiert euch bitte ausgiebig über die Rechtslage. Der deutsche Buchmarkt ist stark reglementiert. Es gibt ein Preisbindungsgesetz, das heißt, die Bücher müssen bei jedem Anbieter zum gleichen Preis erhältlich sein. Hinzu kommt der Titelschutz, der besagt, dass jeder Buchtitel einzigartig sein muss: Ein bereits genutzter Titel darf nicht noch einmal für ein neues Buch verwendet werden, zumindest nicht ohne Einwilligung des Rechte-Inhabers. Und es gilt, die Impressumspflicht zu beachten, die bestimmte Angaben im Buch vorschreibt.

Als Übersetzerin seid ihr in gewissem Sinn der verlängerte Arm der Autorin; sie verlässt sich darauf, dass ihr wisst, was ihr tut, und sie nicht unabsichtlich in rechtliche Schwierigkeiten bringt. Deshalb müsst ihr euch letztendlich genauso gut auskennen wie ein deutscher Selfpublisher. Recherchiert also gründlich, bevor ihr Titel- und Preisvorschläge macht. Achtet darauf, dass ihr in eurer Übersetzung keine Urheberrechte verletzt, zum Beispiel durch Zitate, und dass ihr das Impressum für das frisch übersetzte Buch so gestaltet, dass es rechtskonform ist.

Bedenkt immer, dass sich die rechtliche Situation auf den Buchmärkten in anderen Ländern von der deutschen unterscheiden kann. Informiert euch ausführlich über das Urheberrechtsgesetz – was steht euch zu, welche Rechte gebt ihr an den Autor ab? Hier herrscht auch auf Autorenseite häufig Verwirrung. Meine Kollegin Corinna Wieja und ich haben deshalb einen Autorenleitfaden zum Beauftragen von Übersetzungen ins Deutsche verfasst: „Selling your novel in Germany, or how to end up with a real Krautpleaser". Vielleicht findet ihr ja hier noch den einen oder anderen nützlichen Tipp.

Nutzt alle Weiterbildungsmöglichkeiten für Selfpublisher und werdet zu echten Experten. Dann steht eurem Erfolg und „euren" Büchern praktisch nichts mehr im Weg.

13. Traumjob Spieleübersetzer?

Von Kerstin Fricke

*Kerstin Fricke übersetzt PC- und Konsolenspiele, Belletristik und Graphic Novels aus dem Englischen. Mehr über sie und ihre Arbeit auf ihrer Website **www.kf-uebersetzungen.de** und in ihrem Blog unter **https://pbcat.wordpress.com**.*

Wenn Sie viel und gern am Computer oder an der Konsole spielen, haben Sie sich vielleicht auch schon mal gedacht: Das wäre ein Traum, diese Spiele zu übersetzen! Da kriegt man bestimmt Beta-Versionen und Belegexemplare und kann sein Hobby zum Beruf machen. Aber ist das denn wirklich der Traumjob, den man sich erhofft? Die Realität sieht − wie immer − ein wenig ernüchternder aus.

Ich kann mich noch gut daran erinnern, wie ich früher manchmal vor einem Rollenspiel oder Adventure gesessen und mich über eine unpassende Übersetzung geärgert oder über ein gelungenes Wortspiel gefreut habe. Damals glaubte ich doch glatt, der Übersetzer würde genau dasselbe auf dem Bildschirm vor sich haben wie später die Spieler und könnte die deutschen Texte dann direkt dort eingeben und im Spiel sehen.

Doch der erste Dämpfer kam schneller als erwartet, als ich nicht, wie erhofft, die epischen Dialoge und Questtexte eines angehenden Klassikers übersetzen durfte, sondern plötzlich vor einer endlos langen Excel-Liste mit Gegenstands- und Zaubernamen saß − die natürlich auch nur zum üblichen Wortpreis bezahlt wurde, aber deutlich zeitaufwendiger war.

Oftmals bekommt man das eigentliche Spiel nämlich überhaupt nicht zu Gesicht, da man sehr häufig schon an der Übersetzung der Texte sitzt, wenn die Entwicklung noch lange nicht abgeschlossen ist. Falls man mit viel Glück eine sehr frühe Alpha- oder gar eine Beta-Version erhält und so die Gelegenheit hätte, in das Spiel hineinzuschauen, ist das natürlich alles Zeit, die einem im Allgemeinen niemand bezahlt (es gibt seltene Ausnahmen, in denen bei Großprojekten einige Stunden für das Kennenlernen des Spiels vorgesehen sind und entlohnt werden), außerdem ist es meist viel zu aufwendig, wegen eines bestimmten Begriffs erst im Spiel herumzusuchen. Nicht zu vergessen, dass in der Spielebranche ein enormer Zeitdruck herrscht. Mittlere bis große Spiele beinhalten gut und gern mehrere hunderttausend Wörter (große MMOs auch schon mal ein bis zwei Millionen), und ein Durchsatz von hunderttausend Wörtern pro Woche ist bei Agenturen nichts Ungewöhnliches. Ein Tagespensum von um die zweitausend zu übersetzenden Wörtern wird mindestens vorausgesetzt.

Im Normalfall erhält man vom Auftraggeber nur Excel- und Word-Dateien, die im schlechtesten Fall sogar alphabetisch sortiert sind, hin und wieder aber auch fast schon Drehbuchcharakter haben. Manchmal gibt es auch noch einige Referenzen und Hintergrundinformationen wie Charakterbeschreibungen, Skizzen und erstes Pressematerial, doch das war es meist auch schon. So kann es durchaus passieren, dass man dann einen Blindflug hinlegen muss und beispielsweise bei Dialogen nicht einmal weiß, wer eigentlich gerade mit wem spricht, oder ob „bat" in der Itemliste eines Wimmelbildspiels jetzt für „Fledermaus" oder „Baseballschläger" steht ...

Ist man jedoch mit Referenzmaterial ausgestattet und sitzt an den Texten für ein Spiel, das man selbst gern spielen würde und/oder dessen Thematik einen fasziniert, dann kommt man dem anfänglich erwähnten Traum schon sehr nah.

Agentur oder Direktkunde

Im Allgemeinen erledigen freiberufliche Übersetzer die Spieleübersetzung für eine Agentur oder für den Direktkunden. Agenturen, die sich entweder auf Spiele spezialisiert haben oder diese unter anderem mit anbieten, gibt es reichlich. Wer Interesse hat, für eine dieser Agenturen zu arbeiten, kann sich meist formlos über die Website bewerben und muss dann oft eine Testübersetzung machen (die sich im Bereich zwischen dreihundert und zweitausend Wörtern bewegt). Sehr häufig findet man auch auf ProZ und anderen Portalen Übersetzergesuche, doch da empfiehlt sich ein Blick ins Blue Board oder andere Zahlungspraxislisten, da sich hier auch einige schwarze Schafe tummeln, die entweder schlecht, sehr spät oder gar nicht zahlen.

Direktkunden zu akquirieren, gestaltet sich oftmals schwieriger, da diese meist schon einen festen Stamm an Übersetzern haben und manchmal ebenfalls mit Agenturen zusammenarbeiten, um Großprojekte gleich ganz auszusourcen. Zuweilen hat man jedoch Glück und kommt über ein entsprechendes Übersetzergesuch oder Kontakte direkt in deren Kartei. Der Vorteil des Arbeitens für Direktkunden ist auch im Spielebereich, dass bessere Preise gezahlt werden, außerdem hat man einen direkten Draht zum Kunden (und manchmal auch zu den Testern), sodass Fragen schneller und präziser beantwortet werden können.

Ein weiterer Unterschied (abgesehen von der Bezahlung) ist, dass man bei Agenturen häufig mit einem größeren, manchmal sogar sehr großen Team an der Übersetzung eines Spiels sitzt und sich mit den anderen Übersetzern nur schwer austauschen kann, während man für einen Direktkunden generell allein oder in einem sehr kleinen, eng vernetzten Team tätig wird.

Größere Messen wie die Gamescom oder Entwicklertreffen wie z. B. die Quo Vadis oder die RESPAWN eignen sich nur bedingt für die gezielte Akquise, sondern sind eher für das Netzwerken und Knüpfen von Kontakten hilfreich – wodurch aber auf lange Sicht durchaus auch Aufträge entstehen können.

Kenntnisse

Gerade im Bereich der Übersetzungen von PC- und Konsolenspielen tummeln sich sehr viele Quereinsteiger, die oftmals selbst spielen, und Letzteres ist von unschätzbarem Vorteil. Es ist häufig sogar entscheidend, ob sich der Übersetzer mit den Spielen und Geräten auskennt, denn man bekommt zwar die Glossare von den Kunden gestellt, aber was genau man an den Controllern drückt, zieht oder schiebt und wie bestimmte Ingame-Begriffe normalerweise übersetzt werden, diese Kenntnisse werden vorausgesetzt. Beispielsweise kann „button" je nach Konsole als „Taste" oder „Knopf" übersetzt werden; und wenn man die entsprechenden Richtlinien nicht einhält und das Spiel aufgrund solcher Fehler nicht durch die Prüfung kommt, ist das für den Kunden sehr teuer und ärgerlich.

Außerdem sollte man in der Lage sein, sich kurzzufassen. Bei sehr vielen Spielen (auch gerade im Mobile-Bereich aufgrund der kleineren Bildschirme) gibt es extreme Längen- bzw. Zeichenbeschränkungen, und da ist es manchmal eine wahre Kunst, auf wenig Platz noch die wichtigen Inhalte zu vermitteln, ohne dass gleich ein Abkürzungswirrwarr entsteht.

Ferner arbeitet man oftmals im Team und muss darauf achten, stets das Glossar im Auge zu behalten und zu aktualisieren, damit hinterher alles einheitlich ist und nicht auf einmal mehrere Übersetzungen für ein und denselben Begriff vorhanden sind. Auch Q&A-Sheets, Fragenlisten, die zusammengetragen werden, sind zu beachten – sogar wenn man selbst gar keine Frage gestellt hat, denn es kann hilfreich und sehr informativ sein, die Antworten und Erklärungen der Entwickler zu lesen.

Weiterhin kann es nicht schaden, wenn man kreativ übersetzen kann, nicht vor Slangausdrücken zurückschreckt und sich in der Popkultur auskennt, um eventuelle Anspielungen zu verstehen – man muss kein Nerd sein, aber eventuelle Tendenzen in diese Richtung sind durchaus förderlich.

Übersetzungsprogramme

Da es im Spielebereich sehr häufig Texte mit vielen Wiederholungen gibt, kommen oft Übersetzungsprogramme wie SDL Trados oder MemoQ zum Einsatz. Vor allem Agenturen setzen meist voraus, dass man mindestens eines dieser Programme besitzt und beherrscht, und viele pochen sogar auf eine Staffelbezahlung, um für Wiederholungen und Fuzzy-Matches Rabatte auf den normalen Wortpreis auszuhandeln. Dafür hat man dank dieser Programme und der darin enthaltenen TMs (Translation Memorys) auch eine bessere und schnellere Konkordanzsuche zur Verfügung und kann durch die eingebundenen Glossare zudem eine konsistentere Übersetzung abliefern. Welches dieser Programme man nutzt, ist eigentlich eher Geschmackssache, da alle über vielfältige Importmöglichkeiten verfügen. Es ist übrigens nicht unbedingt ratsam, sich auf eine Fuzzy-Staffelung einzulassen, da gleiche Wörter kontextbedingt trotzdem anders übersetzt werden können und man damit nicht unbedingt weniger Arbeit hat.

Genres

Natürlich besteht die Möglichkeit, einfach alles zu übersetzen, was einem ins Postfach flattert, aber es empfiehlt sich durchaus, sich vor allem in den Genres zu bewegen, die man selbst auch gern spielt und in denen man sich wohlfühlt. Einerseits ist man so mit den Gepflogenheiten und Konventionen vertrauter und kann eine stimmigere Übersetzung abliefern, andererseits arbeitet man auch noch schneller, weil es einem besser von der Hand geht und man sich sicherer fühlt und vielleicht weniger recherchieren muss. Denn wer Ego-Shooter gut übersetzt, ist bei einem Wimmelbildspiel nicht unbedingt richtig aufgehoben, und ein Rollenspielfan könnte sich mit einem Echtzeitstrategie- oder einem Sportspiel möglicherweise auf sehr ungewohntes Terrain begeben. Überdies benötigt man für die Übersetzung vieler Spiele durchaus ein fundiertes Fachwissen, denn bei Sportspielen sollte man die entsprechenden Fachbegriffe parat haben, und selbst bei einem Pferdespiel für Kinder muss man die angemessene Terminologie beherrschen – die Spieler-Community kennt sich in ihren Lieblingsspielen aus und kann gnadenlos sein, wenn es um das Abstrafen einer falschen Übersetzung geht.

Textarten

Bei kleineren Spielen ist es oft so, dass man als freiberuflicher Übersetzer schlichtweg alles übersetzt, damit der deutsche Text aus einem Guss ist, doch bei Großprojekten wird die Textmenge gern aufgeteilt. Dabei unterscheidet man zwischen Itemlisten (also der Auflistung der Gegenstände, die man im Spiel besitzt oder finden kann), den

Onscreens (den Texten, die als reine Bildschirmerklärtexte zu sehen sind, wie beispielsweise Questtexte, Anweisungen, die Benutzeroberfläche usw.) und den Dialogen, die entweder als Untertitel eingeblendet oder später von einem deutschen Sprecher eingesprochen werden. Außerdem gibt es dann noch das Handbuch und manchmal die Website oder Werbetexte und Pressemitteilungen, die ebenfalls übersetzt werden müssen.

Darüber hinaus erhalten viele Spiele noch Updates oder Erweiterungen, die wie die dazugehörigen Patchnotes oftmals Monate oder manchmal sogar Jahre später oder aber bei Onlinespielen in mehr oder weniger regelmäßigen Abständen übersetzt werden müssen.

Besonderheiten

Bei Spieleübersetzungen gibt es, wie auch in manch anderen Bereichen, einige Punkte, die einen regelmäßig vor Probleme stellen, wobei vor allem die Folgenden zu nennen wären:
- Platzhalter. Immer wieder gern genommen, um beliebige austauschbare Begriffe aus beispielsweise einer Item-, Gebäude- oder Namensliste einsetzen zu können. Hat man dann beispielsweise <XXX_378412> als Platzhalter in seinem Ausgangstext, der für „Rüstung", „Helm" oder „Schwert" stehen kann, lässt sich bereits erahnen, welche Probleme sich bei der Übersetzung ergeben, wenn dieser Platzhalter in Dialogen in der Einzahl oder Mehrzahl vorkommt oder gebeugt werden muss – was den Übersetzer gern mal an den Rand der Verzweiflung treiben kann. Oftmals löst man das Problem aus Mangel an anderen Möglichkeiten höchst unelegant, indem man beispielsweise mit Doppelpunkten oder Klammern arbeitet (z. B. „Bring mir: <XXX_378412> x3" für „Bring me 3 <XXX_378412>s.").

- Längenbeschränkungen. Gern auch in Excel-Tabellen, in denen fünfzeilige Texte stehen, die maximal je fünfunddreißig Zeichen lang sein dürfen.
- Zeitdruck. Im Allgemeinen sind die Aufträge eilig. Sehr eilig. Da der Übersetzer zu den Letzten gehört, die in der langen Entwicklungszeit die Texte zu sehen bekommt, ist oftmals nur noch wenig Zeit für die Übersetzung eingeplant. Damit muss man umgehen können, denn das ist der Regelfall und nicht die Ausnahme.
- Glossare. Sowohl die Vorschriften der einzelnen Konsolenhersteller (vom Kunden anfordern, wenn man nichts Aktuelles hat!) als auch die für die einzelnen Spiele existierenden oder während der Übersetzung entstehenden Glossare sind unbedingt zu beachten.
- Es kann vorkommen, dass Dialoge lippensynchron übersetzt oder zeitlich an die Länge des englischen Textes angepasst werden müssen und man dazu als Referenz Audiodateien erhält, die man für jeden einzelnen Dialog anhören muss.
- Besondere Kreativitätsanforderungen. In Spielen ist es nicht ungewöhnlich, mit Rätseln, Gedichten, Liedern oder Slang konfrontiert zu werden, die passend in die Zielsprache übertragen werden müssen. Zuweilen muss man sich auch mal stark vom Original lösen und sehr frei übersetzen.
- Zu guter Letzt sollte nicht unerwähnt bleiben, dass man es nicht immer mit guten Ausgangstexten zu tun hat. Spieletexte werden nicht zwangsläufig von Muttersprachlern geschrieben, daher kann es durchaus vorkommen, dass man mit schwer verständlichen Texten konfrontiert wird und vom Kunden nicht unbedingt Hilfe erwarten kann. Manchmal ist es da allerdings hilfreich, wenn der zu übersetzende Text bereits eine Übersetzung ist und man den Originaltext ebenfalls vorliegen hat, sodass einem selbst eine automatische Übersetzung schon ein wenig Klarheit verschaffen kann.

Fazit

Allgemein empfiehlt sich, Freude oder zumindest ein Interesse an Spielen zu haben, um in diesem Bereich tätig zu werden. Man arbeitet meist mit Word- oder Excel-Dateien, oft wird auch ein Übersetzungstool benötigt. Die in dieser Branche gezahlten Wortpreise (es wird standardmäßig pro Wort abgerechnet) sind sehr unterschiedlich und liegen im Vergleich zu spezialisierten Technikübersetzungen eher im unteren Bereich. Dies lässt sich jedoch teilweise dadurch kompensieren, dass man bei bestimmten Textarten eine größere Wortzahl pro Tag bewältigen kann. Man sollte sich jedoch genau überlegen, bis zu welcher Untergrenze man zu gehen bereit ist – denn es gibt garantiert eine Agentur, die noch weniger zahlen möchte ...

14. Urkundenübersetzungen

Übersetzungen von Urkunden, d. h. Geburts-, Heirats-, Sterbeurkunden usw., von Diplomen, Zeugnissen und anderen Dokumenten, die von Ämtern, Universitäten und anderen offiziellen Stellen angefordert werden, müssen in der Regel „beglaubigt" werden.

Tipp: Es gibt keine „beglaubigten Übersetzungen". Beamte nennen sie so, Privatmenschen ebenfalls, und Sie sollten diesen Ausdruck auch wegen der Suchmaschinenoptimierung auf Ihrer Website verwenden – falsch ist er dennoch. Eine „Beglaubigung" ist laut Wikipedia

> eine amtliche Bescheinigung der Richtigkeit einer Unterschrift oder Abschrift, als öffentliche Beglaubigung durch einen Notar oder als amtliche Beglaubigung durch eine andere landesrechtlich hierzu ermächtigte Behörde. Es ist allgemein eine Bescheinigung, dass Zweitschriften mit dem Original übereinstimmen und speziell im Rechtsverkehr ein gesetzliches Formerfordernis, wonach Unterschriften in bestimmten Verträgen oder Urkunden durch öffentliche Beglaubigung vor einem Notar geleistet werden müssen.

Der Passus für Übersetzungen „mit Stempel" im ZPO (§ 142, (3)) besagt:

> Das Gericht kann anordnen, dass von in fremder Sprache abgefassten Urkunden eine Übersetzung beigebracht wird, die ein Übersetzer angefertigt hat, der für Sprachübertragungen der betreffenden Art in einem Land nach den landesrechtlichen Vor-

schriften ermächtigt oder öffentlich bestellt wurde oder einem solchen Übersetzer jeweils gleichgestellt ist. Eine solche Übersetzung gilt als richtig und vollständig, wenn dies von dem Übersetzer bescheinigt wird. Die Bescheinigung soll auf die Übersetzung gesetzt werden, Ort und Tag der Übersetzung sowie die Stellung des Übersetzers angeben und von ihm unterschrieben werden. Der Beweis der Unrichtigkeit oder Unvollständigkeit der Übersetzung ist zulässig. Die Anordnung nach Satz 1 kann nicht gegenüber dem Dritten ergehen.

Natürlich wird sich kaum ein Amt daran stören, wenn Sie Ihre Übersetzung mit „Beglaubigte Übersetzung" überschreiben. Richtig wäre jedoch die Überschrift „Bescheinigte Übersetzung".

Um bescheinigte Übersetzungen durchführen zu können, müssen Sie sich ermächtigen/beeidigen/vereidigen lassen – die Bezeichnung ist von Bundesland zu Bundesland unterschiedlich. Ebenso unterschiedlich sind die Voraussetzungen für diesen Vorgang – diese erfahren Sie von dem für Ihren Wohnort zuständigen Landgericht. Leider sind auch die Vorschriften, wie die Richtigkeit und Vollständigkeit einer Übersetzung bescheinigt wird, nicht überall dieselben – in manchen Bundesländern brauchen Sie einen ganz bestimmten Stempel, in anderen gar keinen. Allen Bundesländern gemein dürfte sein, dass die Übersetzung ausgedruckt, mit der Kopie des Originals untrennbar verbunden und von Ihnen mit dem Spruch zur Bescheinigung von Richtigkeit und Vollständigkeit vorstehender Übersetzung, Datum und Unterschrift versehen wird.

In Niedersachsen sind laut Landgericht die folgenden Voraussetzungen für die Ermächtigung zu erfüllen:

- polizeiliches Führungszeugnis
- ausdrückliche und persönliche Erklärung, ob ein Leben in geordneten wirtschaftlichen Verhältnissen geführt wird
- ausdrückliche Versicherung, dass der Antragsteller nicht vorbestraft und kein Ermittlungsverfahren gegen ihn anhängig ist
- Abdruck der Auskunft aus dem zentralen elektronischen Schuldnerverzeichnis
- Bescheinigung des zuständigen Insolvenzgerichts, dass kein Insolvenzverfahren über das Vermögen des Antragstellers eröffnet wurde und auch keines mangels Masse abgelehnt wurde
- Nachweis über Sprachkompetenz C 2
- Nachweis über sichere Kenntnisse der deutschen Rechtssprache

Tipps für Urkundenübersetzungen:
- Untrennbar miteinander verbunden werden die Seiten am einfachsten, indem Sie die linke obere Ecke nach hinten umknicken, zusammentackern und Ihren Stempel so auf der Rückseite setzen, dass jedes Blatt einen Teil davon abbekommt. So kann keine einzelne Seite ausgetauscht werden, weil der ja der Teil des Stempeldrucks fehlen würde. Bei mehreren Seiten fächern Sie die Ecke so, dass jede Seite einen Teil des Stempels abbekommt. Bei zu vielen Seiten funktioniert das nicht mehr, dann brauchen Sie eine Ösenzange oder einen PunchNBind.
- Verbinden Sie niemals die Originalurkunde mit Ihrer Übersetzung. Da die beiden Dokumente nicht voneinander getrennt werden dürfen, könnte der Kunde sein Original sonst nie wieder ohne die Übersetzung verwenden. Außerdem wäre das Original zerstört, wenn Sie nachträglich einen Fehler in Ihrer Übersetzung entdecken sollten – immerhin haben Sie die Seiten zuvor untrennbar miteinander verbunden.

- Nennen Sie Privatkunden im Voraus einen festen Pauschalbetrag. Kalkulieren Sie dabei den Formatierungsaufwand mit ein.
- Bestehen Sie bei Privatkunden auf Vorkasse. Da auf eine ordentliche Rechnung ein Lieferdatum gehört, stellen Sie diese dennoch erst nach Fertigstellung der Übersetzung aus und übergeben sie mitsamt der Urkunde – so machen es auch Onlineshops, bei denen Sie erst bestellen, dann bezahlen und erst danach die Rechnung entweder als PDF oder als Ausdruck mit der Ware erhalten.
- Fangen Sie erst an zu arbeiten, wenn Sie das Geld haben. Es gibt Kunden, die bestellen eine Übersetzung, wollen bei Abholung zahlen – und melden sich nie wieder.
- Selbst wenn in Ihrem Bundesland kein Stempel vorgeschrieben ist, sollten Sie sich einen machen lassen – mit Stempel sieht das Dokument einfach offizieller und für den Kunden „echter" aus. In den Stempel können Sie Ihren Titel (bei mir ist das „Vom Präsidenten des Landgerichts Hannover ermächtigte Übersetzerin für die englische und russische Sprache") sowie Ihre Adresse aufnehmen. Sollten Sie bescheinigte Übersetzungen im Agenturauftrag erstellen, mögen die es oftmals nicht so gern, wenn Ihr Stempel Ihre Adresse enthält, insofern wäre die Anschaffung eines zweiten Stempels ohne Adresse anzudenken.
- Wenn der Kunde die Urkunde persönlich bei Ihnen abholen möchte, vereinbaren Sie den Termin nicht zur vollen oder halben Stunde, sondern lieber z. B. um 15.15 Uhr oder 15.45 Uhr. Erfahrungsgemäß kommen Kunden bei so konkreten Angaben pünktlicher, weil sie davon ausgehen, dass Sie alle 15 Minuten einen neuen Termin haben.

Aufträge direkt von Gerichten kommen erfahrungsgemäß nicht allzu häufig vor; in den meisten Städten haben diese Rahmenverträge mit einer Agentur, die die Aufträge an die Übersetzer weiterreicht – natürlich zu entsprechend niedrigeren Zeilenpreisen. Anders kann der Fall liegen, wenn Sie eine Sprache bedienen, die in Ihrer Gegend nicht allzu häufig vorkommt (also nicht unbedingt Englisch) und die Zusammenarbeit mit dieser Agentur verweigern. Wenn Sie für Gerichte arbeiten möchten, schadet es nicht, sich persönlich bei der zuständigen Stelle vorzustellen und Ihre Unterlagen (Nachweis der Ermächtigung, Kurzvorstellung mit angebotenen Sprachen und Preisen, Kontaktdaten) abzugeben.

15. Quereinstieg in den Übersetzerberuf

Von Ilona Riesen

Ilona Riesen ist Fachübersetzerin für die russische Sprache, die über Umwege zu ihrem Traumberuf fand und langsam den Weg von Wirtschafts- und Rechtstexten zur modernen Literatur beschreitet. Das, was sie selbst kann, bringt sie auch gern angehenden Übersetzerinnen bei.
*Internetseite: **www.ilori-translations.com***

Quereinstieg: Umweg oder perfekte Vorbereitung?

Manchmal könnte bei Quereinsteigern, egal in welchem Beruf, der Eindruck entstehen, dass sie entweder einen Umweg gegangen oder irgendwie zufällig in das neue berufliche Betätigungsfeld hineingestolpert sind. Aus meiner Erfahrung muss weder das eine noch das andere zutreffen. Gerade im Übersetzerberuf kann eine der übersetzerischen Freiberuflichkeit vorausgegangene Fachausbildung, ein Studium beziehungsweise eine Berufskarriere die perfekte Vorbereitung und eine sehr vorteilhafte Startposition sein.

Als Beispiel kann eine russische Ärztin dienen, die auch als solche gearbeitet hatte, bevor sie nach Deutschland kam. Nach den ersten Integrationsjahren, dem Erlernen der deutschen Sprache und Kennenlernen des stressigen Krankenhausalltags in Deutschland trifft sie die Entscheidung, sich ihrer Passion – dem Schreiben und

Übersetzen – zuzuwenden. Logischerweise wird medizinische Übersetzung und Dolmetschen im Krankenhaus das primäre Ziel ihrer Selbstständigkeit werden. Sie muss „nur noch" ihr übersetzerisches Können und die deutschen Sprachkenntnisse unter Beweis stellen. Ein weiteres Beispiel ist eine promovierte Soziologin und studierte Sozialarbeiterin, die seit vielen Jahren in diesem Bereich arbeitet. Nach Formalisierung ihrer Qualifikation konzentriert sie sich vorwiegend auf kommunales und Gerichtsdolmetschen und -übersetzen. So lange muss man aber eigentlich gar nicht suchen: Ich bin auf eine gewisse Art und Weise auch Quereinsteigerin. Ein abgebrochenes Übersetzungsstudium in Weißrussland, wirtschaftswissenschaftliches Studium in Deutschland, 11 Jahre Berufserfahrung als Bildungs- und Arbeitsmarktforscherin und die IHK-Übersetzerprüfung führten mich letztendlich zur Freiberuflichkeit als Übersetzerin, Dolmetscherin und Bildungsökonomin mit Russisch, Deutsch und zum Teil Englisch als Arbeitssprachen. Daher sind alle Tipps in diesem Beitrag nicht nur durch abstrakte Überlegungen, sondern auch durch meine persönlichen Erfahrungen und die meiner Kolleginnen geprüft.

Vorteile des Quereinstiegs

Die großen Vorteile dieser Reihenfolge beim Einstieg in den Übersetzerberuf lassen sich schnell aufzählen:

Fachwissen führt zu Spezialisierung

Als Quereinsteiger verfügt man über ein umfangreiches und gesichertes Fachwissen in einem Themenbereich abseits des Übersetzens. Die Frage der Spezialisierung ist damit vorerst geklärt. Außerdem kann man oft auch davon ausgehen, dass jemand, der mehrere Jahre als Ärztin oder Wirtschaftsforscherin gearbeitet hat, ein tieferes und stabileres Fachwissen in dem jeweiligen Fachgebiet hat als eine linguistisch zwar wunderbar ausgebildete Übersetzerin, die aber nie einen OP von innen gesehen hat oder nie selbst eine wirtschaftswissenschaftliche Studie durchgeführt und einen entsprechenden Bericht für das zuständige Ministerium erstellt hat. Die Tiefe und Breite des Fachwissens werden in der Regel noch dadurch gefördert, dass die zukünftige Quereinsteigerin während der ersten Karriere kostspielige und sehr spezialisierte Weiterbildungen durchlaufen hat, die meist auch noch vom Arbeitgeber finanziert wurden.

Das alles sichert das Verständnis und den Überblick über die Zusammenhänge eines Wissensbereichs, die oft durch „Reinlesen" alleine nur mit großer Mühe und Zeitaufwand zu erreichen sind.

Netzwerk bereits vorhanden
Der nächste Punkt ist das berufliche Netzwerk, das in diesem vorübersetzerischen Lebensabschnitt aufgebaut worden ist. Unter günstigen Umständen kennt man nicht nur ein paar Leute, die die Neuigkeit über die startende Selbstständigkeit weitertragen können. Es könnte auch sein, dass unter den Kollegen oder Kunden zukünftige Auftraggeber sind.

Tipp: Bei der Verabschiedung aus dem Unternehmen sollte man allen erzählen, was man jetzt machen will. Optimalerweise verteilt man dann auch schon die neuen Visitenkarten – zusammen mit dem Abschiedskuchen. Wenn man an die früheren Kunden und Partner eine Abschiedsmail schickt, sollte man ebenfalls die neue Tätigkeit erwähnen und die neuen Kontaktdaten hinterlassen.

Breiteres Portfolio oder Diversifizierung in Aktion
Der dritte Vorteil des Quereinstiegs verbirgt sich darin, dass die bisherigen Berufserfahrungen und Qualifikationen

nach wie vor zum Portfolio gehören können. Die (ehemalige) Wirtschaftswissenschaftlerin kann beispielsweise nach wie vor bildungsökonomische Studien im Auftrag von Forschungsorganisationen schreiben, Wirtschaftsunterricht und -seminare geben oder Fachartikel in ihren Arbeitssprachen verfassen. Gerade in der Startzeit, in der man womöglich mit Übersetzungsaufträgen noch nicht ausgelastet ist, kann das ein gutes und stabiles zweites Standbein sein.

Tipp: Analysieren Sie Ihre bisherige berufliche Tätigkeit auf Leistungen, die Ihr freiberufliches Profil logisch und nutzbringend ergänzen. Stricken Sie sich ein schlüssiges, begründetes Bild, und führen Sie die verschiedenen Tätigkeitsbereiche auf Ihrer neuen Website auf.

Verdiente Referenzen
Als Quereinsteigerin fangen Sie nicht unbedingt bei null an. Nutzen Sie den Vorteil und fragen Sie ihre bisherigen Arbeit- und Auftraggeber nach Referenzen. Wenn Sie imstande sind, von heute auf morgen den Quereinstieg aus Ihrem alten Beruf in die übersetzerische Selbstständigkeit zu meistern, dann müssen Sie Ihre Sprachkenntnisse höchstwahrscheinlich in dem bisherigen Beruf auch schon eingesetzt haben. Bitten Sie Ihre Referenzgeber, dies zu erwähnen, beziehungsweise den Fokus im Referenzbrief darauf zu legen. Bei einem freundschaftlichen Verhältnis zum ehemaligen Chef können Sie auch selbst Formulierungen vorschlagen, die aus Ihrer Sicht besonders hilfreich auf Ihrem neuen beruflichen Weg sein könnten und selbstverständlich der Wahrheit entsprechen. Meistens freuen sich die Arbeitgeber, wenn sie etwas weniger Zeit ins Schreiben von Referenzbriefen investieren müssen. Außerdem kennen sie sich wahrscheinlich nicht mit der Übersetzerbranche aus und wissen nicht, was unbedingt erwähnt werden sollte und was eher weniger wichtig ist.

Notwendiges Unternehmer-Know-how
Unter besonders glücklichen Umständen hatten Sie in der ersten Karriere die Gelegenheit, wichtige Erfahrungen in den Bereichen sammeln, in denen angehende Übersetzerinnen in der Regel eher Schwachstellen haben – dem unternehmerischen Know-how. So musste ich am Anfang meiner eigenen Übersetzerkarriere mit Erstaunen feststellen, dass einiges aus meinem wirtschaftswissenschaftlichen Studium, von dem ich nie auch nur die Hälfte des erworbenen Wissens verwenden zu können glaubte, in der freiberuflichen Tätigkeit durchaus ertragreich eingebracht werden konnte. Hier geht es insbesondere um Buchhaltung, Steuern und Marketing. Als Schulinhaberin und -leiterin konnte ich zudem die praktischen Erfahrungen in Projektleitung und Politikberatung wunderbar bei der Organisation von Übersetzerseminaren und -kursen anwenden. Aber auch die Computerkenntnisse und Büroorganisation aus der jahrelangen Bürokarriere waren und sind sehr hilfreich.

Formalisierung der Übersetzerkompetenz

Für all diejenigen, die auf ihrem Fachwissen aufbauen wollen und einen Quereinstieg in den Übersetzerberuf möglichst begründet starten wollen, empfiehlt sich einer der drei Wege zur Formalisierung der sprachlichen und übersetzerischen Kompetenz. Grundsätzlich ist dies in Deutschland zwar nicht vorgeschrieben, da der Beruf bzw. die Berufsbezeichnung nicht geschützt ist. Ich würde dies allerdings jeder unbedingt ans Herz legen, da damit nicht nur das notwendige berufsbezogene Wissen erworben, sondern auch ein Qualitätssignal an die Kunden gesendet wird. Gerade in Deutschland achten Auftraggeber besonders auf Titel und formale Qualifikationen, wenn sie nach Qualität suchen.

Den Übersetzungs-Quereinsteigerinnen stehen also im Grunde drei Wege offen:

- eine IHK-Übersetzerprüfung zur „Geprüften Übersetzerin": In einzelnen Bundesländern bieten Industrie- und Handelskammern eine Fortbildungsprüfung für Übersetzer verschiedener Sprachen an. Meines Wissens muss man sich dabei eigenständig auf diese Prüfung vorbereiten, d. h. von den IHKs selbst werden keine Vorbereitungskurse angeboten. Die Prüfungen orientieren sich am „Rahmenplan mit Lernzielen. Geprüfter Übersetzer/Geprüfte Übersetzerin – Geprüfter Dolmetscher/Geprüfte Dolmetscherin" vom DIHK-Verlag. Durch das Ablegen der Prüfung bestätigt man die Sprachkompetenz in der Ziel- und der Ausgangssprache auf dem Niveau C2. Dabei steht die wirtschaftsbezogene Sprache im Vordergrund. Das zeigt auf, dass diese Qualifikation zwar für Übersetzer schöngeistiger Literatur keinen Vorteil darstellt, für Fachübersetzer aber eine interessante Option ist.
- Die Prüfung an einem staatlichen Prüfungsamt funktioniert auf eine ähnliche Art und Weise wie die IHK-Prüfung. Da solche Prüfungsämter aber nicht in jedem Bundesland existieren, wählt man als Prüfungskandidat eher nach geografischem Prinzip, ob man an einer IHK oder an einem staatlichen Prüfungsamt die Qualifikation der Übersetzerin erwirbt.
- Und ein Studium an der Universität oder Fachhochschule bleibt natürlich auch immer eine Option. Die Hochschulausbildung gibt eine sehr breite und durch Eigenstudium kaum erreichbare Grundlage für einen Berufsstart. Persönliche und berufliche Umstände wie beispielsweise Familie sowie fehlende oder geografisch unerreichbare Studienangebote für bestimmte Sprachen machen das Studium für designierte Übersetzerinnen eventuell ab einem gewissen Alter zu einer weniger attraktiven oder nicht umsetzbaren Option.

RussischSchule als Aus- und Weiterbildungsstätte für Russisch-Übersetzerinnen

Die RussischSchule stellt eine der Optionen dar, sich auf die Übersetzerprüfung bei einer IHK – nämlich der IHK zu Düsseldorf – vorzubereiten. Sie befindet sich ebenfalls in Düsseldorf und bietet Kurse zur Vorbereitung auf die Übersetzerprüfung sowie Workshops für bereits praktizierende Russischübersetzer und -dolmetscher an. Die Inhaberin und Leiterin der Schule bin ich. Dabei werde ich von einem Netzwerk erfahrener Übersetzerinnen und Dozentinnen unterstützt. Die Schule existiert seit über 20 Jahren und befindet sich seit Januar 2013 in meiner Hand.

Die Vorbereitung auf die Prüfung geschieht im Rahmen eines systematischen 2-jährigen Kurses, unterteilt in 4 Semester. Jedes Semester schließt mit einer Semesterprüfung ab, die als Simulation der IHK-Prüfung für „Geprüfte Übersetzerin Russisch <> Deutsch" ausgestaltet ist. Die Kursteilnehmerinnen bekommen dadurch nicht nur einen inhaltlichen, sondern auch einen formalen Einblick in die anstehende Prüfung. Inhaltlich ist der Kurs in 8 Fächer aufgeteilt: Fachübersetzung in den Themenbereichen Wirtschaft, Politik und Recht aus dem Russischen ins Deutsche und in den gleichen Themenbereichen in der umgekehrten Übersetzungsrichtung. Hinzu kommt noch der Aufsatz auf Russisch oder Deutsch, je nach Kenntnissen der Kursteilnehmerin. Die jeweiligen Fachbereiche und Richtungen werden von Übersetzerinnen mit entsprechendem Fachwissen und entsprechender Muttersprache unterrichtet. Im Rahmen des jeweiligen Unterrichts wird dann nicht nur das Übersetzen geübt, sondern auch wirtschafts-, politik- und rechtsbezogenes Wissen beigebracht.

Die Teilnehmerinnen sind meist weibliche Erwachsene, die bereits eine Karriere oder ein Studium in einem anderen oder ähnlichen Bereich durchlaufen haben und nun ihre

Qualifikation erweitern bzw. eine neue Karriere starten wollen. Die meisten sind russische Muttersprachlerinnen. Ungefähr die Hälfte hatte ihre erste Karriere vor ihrer Einreise nach Deutschland. Die anderen haben in Deutschland ein Studium in einem anderen Fach absolviert und eventuell bereits gearbeitet, möchten nun aber auch ihre Muttersprache beruflich einsetzen. Wir haben beispielsweise ehemalige Ärztinnen, Theaterregisseurinnen, Wirtschaftswissenschaftlerinnen, Linguistinnen, Sprachlehrerinnen, Geografinnen und Ingenieurinnen.

Dass die Fortbildung gut auf die Prüfung vorbereitet, zeigt zum einen die schulinterne Statistik: 95 Prozent unserer Absolventinnen bestehen beim ersten Versuch mindestens einen Teil der Prüfung. Zum anderen ist die Schule immer wieder bei der jährlichen IHK-Bestenehrung vertreten, bei der die besten Absolventinnen der Aus- und Fortbildungsprüfungen prämiert werden. Auch mir wurde mal die Ehre zuteil, persönlich in der Düsseldorfer Oper diese Art von Ehrung entgegenzunehmen.

Die Schule bemüht sich, am Puls der Zeit zu bleiben, und setzt immer mehr auf Virtualisierung und Individualisierung. Das äußert sich darin, dass das Fortbildungsprogramm für Übersetzerinnen immer mehr auf individuelle Bedürfnisse abgestimmt wird, z. B. kann man nach einem Wirtschaftsstudium mit sehr guten Russisch- und Deutschkenntnissen einen strafferen Kurs durchlaufen, bei dem auf die Theorie im Fach Wirtschaft in einer der Sprachen oder in beiden verzichtet wird. Für Teilnehmerinnen mit sehr weiter Anreise gibt es ein flexibles Blended-Learning-Programm, bei dem ein Teil des Kurses im Online-Einzelunterricht absolviert wird. Im Rahmen der individuellen Schulangebote kann auch gezielt beispielsweise wirtschafts- oder rechtsbezogenes Übersetzungs-Einzeltraining gebucht werden.

Seit 2013 bietet die RussischSchule auch ein- bis zweitägige Weiterbildungen für bereits praktizierende Übersetzerinnen und zum Teil Dolmetscherinnen an. Die Idee, so etwas anzubieten, entstand aus dem Bedarf nach Angeboten, die auf die russische Sprache zugeschnitten sind. Es gibt in Deutschland zwar auch andere Weiterbildungsanbieter für Übersetzer, meist sind jedoch die Seminare entweder sprachunabhängig oder auf andere – verbreitetere – Sprachen ausgerichtet. In der RussischSchule werden beispielsweise angeboten: Russische Grammatik für Übersetzer, Rechnungswesen in russischen und deutschen Konzernen nach HGB und IFRS, Urkundenübersetzen, Notariats-, Gerichts-, Kommunaldolmetschen und -übersetzen oder auch ein ausführlicher Einblick in die Anerkennungspraxis und Bildungssystemvergleich – alles für das Sprachenpaar Russisch-Deutsch. Andere spannende Weiterbildungsthemen sind geplant.

Tipps

Langsam umsteigen

Aus meiner persönlichen Erfahrung und vorausgesetzt den Fall, dass Sie auf Sicherheit bedacht sind und nicht direkt ins kalte Wasser der Freiberuflichkeit hineinhüpfen wollen, empfehle ich einen „langsamen Abgang". Kündigen Sie Ihren bisherigen Job nicht sofort, sondern erst, wenn Sie Kunden und Einkünfte aus Übersetzungsaufträgen haben und dies mit hoher Wahrscheinlichkeit auch für die Zukunft zutreffen wird. Zudem können Sie viele Vorbereitungen treffen, bevor Sie gekündigt haben. Das betrifft insbesondere Tätigkeiten, die unter Umständen keinen zeitnahen Ertrag bringen, wie Marketing und Weiterbildungen. So könnten Sie schon mal am Wochenende und im Urlaub die neue Webpräsenz erstellen und online schalten, Logo, Visitenkarten und gegebenenfalls Briefpapier designen (lassen) und sich in CAT-Tools und Buchhaltungs- und Steuersoftware einarbeiten. Je nachdem, wie flexibel ihr Arbeitgeber ist, ist auch eine stufenweise Senkung der Arbeitsstunden, z. B. von einer Vollzeitstelle auf eine halbe Stelle, denkbar. Dann haben Sie Zeit und Kraft, Ihre Selbstständigkeit zu starten, gleichzeitig sind aber die Miete und die Krankenversicherung gesichert.

Alte Kontakte weiter pflegen
Nach dem kompletten Umstieg ist das Erhalten eines guten Verhältnisses zum ehemaligen Arbeitgeber, Chef, zu Kollegen und Geschäftspartnern unbedingt zu empfehlen. Neben der sozialen Komponente ist hier auch die berufliche nicht zu vernachlässigen: Zum einen bleiben Sie besser in Erinnerung, wenn Sie ab und an bei Kollegentreffen oder Karnevalsfeiern auftauchen und über Ihre Selbstständigkeit plaudern. Zum anderen werden Sie eher von Ihren Ex-Kollegen weiterempfohlen, wenn sie Sie nett und freundlich finden und etwas mehr über Ihre Selbstständigkeit wissen.

Weiterbildung: Kein Ausruhen auf alten Lorbeeren
Auch wenn Sie eine erstklassige Expertin in einem hochkomplexen Physik- oder Informatikbereich mit internationalen Auszeichnungen waren – das Wissen veraltet. Es veraltet sogar sehr, sehr schnell. Das heißt, Sie sollten kontinuierlich auf Neuentwicklungen in Ihren Spezialisierungsbereichen achten und immer wieder entsprechende Weiterbildungen besuchen. Je nachdem, wie eng Ihre Spezialisierung ist und ob Sie ausbaufähige weitere Sprachkenntnisse besitzen, könnten Sie Ihre Angebotspalette auch auf benachbarte Fachbereiche ausweiten oder eine weitere Ausgangssprache dazu nehmen und Übersetzungen aus dieser Sprache anbieten.

16. Korrekturlesen

Als Profi wissen wir, dass die Übersetzungen, die wir erstellen, nichts mit den Übersetzungsübungen zu tun haben, die wir damals in der Schule abliefern mussten. Genauso wenig hat das Korrekturlesen im professionellen Bereich etwas mit der Lehrertätigkeit zu tun.

Korrekturlesen passiv

Jede gute Agentur wird die Texte ihrer freiberuflichen Übersetzerinnen Korrektur lesen lassen. Das tut die Agentur nicht, weil sie den Übersetzerinnen mit Misstrauen begegnet oder nach Fehlern sucht, um den Preis drücken zu können, sondern weil sie weiß, dass kaum jemand in der Lage ist, alleine einen Text absolut fehlerfrei zu erstellen; und je länger der Text ist, desto unwahrscheinlicher ist die Fehlerfreiheit. Die Korrekturleserin wird also nicht eingesetzt, um Ihnen Ihre Fehler aufs Brot zu schmieren und Sie zu belehren, sondern weil ein Text, der nach dem Vier-Augen-Prinzip bearbeitet wird, dadurch besser wird.

Es gibt drei Arten von Fehlern in Übersetzungen:

Tippfehler. Diese sind nicht grundsätzlich auf Schludrigkeit zurückzuführen, sondern schlicht menschlich. Ihr Gehirn ist in der fantastischen Lage, Fehler auszublenden und glattzubügeln. Meist reicht es, nur den ersten und den letzten Buchstaben eines Wortes mit ein bisschen Kontext drumherum zu erkennen, und schon hat es das Wort erfasst. Leider übersieht man deshalb auch Tippfehler im eigenen Text. Das Gehirn weiß ja, was an einer Stelle stehen soll, und liest das Wort deshalb auch entsprechend.

Rechtschreib- und Grammatikfehler. Der Nachteil an der Muttersprache ist, dass wir sie intuitiv gelernt haben, und damit ohne all die theoretischen Regeln. Wir sprechen und schreiben nach Gefühl, und manchmal täuscht uns das. Erschwerend kommt hinzu, dass sich die Umgangssprache teilweise deutlich von der Schriftsprache unterscheidet und die Fehlerquote in Zeitungen und Zeitschriften, gerade im Internet, immer höher zu werden scheint. Und so schreiben Sie vielleicht seit Jahren „z.B." und wissen gar nicht, dass es sich um die Abkürzung von zwei Wörtern handelt, zwischen die natürlich ein Leerzeichen gehört: „z. B.".

Übersetzungsfehler. Sicherlich ist es Ihnen auch schon einmal passiert, dass Sie in einem Originaltext ein Wort übersehen haben und der Satz somit einen komplett anderen Sinn ergibt. Das übersehene Wort wird Ihnen auch beim dritten Mal Durchlesen nicht auffallen, weil Ihr Gehirn nur das liest, was es erwartet.

Gegen alle drei Arten dieser Fehler hilft eine Korrekturleserin.

Ich weiß aus eigener Erfahrung, wie unangenehm es ist, korrigiert zu werden. Jedes Mal, wenn ich einen Text aus dem Korrektorat zurückbekomme, steigt mein Puls, und ich fühle mich mit jeder einzelnen Änderung persönlich angegriffen. Das ist jedoch genau die falsche Reaktion. Sehen Sie sich und die Korrekturleserin vielmehr als Team: Sie arbeiten zu zweit am perfekten Text. Wenn Sie jedoch das Gefühl haben, dass die Korrekturleserin Sie belehrt oder sich gar über Ihre Fehler lustig macht, sollten Sie sich unbedingt eine neue Dienstleisterin suchen.

Eine Korrekturleserin spart Ihnen auch jede Menge Arbeit, Zeit und Geld, denn in der Zeit, die Sie sonst für das doppelte und dreifache Durchlesen Ihres Textes brauchen, können Sie bereits den nächsten übersetzen und mehr Geld verdienen als die Korrekturleserin, die Ihren Text währenddessen nur ein- bis zweimal durchlesen muss.

Verzichten Sie deshalb nie auf den Korrekturdurchgang, weil Sie das Geld lieber für sich behalten möchten. Das ist Betrug am (Direkt-)Kunden. Der erwartet einen fehlerfreien Text, und ohne Korrekturdurchgang können Sie nicht sicher sein, dass Sie gerade wirklich einen fehlerfreien Text abliefern. Somit erhöht sich die Wahrscheinlichkeit einer Beschwerde des Kunden – und genau dann kostet Sie der Verzicht auf den Korrekturdurchgang mehr Zeit und Geld als das Korrektorat selbst. Bei einer Agentur hingegen ist das Korrektorat Ihrer Übersetzung nicht Ihre Aufgabe. Deshalb liegt der Wortpreis für eine Agentur in der Regel rund ein Drittel niedriger als der für einen Direktkunden: weil man die Korrekturleserin nicht bezahlen muss. Ich persönlich finde es verwerflich und höchst unprofessionell, von einem Direktkunden mehr Geld zu verlangen als von einer Agentur, aber nicht mehr zu leisten.

Überraschend oft werde ich gefragt, was man denn einer Korrekturleserin so zahlt, und meine Antwort ist jedes Mal: exakt das, was sie verlangt. Manche Korrekturleserinnen rechnen nach Wort ab, andere nach Seiten, andere nach Stunden. Wie wir Übersetzerinnen sind auch Korrekturleserinnen Freiberuflerinnen und legen somit ihre Preise selbst fest.

Wie Sie eine gute Korrekturleserin finden? Am besten ist es meiner Erfahrung nach, jemanden zu beauftragen, den man weder persönlich noch über soziale Netzwerke kennt, sondern eine vollkommen fremde Person. Die beste Wahl ist auch oftmals keine andere Übersetzerin, sondern entweder jemand, der sich sehr gut in der deutschen

Rechtschreibung auskennt, also eine professionelle Korrekturleserin, oder jemand, der sich besonders gut im Fachgebiet auskennt. Erstens halte ich diese Profis auf ihrem Gebiet für kompetenter und zweitens werden Sie sich dadurch, dass es sich um keine direkte Konkurrentin handelt, weniger angegriffen fühlen und auch weniger angegriffen werden. Außerdem leidet kein sozialer Kontakt darunter, wenn Sie beruflich doch nicht zueinanderpassen.

Womöglich müssen Sie mehrere Frösche küssen, bis Sie die perfekte Teampartnerin gefunden haben, und vermutlich benötigen Sie auch mehrere Partnerinnen für unterschiedliche Textsorten und Ansprüche. Aber glauben Sie mir: Wenn Sie erst einmal die perfekten Teampartnerinnen gefunden haben, werden Sie merken, wie gut diese Ihrer Arbeit und auch Ihnen tun, und Sie werden nie wieder auf sie verzichten wollen.

Korrekturlesen aktiv

Das Gute daran, wenn Sie eine Korrekturleserin beschäftigen, ist, dass Sie so gut in puncto Rechtschreibung und Grammatik werden, dass Sie für andere Personen Texte Korrektur lesen können. Das betrifft nicht nur Übersetzungen, sondern auch vom Kunden erstellte Texte, die vor dem Druck auf Fehlerfreiheit überprüft werden müssen.

Nun gibt es gute und schlechte Korrekturleserinnen, was ich in diesem Fall nicht auf die sprachliche Kompetenz beziehe, sondern auf den Umgang mit den Fehlern. Eine schlechte Korrekturleserin spielt sich auf wie eine Lehrerin, streicht den Fehler nicht nur an und korrigiert ihn, sondern fügt auch noch hämische Kommentare ein. Oder formuliert Sätze nach eigenem Geschmack um und verändert damit mutwillig den von der Autorin gewählten Stil des Textes. Richtig schlimm wird es, wenn die Korrekturleserin ein abschließendes Urteil abgibt. Also alles, was eine Lehrerin in der Schule macht.

Eine gute Korrekturleserin korrigiert einfach nur Fehler. Macht Verbesserungsvorschläge, kennzeichnet diese jedoch unbedingt als Vorschläge. Eine gute Korrekturleserin respektiert das Original und mischt sich niemals in den Stil ein. Sehr nett vom Kunden wird es auch aufgenommen, wenn man bei Abgabe dazu schreibt, dass es zwar nach vielen Korrekturen aussieht, es sich jedoch im Grunde nur um zwei sich wiederholende Fehler handelt oder um Fehler, die so ziemlich jeder Deutsche macht, der Text sich jedoch sehr gut liest. Dann fühlt sich der Kunde gleich viel besser und weniger gemaßregelt. Auch Kunden wollen gelobt werden!

Wenn Sie für eine Agentur Korrektur lesen, werden Sie in der Regel pro Wort bezahlt; üblich ist der halbe Wortpreis, den Sie sonst für eine Übersetzung verlangen. Durch die Anonymität – die Korrekturleserin weiß nicht, wer die Übersetzung verfasst hat – ist es oftmals sehr verführerisch, sich richtig am Text auszutoben. Der Agentur zu zeigen, dass man selbst die Übersetzung viel besser gemacht hätte. Durch viele Korrekturen zu belegen, dass man auch wirklich gearbeitet hat für das Geld. Ich wette, über solche Korrekturleserinnen haben Sie sich selber schon mal aufgeregt. Und auch die Agenturen kennen den Trick mit den vielen sinnfreien Änderungen und meiden solche Korrekturleserinnen. Auch weil sie wissen, dass die Fehlerquote mit der Anzahl der Änderungen steigt und das Korrektorat somit nicht seinen Zweck erfüllt. Also seien Sie fair: Begegnen Sie der Übersetzerin und ihrem Text mit Respekt. Die fremde Person ist nicht pauschal inkompetent, nur weil Sie mit dem Korrektorat beauftragt wurden. Nehmen Sie dennoch nie einen Korrekturauftrag von einer Agentur zum Wortpreis an, ohne den Text gesehen zu haben! Manchmal sind die Übersetzungen nämlich tatsächlich kompletter Murks und nicht für das Geld in Ordnung zu bringen. Auf der sicheren Seite sind Sie immer mit einem Stundensatz – auf den sich jedoch die wenigsten Agenturen einlassen. Also immer erst den Text ansehen, abschätzen, wie lange Sie für das Korrektorat brauchen werden, die Zeit in Stunden mit Ihrem Stundensatz multiplizieren und die Endsumme anschließend durch die Anzahl der Wörter teilen. Und schon haben Sie einen Wortpreis für ein Korrektorat, mit dem Sie zufrieden sind.

Behandeln Sie Ihre Kunden stets so, wie Sie selbst behandelt werden möchten. Wenn Sie es nicht mögen, wenn die Korrekturleserin unnötige Änderungen an Ihrem Text vornimmt, dann tun Sie das auch nicht bei den Texten Ihrer Kunden. Wenn Sie nicht belehrt werden möchten, dann tun Sie das auch nicht mit Ihren Kunden. Und wenn Sie Ihre Preise selbst bestimmen möchten, dann überlassen Sie die Preisbestimmung auch Ihrer Korrekturleserin. So einfach ist das.

17. Erreichbarkeit

Stellen Sie sich vor, Sie suchen für einen Kunden eine Kollegin für eine Übersetzung in eine Sprache, die Sie selber nicht anbieten. Sie suchen sich, auf welchen Wegen auch immer, eine geeignete Kandidatin heraus und mailen ihr oder rufen an, und da sie nicht da ist, sprechen Sie auf den Anrufbeantworter. Vormittags um 10 Uhr, also zu einer völlig üblichen Bürozeit. Und dennoch erhalten Sie erst am nächsten Tag um 22 Uhr eine Antwort. Das erweckt nicht unbedingt den Eindruck, als würde die Übersetzerin ihre Tätigkeit hauptberuflich betreiben, oder? Auf jeden Fall dürften Sie sich bis dato für eine andere Kollegin entschieden haben.

Erreichbarkeit ist ein ganz wichtiger Punkt. Die meisten Aufträge sind recht dringend, und Unternehmen setzen zu Recht voraus, dass die Übersetzerin natürlich zu den üblichen Geschäftszeiten erreichbar ist. Eine verspätete Antwort bedeutet entweder Desinteresse oder schlicht, dass die Mails nur selten gecheckt werden, sprich, dass Sie nur selten am Computer sind, sprich, eventuell nicht der hauptberuflich arbeitende und erfahrene Profi sind, nach dem gesucht wird. Da Aufträge, die an mehrere Kandidatinnen verschickt werden, derjenigen erteilt werden dürften, die das erste akzeptable Angebot abgibt, ist eine ständige Erreichbarkeit – innerhalb der üblichen Geschäftszeiten – unabdingbar.

Natürlich müssen Sie nicht von 9 bis 17 Uhr am PC sitzen, wenn Sie gerade keinen Auftrag zu bearbeiten oder andere Termine haben. Glücklicherweise ist das auch gar nicht nötig. Das klassische Mittel für ständige Erreichbarkeit ist die **Anrufweiterleitung.** Leiten Sie Anrufe an Ihre

Festnetznummer auf Ihr Handy weiter und verpassen Sie keinen Anruf. Dies ist etwas mit Vorsicht zu genießen, denn wer möchte schon den Anruf eines potenziellen Neukunden entgegennehmen, wenn sie gerade mit quengelnden Kindern um sich herum an der Kasse des Supermarkts steht? Der Schuss könnte nach hinten losgehen. Außerdem trudeln die meisten Anfragen erfahrungsgemäß per E-Mail ein. Wenn Sie also noch kein Smartphone haben, sollten Sie diese Investition unbedingt in Erwägung ziehen.

Mit einem **Smartphone** können Sie Ihre E-Mails empfangen, egal, wo Sie sich gerade befinden – selbst an der Kasse vom Supermarkt mit quengelnden Kindern um sich herum. Sie verpassen keine Anfrage mehr! Ein ausführliches Angebot sollten Sie anschließend am heimischen Computer erstellen, kurze Antworten jedoch gern sofort vom Smartphone aus versenden, z. B. die Bestätigung, dass Sie die Mail erhalten haben und zeitnah ausführlich beantworten werden. So fühlt sich der Kunde betreut, kann beruhigt auf Ihre versprochene E-Mail warten und braucht keine andere zu kontaktieren für den Fall, dass Sie sich nicht melden. Verwenden Sie auch für E-Mails vom Smartphone aus unbedingt eine Signatur und zusätzlich dazu den Vermerk: „Von meinem Mobiltelefon gesendet" (so oder ähnlich). Mit diesem Zusatz erklären Sie die Kürze der Mail – auf dem Smartphone tippt man in der Regel keine Romane – und auch den einen oder anderen möglichen Tippfehler – auf dem Smartphone zu tippen ist nun einmal nicht so komfortabel wie mit einer richtigen Tastatur. Darüber hinaus weiß der Kunde so, dass Sie jederzeit erreichbar sind und er sich darauf verlassen kann, dass Sie eine potenziell dringende Anfrage von ihm zeitnah beantworten werden. Auch das macht den gewünschten professionellen Eindruck.

Für Sie selbst hat der Besitz eines Smartphones den angenehmen Effekt, den Computer ausschalten zu können, wenn Sie gerade keinen Auftrag haben: So können Sie sich mit ganz anderen Dingen beschäftigen, ohne dabei befürchten zu müssen, eine lukrative Anfrage zu verpassen. Ganz besonders praktisch ist der Empfang von E-Mails auf dem Smartphone bei Kunden in den USA: Stellen Sie sich vor, um 17 Uhr Ortszeit sucht ein Projektmanager dringend nach einer Übersetzerin, die bis zum nächsten Tag um 9 Uhr Ortszeit 1.000 Wörter übersetzen kann. Durch die Zeitverschiebung erreicht Sie diese Anfrage um 23 Uhr und somit um eine Uhrzeit, zu der Sie vermutlich nicht mehr am Computer sitzen. Wenn Sie diese E-Mail auf dem Smartphone empfangen, können Sie den Auftrag auch um 23 Uhr noch bestätigen und die 1.000 Wörter bequem am nächsten Vormittag übersetzen – immerhin haben Sie bis 15 Uhr Zeit. Ohne Smartphone geht Ihnen dieser Auftrag durch die Lappen, denn bis Sie am nächsten Morgen wieder am Computer sitzen, schläft der PM bereits und findet Ihre Antwort erst, wenn die Deadline bereits erreicht ist. Insofern kann ein Smartphone ein ganz erheblicher Wettbewerbsvorteil sein!

Ergänzen lässt sich das Smartphone mit einer **Smartwatch**. Die gibt es in unterschiedlichen Preisklassen und mit unterschiedlichen Features, doch eines haben sie alle gemeinsam: Sie empfangen die Mitteilungen, die auf Ihrem Smartphone landen. So müssen Sie das Telefon bei einem Ping noch nicht einmal aus der Tasche kramen, wenn Sie gerade beim Shoppen sind – Sie können mit einem Blick auf das Handgelenk erfahren, wer Ihnen was geschrieben hat. So verpassen Sie wirklich keine Nachricht mehr!

Innerhalb derselben Zeitzone jedoch müssen und sollten Sie auch nicht außerhalb der üblichen Bürozeiten sofort reagieren. Es kann natürlich sein, dass eine Antwort um

3 Uhr morgens engagiert aussieht. Sie kann jedoch auch den gegenteiligen Effekt haben. Vielleicht wecken Sie durch eine so außerhalb der üblichen Geschäftszeiten versandte Antwort den Eindruck, als hätten Sie sich nach dem Kneipenbesuch noch eben an den Computer gesetzt. Oder als hätten Sie tagsüber einen Angestelltenjob und widmeten sich nur nach Feierabend und als Nebentätigkeit Ihren Übersetzungen. Oder Sie senden das Signal, wirklich jederzeit erreichbar zu sein, und auf einmal erwartet der Kunde am Sonntag eine Antwort und reagiert negativ, wenn diese erst am Montag erfolgt. Ein Profi trennt Berufliches und Privates und somit auch Arbeitszeit und Freizeit. So vermeiden Sie außerdem das Burnout-Syndrom.

Wenn Sie in den Urlaub fahren oder einfach nur einen kompletten Tag lang wirklich gar nicht erreichbar sind, empfiehlt sich unbedingt das Einrichten eines **Autoresponders.** So erhält jeder, der eine Mail an Ihre geschäftliche E-Mail-Adresse sendet, automatisch die Antwort, dass Sie von dann bis dann nicht erreichbar sind. So weiß der Absender Bescheid, dass er bis zu Ihrer Rückkehr keine Antwort zu erwarten hat, und kann sich entweder nach einer Ersatzübersetzerin umsehen oder auf die Antwortzeit einstellen. Erhält er jedoch tagelang gar keine Reaktion, ist dies unter Umständen überaus ärgerlich und der Kunde weg, noch bevor Sie aus dem Urlaub zurück sind.

Tipp: Legen Sie sich zwei E-Mail-Adressen zu, z. B. eine mit Ihrer Domain für geschäftliche Zwecke: Diese steht auf Ihrer Website, und Sie verwenden sie für die Korrespondenz mit Kunden und Geschäftspartnern. Eine weitere Adresse, die ruhig von einem kostenlosen Anbieter stammen kann, verwenden Sie für Einkäufe im Internet, das Abonnieren von Newslettern, für die Teilnahme an Foren usw. Diese Vorgehensweise hat erhebliche Vorteile, z. B. im Urlaubsfall, wenn Sie einen Autoresponder einrichten möchten. Wenn Sie dies nur für die geschäftliche E-Mail-Adresse tun, nerven Sie so keine Teilnehmer an Mailinglisten, die auf jeden Betrag hin Ihren Autoresponder lesen müssen. Ferner können Sie so besser filtern, welche E-Mails Sie auch in Abwesenheit erhalten möchten; so empfange ich im Urlaub nur die E-Mails über meine geschäftliche Adresse, während ich von der ganzen Werbung und Beiträgen auf Mailinglisten usw. auf dem Smartphone verschont bleibe.

Manche Übersetzungsagenturen, gerade im Ausland, erwarten die Erreichbarkeit über **Skype.** Mit Skype kann man nicht nur kostenlos telefonieren, sondern auch chatten und somit schneller kommunizieren als per E-Mail. Der Download ist kostenlos unter ***www.skype.com***, und mit der entsprechenden App sind Sie auch mobil jederzeit über Skype erreichbar. Haben Sie und Ihr Kunde sich gegenseitig auf der Kontaktliste, sieht der Kunde, wenn Sie online sind, und weiß, dass er Sie bei einer Anfrage eben schnell nach Ihrer Verfügbarkeit fragen kann – und wird das viel eher tun, als eine Kollegin per E-Mail zu kontaktieren und wer weiß wie lange auf ihre Antwort zu warten. Ähnliches gilt für ICQ oder andere Chatprogramme. Nicht unbedingt notwendig, aber es zu haben, schadet auch nicht. Könnte ein Wettbewerbsvorteil sein!

Faxe sind zwar selten geworden, aber es gibt sie noch, die Leute, die keinen Scanner, aber ein Faxgerät haben. Insofern empfiehlt es sich für Sie, Faxe empfangen zu können. Dies ist ein zusätzlicher Service, den Sie mit Angabe Ihrer Faxnummer im Impressum Ihrer Website zeigen. Dafür brauchen Sie noch nicht einmal ein strom- und papierfressendes Faxgerät, eine virtuelle Faxnummer tut es auch. Diese können Sie sich bei einigen Anbietern im Internet kostenlos zulegen, und schon werden Ihnen Faxe, die an diese Nummer versandt wurden, per E-Mail zugestellt.

Diese Methode hat auch den Vorteil, dass Sie Werbefaxe einfach löschen können. Noch besser ist es freilich, Sie lassen sich von Ihrem Telefonanbieter eine zusätzliche Telefonnummer mit Ortsvorwahl geben und leiten Faxe, die an diese Nummer gesendet werden, auf Ihre virtuelle Faxnummer um. Eine Faxnummer mit derselben Vorwahl wie Ihre Telefonnummer sieht einfach professioneller aus. Wenn Sie eine Fritzbox haben (und die ist echt praktisch, allein schon wegen der Möglichkeit, Anrufernummern blockieren zu können), können Sie auch damit Faxe empfangen und sich diese per E-Mail zuschicken lassen.

18. E-Mail-Regeln

Beim geschäftlichen E-Mail-Verkehr gibt es ein paar Grundregeln, deren Beachtung zwar selbstverständlich sein sollte, die leider aber immer wieder gebrochen werden:

- Stellen Sie Ihr E-Mail-Konto so ein, dass als Absender Ihr voller Name erscheint und nicht Ihre E-Mail-Adresse, nur der Vorname, Ihre Initialen o. Ä. Der Empfänger möchte auf den ersten Blick sehen, mit wem er es zu tun hat.
- Achten Sie auf eine aussagekräftige Betreffzeile. Wenn Sie eine Anfrage beantworten, fällt dieser Punkt in der Regel weg, da behalten Sie einfach die Betreffzeile des Absenders bei. Hat er diese leer gelassen, tragen Sie dort „Ihre Anfrage vom … Übersetzung EN-DE" oder Ähnliches ein. Verwenden Sie keine nichtssagenden Betreffzeilen wie „Angebot" – diese werden gern von Spammern verwendet, und dementsprechend groß ist das Risiko, dass Ihre E-Mail im Spamordner landet und gar nicht erst gelesen wird. Selbiges kann passieren, wenn Sie die Betreffzeile leer lassen.
- Es muss kein formelles „Sehr geehrte(r)" sein, eine Begrüßungsformel ist jedoch Pflicht. Wir Norddeutschen haben da das wunderbare „Moin", das universell eingesetzt werden kann und sehr sympathisch wirkt. Passen Sie Ihre Anrede im Zweifelsfall der E-Mail an, auf die Sie reagieren: Hat der Absender Kunde „Hallo, Frau Pipapo" geschrieben, können Sie getrost ebenfalls zum „Hallo" greifen. Das Gleiche gilt bei englischsprachigen Kunden: Spricht Sie dieser mit dem Vornamen an, können Sie das umgekehrt auch tun, schreibt er jedoch Mrs Sowieso, auf keinen Fall! Die Stilebene wird vom Kunden festgelegt, nicht von Ihnen als Dienstleister.

- **Sprechen Sie den Empfänger mit Namen an.** Achten Sie hierbei auf die richtige Anrede. Wer einen Doktortitel hat, möchte in der Regel auch damit angesprochen werden; das Gleiche gilt für Professoren. Weibliche Personen werden mit Frau angesprochen und männliche mit Herr. So problemlos ist das leider nicht, man denke da an Andrea, die im Deutschen weiblich und im Italienischen männlich ist. Bei ausländischen Namen müssen Sie gegebenenfalls recherchieren; eine falsche Anrede ist peinlich, sich hingegen die Mühe zu machen, nach der richtigen Anrede zu suchen, zeugt von Engagement und echtem Interesse an dem Auftrag.
- **Duzen Sie Ihr Gegenüber nicht.** Das mag im Internet und unter Kolleginnen Usus sein, nicht jedoch im geschäftlichen E-Mail-Verkehr.
- **VERMEIDEN SIE GROSSBUCHSTABEN.** Und unbedingt doppelte Ausrufezeichen!!!! Oder sind Fragezeichen in Kombination mit Ausrufezeichen schlimmer??!! Wiederholte Punkte hingegen ... machen einen fahrigen Eindruck ... als seien Sie gedankenverloren ... und wüssten nicht recht, was Sie sagen wollen ... Ich denke, Sie merken selber beim Lesen, welche Wirkung diese Satzzeichen beim Leser haben.
- **Nutzen Sie Groß- und Kleinschreibung.** Bei privaten e-mails mag es in ordnung sein, alles in kleinbuchstaben zu schreiben, bei geschäftlichen e-mails hingegen ist die konsequente kleinschreibung ärgerlich und zeugt von bequemlichkeit und faulheit.
- **Smileys haben in geschäftlichen E-Mails nichts zu suchen. Auf jeden Fall nicht beim Erstkontakt** – wenn Sie sich besser kennen, mag das anders aussehen. Smileys sind kindisch und auch hier gilt: Der Kunde legt die Stilebene fest; Sie passen sich dieser an.
- **Eine Signatur** unter Ihren geschäftlichen E-Mails **muss sein,** da beißt die Maus keinen Faden ab. Der Kunde muss sehen, mit wem er es zu tun hat und wie er Sie er-

reichen kann. E-Mails ohne Signatur erwecken immer den Eindruck, der Absender wolle seine Identität verschleiern. Insofern gehört unter jede E-Mail Ihr Absender: Name, Adresse, Telefonnummer und natürlich auch der Link zu Ihrer Website – Sie haben ja etwas zu verkaufen! Diese E-Mail-Signaturen lassen sich mit einem Logo o. Ä. auch wunderbar individuell und attraktiv gestalten.

- Überprüfen Sie Ihre fertige E-Mail auf Tippfehler. Mehrmals. Es ist fraglich, ob der potenzielle Kunde Vertrauen in Ihre übersetzerischen Fähigkeiten entwickelt, einen fehlerlosen Text abzuliefern, wenn Sie das noch nicht einmal bei einer einfachen E-Mail hinbekommen.

Tipp: Geben Sie der E-Mail einen persönlichen Touch. Gehen Sie auf die Anfrage ein; schreiben Sie in Ihre Mail, warum gerade Sie gerade für diesen Auftrag ganz besonders gut geeignet sind: für den Text über Forex-Trading, weil Sie selbst so Ihr Geld vermehren; für den Text über Nahrungsmittelintoleranzen, weil Sie selber an Allergien leiden usw. So geben Sie nicht nur Ihr Fachwissen an, sondern auch Ihr besonderes Interesse an dem Thema, mit dem sich der Kunde offensichtlich beschäftigt – und wen freut es nicht, wenn ein anderer die eigenen Interessen teilt?

Achten Sie auch auf eine freundliche, persönliche Grußformel: So wünsche ich immer ein erholsames Wochenende, einen entspannten Feierabend, einen guten Start in die neue Woche, was auch immer gerade ansteht. Diese Freundlichkeit, Fröhlichkeit und gute Laune ist ansteckend, und der Kunde wird viel mehr Lust verspüren, auf Ihr Angebot zu reagieren als auf einen unpersönlichen Standardtext Ihrer Konkurrenz. Auch wenn es immer wieder gern behauptet wird, ist eben häufig mitnichten der Preis entscheidend für die Auswahl einer Übersetzerin, sondern die Sympathie. Und selbst wenn es um den Preis gehen sollte, kann Ihnen dieser persönliche Touch den entscheidenden Vorteil verschaffen, sollten Sie mit einem anderen Angebot gleichauf liegen. ==Immer lächeln== – ==beim Telefonieren wie beim Mailen==!

19. Preisgestaltung

Die Preise, die Übersetzer für ihre Arbeit verlangen, können unfassbar weit auseinanderklaffen. Manche berechnen das pro Wort, was andere pro Zeile verdienen (45 Cent). Ein Stück weit sind diese enormen Unterschiede berechtigt – ein Kollege mit 40 Jahren Erfahrung auf einem sehr gefragten Spezialgebiet kann sich teurer bezahlen lassen als die Berufsanfängerin. Dennoch sollten Sie sich nicht zu billig verkaufen – immerhin haben auch Sie Rechnungen zu bezahlen.

Empfohlen wird im Allgemeinen folgende Berechnung:

- Listen Sie alle Kosten auf, die bei Ihnen im Laufe eines gesamten Jahres anfallen, d. h. Miete, Nebenkosten, Versicherungen, Lebensmittel, Bürobedarf, Kleidung, Urlaub, Geschenke, Auto, Altersvorsorge, Einkommensteuer – absolut alles. Dafür werden Sie vermutlich ein Jahr lang ein Haushaltsbuch führen müssen, ansonsten verschätzt man sich meist. Vergessen Sie auch den alle paar Jahre anfallenden Computer, Einrichtungsgegenstände und Rücklagen für Unvorhergesehenes nicht! Nehmen wir an, Sie kommen so auf einen Bedarf von 40.000 Euro im Jahr. Diese 40.000 Euro im Jahr müssen Sie also verdienen.
- Nun rechnen Sie aus, wie viele Stunden im Jahr Sie zum Arbeiten zur Verfügung haben. 365 Tage im Jahr minus 104 Tage Wochenende, minus 7 Feiertage, minus 20 Urlaubstage, minus 4 Krankentage macht 230 Arbeitstage im Jahr (tatsächliche Zahlen können natürlich abweichen). An diesen 230 Tagen arbeiten Sie jeweils 5 Stunden, weil Sie nachmittags Ihre Kinder unterhalten. Von diesen 5 Stunden ist schätzungsweise eine nicht

fakturierbar, weil Sie diese für die Buchhaltung, Akquise u. Ä. aufwenden. Bleiben somit 928 bezahlte Arbeitsstunden pro Jahr.
- Teilen Sie nun Ihren Soll-Verdienst durch die Arbeitsstunden. In unserem Beispiel kommen wir so auf 43,10 Euro pro Stunde.
- Nun müssen Sie feststellen, wie viele Zeilen beziehungsweise Wörter Sie pro Stunde übersetzen. Dabei hilft es nicht, eine Stunde lang konzentriert zu übersetzen und am Ende die Zeilen nachzuzählen, vielmehr müssten Sie mindestens eine Woche lang Buch führen, wie viele Stunden Sie gearbeitet und wie viele Zeilen Sie in dieser Woche übersetzt haben. Immerhin geht ja auch Zeit für das Korrekturlesen, Erstellen von Angeboten und Rechnungen, Kundentelefonate, Marketing usw. drauf! Nehmen wir an, Sie kommen so in den 25 Stunden, die Sie pro Woche arbeiten, auf 800 Zeilen, macht 32 Zeilen pro Stunde.
- Teilen Sie nun den Stundensatz durch die Zeilen pro Stunde: In unserem Fall sind das 1,35 Euro. Diese 1,35 Euro (zzgl. der gesetzlichen Umsatzsteuer) müssen Sie somit pro Zeile verlangen, um Ihre Kosten zu decken. Bei Direktkunden plus die Kosten für die Korrekturleserin.

Diese Methode ist jedoch nicht für sich allein genommen anwendbar, denn genauso können Hobbyübersetzerinnen ihre Dumpingpreise verteidigen: Ohne Miete für ein separates Büro, ohne professionelle Software, ohne Versicherungen und ohne Steuer und mit einem Mann, der den Urlaub bezahlt, ist der jährliche Bedarf natürlich deutlich geringer, sodass sie einen deutlich geringeren Zeilenpreis erzielen muss. Umgekehrt: Wenn ich sehr teure Hobbys pflege, aber aus Mangel an Aufträgen in den fünf Stunden, die mir eigentlich pro Woche zum Arbeiten zur Verfügung stehen, nur 100 Zeilen übersetze, komme ich auf einen Zeilenpreis, den sicherlich kein Kunde bezahlen würde.

Ausrechnen sollten Sie Ihren persönlichen Zeilenpreis so dennoch als Orientierung.

Ein wichtiger Anhaltspunkt ist der **marktübliche Preis**. Diesen erfahren Sie am besten aus dem „Honorarspiegel für Übersetzungs- und Dolmetschdienstleistungen", der alle zwei Jahre vom BDÜ veröffentlicht wird und über dessen Website bestellt werden kann. Hier können Sie, nach Sprachrichtungen und Kundengruppen sortiert, den durchschnittlich von Kolleginnen berechneten Zeilen- und Wortpreis nachschlagen.

[Handschriftliche Notiz: EN-DE direkt, = 14-15 Cent]

Beide Werte dienen nur der Orientierung – im Grunde sollten Sie für jeden einzelnen Kunden und für jede einzelne Textsorte Buch führen, wie lange Sie an dem jeweiligen Auftrag sitzen, um zu berechnen, für welche Textsorte Sie wie viel verlangen sollten. Andererseits könnten Sie in der Zeit, in der Sie all diese Berechnungen durchführen, eine ganze Menge Geld mit Übersetzungen verdienen.

Nehmen Sie für den Anfang den als Median angegebenen Preis aus dem Honorarspiegel. Wenn Sie zu diesem Preis ausreichend oder gar mehr Aufträge erhalten, als Sie bewältigen können, gehen Sie bei zukünftigen Angeboten mit dem Preis nach oben. Sind Sie mit dem höheren Preis ausgelastet, erhöhen Sie bei zukünftigen Angeboten wieder Ihren Zeilenpreis usw. So ertrinken Sie nie in Arbeit und verdienen dennoch stetig mehr.

Ihr Preis ist zu hoch, wenn Sie zwar Anfragen bekommen, aber nie den Zuschlag. So viel ist logisch. Ihr Preis ist jedoch zu niedrig, wenn all Ihre Angebote angenommen werden, Sie permanent ausgebucht und konstant überarbeitet sind. Ihr Preis ist dann genau richtig, wenn der Kunde bei Ihrem Angebot kurz einen Schrecken bekommt, mit sich kämpft und dann mit einem (gedachten) „na gut" zusagt. Dann haben Sie alles richtig gemacht. Als Faustregel sollte die Hälfte Ihrer Angebote abgelehnt werden, weil Sie zu teuer sind.

Preiserhöhungen

Alles wird teurer – leider jedoch macht sich mit Preiserhöhungen niemand beliebt. Besonders empfindlich reagieren Agenturkunden, die Sie mit an Sicherheit grenzender Wahrscheinlichkeit aus der Kartei werfen, sobald Sie Ihren Wort-/Zeilenpreis erhöhen. Tun Sie das also erst, wenn Sie bereits andere Agenturkunden haben, die besser bezahlen, und auf die schlecht zahlenden Agenturen verzichten können.

Direktkunden stecken Preiserhöhungen meist besser weg, weil sie wissen, was sie an Ihnen haben – und auch, dass der Wechsel der Übersetzerin Nerven, Zeit und somit Geld kosten kann. Bei Direktkunden sollten Sie somit bei Bedarf den Wort-/Zeilenpreis erhöhen, damit der Kunde für Sie rentabel bleibt und Sie weiterhin motiviert sind, gute Arbeit für ihn zu leisten.

Oftmals ist es jedoch so, dass Sie auch ohne Preiserhöhungen mit der Zeit mehr verdienen: Schaffte ich vor fünf Jahren beispielsweise noch nur 30 Zeilen pro Stunde des üblichen Kundentexts, sind es heute durch mehr Erfahrung mit dieser Textsorte und ein gutes TM 60 Zeilen – insofern hat sich mein Stundensatz verdoppelt. Wenn ich diesem alten Kunden beispielsweise 1,00[1] Euro pro Zeile berechne, komme ich auf 60 Euro pro Stunde – bei einem Neukunden hingegen, bei dem ich zwar 1,30 berechne, aber auch nur 30 Zeilen pro Stunde schaffe, nur auf einen

---

1 Alle Preisbeispiele sind komplett aus der Luft gegriffen.

Stundensatz von 39 Euro. Sie sehen: Zeilen- und Wortpreise sind nur bedingt miteinander vergleichbar. Wirkliches Kriterium ist Ihr realer Stundensatz, und den sollten Sie stets im Auge behalten. Sobald der nicht mehr stimmt, sollten Sie Ihren Wort-/Zeilenpreis neu ansetzen.

20. Das Angebot

Ein Angebot sollte immer schriftlich erstellt werden, damit es später keine Unklarheiten gibt. Selbst wenn die Konditionen am Telefon ausgehandelt wurden, formulieren Sie am besten alles noch einmal schriftlich. Ob Sie das Angebot als PDF-Datei an die E-Mail hängen oder es direkt in die E-Mail schreiben, ist Geschmackssache; ich persönlich bevorzuge den Text in der E-Mail, da das Öffnen von Dateianhängen erstens mit einem gewissen Risiko verbunden ist und zweitens Zeit kostet. Andere finden eine PDF mit einem offiziellen Angebot professioneller. So oder so muss ein Angebot die Bezeichnung des Auftrags enthalten, das Datum der Anfrage, das voraussichtliche Lieferdatum und natürlich den Preis, eventuell mit einer Erklärung, was dieser Preis alles beinhaltet: Formatierung, Korrekturlesen usw. Bei der Preisangabe scheiden sich die Geister: Nennt man nun einen Pauschalpreis, Wortpreis, Zeilenpreis oder Seitenpreis und rechnet man nach Ausgangstext oder Zieltextmenge ab, mit Angabe der Umsatzsteuer oder ohne? Ganz klar: Kommt drauf an!

Bei Unternehmenskunden und Agenturen nennen Sie unbedingt den Nettopreis zzgl. der separat aufgeführten gesetzlichen Umsatzsteuer. Für diese Kundengruppe ist die Umsatzsteuer sowieso ein durchlaufender Posten, und der Nettopreis ist natürlich niedriger und somit attraktiver. Schreiben Sie dennoch „zzgl. der gesetzlichen Umsatzsteuer" hinzu! Erstens demonstrieren Sie so Ihre Professionalität und hauptberufliche Tätigkeit und zweitens ist es nicht auszuschließen, dass es sich bei dem potenziellen Unternehmenskunden um einen Kleinunternehmer handelt – und für den ist es durchaus relevant, ob Ihr Preis 19 % höher oder niedriger liegt.

Bei Arbeiten für Privatkunden hingegen, beispielsweise bei Urkundenübersetzungen, müssen Sie von Gesetzes wegen den Bruttopreis, den sogenannten Endpreis nennen.

Direktkunden, Unternehmen wie Privatpersonen, möchten verständlicherweise häufig genau wissen, was am Ende dabei rauskommt, sprich es wird nach einem verbindlichen Pauschalpreis gefragt. Bei einer Anfrage „Was kostet bei Ihnen die Übersetzung von zwei DIN-A4-Seiten ins Englische" ist dies natürlich nicht möglich. Wird der Text nicht (vollständig) angehängt, aber immerhin die Textsorte konkretisiert bzw. geht es um fortlaufende Aufträge, nennen Sie hier einen Zeilen- oder Wortpreis. Im deutschsprachigen Raum sind Zeilenpreise üblich; meist ist eine Zeile dann 55 Zeichen inkl. Leerzeichen lang, so rechnet auch das JVEG für Urkundenübersetzungen. Gezählt wird im Zieltext. Diese Abrechnungsmethode ist vermutlich die kundenunfreundlichste von allen, da kaum ein Direktkunde Zeilen mit einer Zeichenmenge assoziiert, sondern stur reale Zeilen im Text zählt und sich am Ende wundert, dass Sie auf eine völlig andere Zahl kommen. Und selbst wenn er Zeichen zählt und auf die richtige Zeilenzahl kommt, weiß er nie, wie viele Zeilen es im Zieltext sein werden. In den meisten Ländern und Sprachen ist deshalb die Abrechnung pro Wort im Ausgangstext üblich – Wörter zählen kann jeder, und durch die Zählweise im Ausgangstext kann der Kunde auch selbst konkret berechnen, was er zu zahlen hat.

Stellt der Kunde Ihnen den Text elektronisch zur Verfügung, z. B. als Anhang zu seiner E-Mail oder als Download aus dem Internet, und in einem Format, das Ihnen das Zählen der Zeichen und/oder Wörter erlaubt, dann nennen Sie dem Kunden auch einen verbindlichen Pauschalpreis. Bei Verfügbarkeit des vollständigen Textes ist es enorm kundenunfreundlich und würde durchaus von einem gewissen Desinteresse zeugen, nur einen Wort- oder Zeilenpreis zu nennen. Denn daraus kann der Kunde schließen, dass Sie sich den Text offensichtlich noch nicht einmal angesehen haben, wenn Sie den Umfang nicht berechnen konnten, und ihm diese Arbeit überlassen, obwohl er die Zeichenzählfunktion bei Word vielleicht noch nie entdeckt hat.

Wenn ich einen Fliesenleger frage, was das Verlegen von Fliesen in einem 28,3-m²-Raum kosten würde, möchte ich auch einen Gesamtpreis hören und nicht „42,50 Euro pro Quadratmeter" und hinterher selber nachrechnen müssen (zumal ich die Hoffnung hätte, dass er bei der Endsumme abrundet). Abgesehen davon entstehen bei einer konkreten Endsumme im Nachhinein weniger Missverständnisse („Wie, 50 Zeilen, das waren doch nur 30!" – „55 Anschläge pro Zeile, nicht einfach nur die Zeilen im Dokument gezählt, und zwar im Zieltext und nicht im Ausgangstext, und die angefangene Zeile zählt als ganze Zeile." – „Das war aber nicht vereinbart!"). Und auch wenn es Ihnen nicht gefällt und Sie gern die einzige Übersetzerin sein möchten, die er fragt – er wird sich mehrere Angebote einholen und vergleichen wollen, und dafür braucht er einen Fixpreis. Nennen Sie keinen, aber die anderen schon, sind Sie vermutlich raus, einfach, weil er nicht das Risiko einer Endrechnung in ungewisser Höhe eingehen wird, das er bei den anderen nicht hat. Bei jeder Dienstleistung wird geraten, mindestens drei Angebote einzuholen und das höchste und das niedrigste zu streichen – das ist auch das gute Recht Ihres potenziellen Kunden. Es ist nicht verwerflich, mehrere Angebote einzuholen! Das bedeutet nicht, dass es dem Auftraggeber nur um den Preis geht.

Ein Kunde von mir schrieb einmal auf Twitter: *„Senden Sie uns bitte die zu übersetzenden Dokumente", Antwort eines Übersetzungsbüros auf die Anfrage einer Website-Über-*

setzung??! Der Kunde hatte mehrere Übersetzerinnen um ein Angebot gebeten und die URL genannt – natürlich ist es aufwendiger, sich die Texte aus dem Internet in eine Word-Datei zu kopieren, um die Zeilen zählen zu können, doch eben diese Mühe habe ich mir gegeben und durch diese Kundenfreundlichkeit den Zuschlag erhalten.

Im genannten Fall war die Anzahl der Unterseiten recht überschaubar. Vorsicht ist geboten bei umfangreichen, verschachtelten Websites, womöglich mit News und/oder Pressestimmen oder Online-Shops mit vielen Artikeln. Hier ist das Risiko recht groß, dass Sie Unterseiten übersehen oder Texte in Ihr Angebot miteinbeziehen, die überhaupt nicht mit übersetzt werden sollen – Sie werden überrascht sein, wie wenig Kunden auf die Idee kommen, solche Informationen gleich bei der Angebotsanfrage mitzuliefern. In einem solchen Fall ist es am sichersten, den Kunden um die Zusendung der konkreten Texte als Word-Datei, oder um die Angabe einer genauen Zeilen- oder Wortzahl zu bitten. Möchte er das nicht, bieten Sie an, die Texte für ihn zu extrahieren und diese Arbeit mit Ihrem Stundensatz in Rechnung zu stellen, gern mit der Ankündigung, diese Summe im Falle einer Auftragserteilung zu verrechnen. Ganz oft findet der Kunde dann doch noch eine Word-Datei oder einen Praktikanten, der eine erstellt.

Wenn Sie die Texte selbst aus der Website entnehmen müssen, gehen Sie unbedingt wie folgt vor: Kopieren Sie die Texte der Website in ein Word-Dokument, zählen Sie die Zeilen bzw. Wörter, hängen Sie diese Datei als Anlage an Ihr Angebot und schreiben Sie dazu, dass Ihr Angebot exakt für die angehängte Textmenge gilt. Lassen Sie sich das bei der Auftragsvergabe unbedingt bestätigen! Wenn Sie sich die Textmenge nicht abzeichnen lassen, laufen Sie nicht nur Gefahr, Unterseiten übersehen zu haben, die Sie bei einem Pauschalpreis dennoch mitübersetzen müssen, was Ihren Stundensatz verringert; es kann tatsächlich auch vorkommen, dass der Kunde im Laufe Ihrer Arbeit Unterseiten oder Texte einfügt, sei es, weil er sich keine Gedanken darum macht, dass die veränderte Textmenge für Sie relevant ist, sei es in betrügerischer Absicht. Ohne abgesegnete Textmenge können Sie nicht nachweisen, dass diese Texte bei der Angebotserstellung noch nicht da waren und somit in Ihrem Pauschalangebot nicht erhalten sind. Durch diese Vorgehensweise sind Sie auf der sicheren Seite, sollte es nach der Erledigung des Auftrages zu Unstimmigkeiten bezüglich des Umfangs kommen.

Tipp: Wenn die Deadline recht knapp ist, machen Sie dem Kunden zwei Angebote: eines zum Normalpreis mit einer bequem zu schaffenden Deadline und ein entsprechend höheres zum vom Kunden gewünschten Termin. Sie werden überrascht sein, wie viele Kunden dann plötzlich doch noch ein paar Tage mehr auf den fertigen Text warten können. Und wenn nicht, werden Sie für die Expressarbeit immerhin entschädigt.

Tipp: Sendet der Kunde Ihnen nur Papierausdrucke oder PDF-Dateien, fügen Sie dem Angebot einen Extraposten für die Konvertierung bzw. Übertragung des Textes in eine Word-Datei hinzu. Oft „findet" der Kunde den Text dann doch noch in Word – und schon haben Sie Arbeit gespart. Und wenn nicht, werden Sie wenigstens für Ihre Extraarbeit entlohnt.

Tipp: Führen Sie beide Zuschläge (für den Expressdienst und für die Konvertierung) in Ihrem Angebot unbedingt separat auf! Der Kunde muss das Gefühl haben, Geld zu sparen, wenn er auf diesen Extraservice verzichtet, und er muss auch die Möglichkeit haben, diesen Posten zu streichen.

Agenturkunden möchten selten einen Pauschalpreis hören, sondern einen Wort- oder Zeilenpreis; da richten Sie sich einfach nach der Agentur, die ihre eigene Art der Abrechnung haben wird, anhand derer sie auch die Preise der Übersetzerinnen vergleichen kann. Die meisten Agenturen möchten sowieso einen festen und immer gleichen, meist Wortpreis haben, unabhängig von der Textsorte, um Sie so in ihr System eintragen zu können. Auch verständlich: Die Agentur hat kaum die Zeit, Pauschalangebote von Übersetzerinnen einzuholen und dann erst dem Kunden eine Antwort zu geben; das würde zu lange dauern. Und auch für die Übersetzerinnen würde diese Vorgehensweise Mehrarbeit bedeuten; müssten sie sich so doch mit der Erstellung von Angeboten befassen, aus denen nie ein Auftrag wird. Stattdessen macht die Agentur dem Kunden ein Angebot auf Grundlage des Wortpreises, mit dem Sie im System sind, und gibt bei Annahme des Angebots durch den Kunden den Auftrag an Sie zu dem Preis im System weiter. Wenn Sie dann einen anderen Wortpreis möchten, weil die Textsorte das verlangt, sind Sie aller Wahrscheinlichkeit nach raus aus dem System; diese zeit- und nervenraubenden Nachverhandlungen bei jedem Auftrag wird sich kaum eine Agentur leisten wollen.

Auch das ist Professionalität: verlässliche Grundpreise, die für jeden Kunden konstant sind. Klar sitzt man an manchen Texten länger als an anderen, aber wenn Sie den (Agentur-)Kunden halten wollen, berechnen Sie immer den Durchschnitt des Wortpreises für „schwierige" und für „einfache" Texte; so hat der Kunde eine bekannte Rechengröße und für Sie gleicht sich das am Ende aus. Vorsicht! Es gibt Agenturen, die Ihnen daraufhin nur noch sehr schwierige Texte geben und die einfacheren an Kolleginnen mit einem niedrigeren Wortpreis weiterreichen. Sobald Sie bemerken, dass Sie so ausgenutzt werden, sollten Sie entweder Ihren Wortpreis noch weiter erhöhen oder die

Zusammenarbeit beenden – aber auf gar keinen Fall so weiterarbeiten und sich ärgern. Es gibt zu viele Agenturen, um sich über schwarze Schafe aufzuregen.

Laut *Verordnung über Informationspflichten für Dienstleistungserbringer* müssen Sie dem Kunden vor Erbringung der Dienstleistung alle Angaben, die auch in ein Impressum gehören, zur Verfügung stellen; mit der Signatur und dem Verweis auf die Website haben Sie diese Pflicht erfüllt. Diese gehört somit auf jeden Fall unter Ihren Angebotstext.

Wenn Sie AGB haben, hängen Sie diese mit an und schreiben Sie dazu, dass der Kunde sie mit Angebotsannahme akzeptiert. Erstens sind Sie so auf der sicheren Seite und zweitens sieht es professionell aus, sogar eigene AGB zu haben. Selbst wenn sie sich vermutlich niemand durchlesen wird.

Auf Ihr Angebot gibt es nun drei mögliche Reaktionen: keine, negativ oder positiv.

Keine Reaktion

Wenn Sie auf Ihr Angebot so gar keine Reaktion bekommen, muss der Auftrag noch nicht verloren sein. Möglicherweise hatte der Kunde noch keine Zeit, sich zu entscheiden, oder die Entscheidung fällt ihm bei der Auswahl der Angebote schwer, insofern kann es durchaus lohnenswert sein, nachzuhaken. Dadurch demonstrieren Sie auch echtes Interesse am Auftrag und bleiben dem Kunden im Gedächtnis, selbst wenn es diesmal nicht geklappt haben sollte.

Achten Sie beim **Nachfassen** unbedingt auf die richtige Wortwahl: *Am xxx hatte ich Ihnen ein Angebot geschickt.*

Kann ich das zu den Akten legen? klingt wie eine Beschwerde darüber, dass der Kunde eine Reaktion schuldig geblieben ist; spätestens jetzt können Sie das Angebot ganz sicher zu den Akten legen. Deutlich Erfolg versprechender ist Folgendes (so oder so ähnlich):

> *Am xxx hatte ich Ihnen ein Angebot geschickt, das aber offensichtlich nicht Ihren Erwartungen entsprach. Um mich am Markt behaupten zu können, bin ich auf Informationen über die Gründe des Nichtzustandekommens eines Auftrages (persönliches Auftreten, Preisgestaltung, Kommunikation oder Ähnliches) angewiesen. Es wäre sehr freundlich von Ihnen, wenn Sie mir in kurzen Stichworten Ihre Gründe darlegen würden.*

Durch dieses freundliche Nachhaken haben Sie nicht nur die Chance, diesen oder einen anderen Auftrag doch noch zu erhalten. Sollte sich der Auftraggeber tatsächlich gegen Sie entschieden haben, sagt er Ihnen vielleicht, wieso, und Sie können daraus lernen. Wenn Sie wieder keine Reaktion erhalten, haken Sie den Kunden ab und streichen Sie ihn aus dem Verteiler.

Eine weitere Möglichkeit ist ein Anruf. Vielen liegt das gar nicht – mir auch nicht. Aber manchmal lohnt es sich! So hatte ich vor Jahren ein Angebot für die Übersetzung einer recht umfangreichen Website abgegeben, daraufhin nichts mehr von der Kundin gehört und nach einiger Zeit oben zitierte Mail versandt. Sie antwortete sehr freundlich, dass sie sich für eine andere Übersetzerin entschieden habe, weil sie mit dieser telefoniert habe; preislich haben wir gleich gelegen. Es ist leicht, jemanden zu ignorieren oder per E-Mail abzusagen. Durch ein Telefonat jedoch kann eine persönliche Beziehung entstehen und die Auftragsvergabe fällt viel leichter. Auf die Gefahr hin, mich zu wiederholen: Bei ähnlicher Qualifikation und ähnlichem Preis entscheidet die Sympathie!

Negative Reaktion

Dürfte selten vorkommen; die meisten Kunden reagieren bei Nichtgefallen des Angebots einfach gar nicht. Sollten Sie dennoch eine Absage erhalten: Reagieren Sie keinesfalls mit einem „Wie Sie meinen" oder gar, indem Sie großzügig anbieten, der Kunde könne sich ja wieder bei Ihnen melden, wenn er mit der anderen, billigeren Übersetzerin auf die Nase gefallen sei. Belehren Sie ihn auch nicht, indem Sie ihm ausführlich erläutern, wieso er für einen geringeren Preis keine Leistung erwarten kann. Spätestens nach solch einer arrogant-kindischen Reaktion sind Sie den Kunden ganz sicher für alle Zeiten los.

Was Sie tun können, ist, sich dennoch freundlich für die Anfrage zu bedanken und ebenso freundlich darauf hinzuweisen, dass Sie auch Korrekturlesen von Fremdübersetzungen nach dem Vier-Augen-Prinzip anbieten: „Ich würde mich freuen, wenn Sie bei einem nächsten Auftrag an mich denken würden. Neben Übersetzungen biete ich noch die folgenden Dienstleistungen an: Korrekturlesen von neu erstellten oder übersetzten Texten nach dem Vier-Augen-Prinzip ..." (so oder so ähnlich formuliert). Dieses Angebot darf auf keinen Fall danach klingen, dass Sie bei der Fremdübersetzung mangelnde Qualität erwarten, denn damit unterstellen Sie dem Kunden unterschwellig, dass er zu blöd ist, sich eine gute Übersetzerin auszusuchen. Ihre Reaktion muss beim Kunden den Eindruck wecken, dass Sie professionell mit der Absage umgehen, an einer Zusammenarbeit weiterhin interessiert sind und er sich ohne Gesichtsverlust an Sie wenden kann, sollte er tatsächlich mit der anderen Übersetzerin auf die Nase fallen. Sollte die Absage ohne Angabe von Gründen erteilt werden sein, fragen Sie – wie unter der Überschrift „Keine Reaktion" erläutert – nach diesen Gründen, aber immer daran denken: Vermitteln Sie dem Kunden nie das Gefühl, er hätte sich Ihrer Meinung nach falsch entschieden.

Positive Reaktion – Der Auftrag

21. Der Auftrag

Herzlichen Glückwunsch, der Kunde hat Ihr Angebot angenommen, und Sie haben den Auftrag per E-Mail erhalten. Es sollte selbstverständlich sein, aber aus der Erfahrung heraus weiß ich leider, dass dem nicht so ist: Die Annahme des Auftrags müssen Sie natürlich bestätigen! In dieser Auftragsbestätigung sollten Sie noch einmal den vereinbarten Preis, die Deadline, Zahlungsfrist und eventuelle Vereinbarungen, was das Dateiformat angeht, bestätigen, und die Annahme dieser Auftragsbestätigung bei größeren Summen auch durch Unterschrift des Kunden bestätigen lassen. Im Falle von späteren Unstimmigkeiten erspart Ihnen diese Vorgehensweise viel Ärger.

Viel für die Zukunft gewinnen und eine echte Kundenbindung aufbauen können Sie, indem Sie den Neukunden genau jetzt anrufen, am besten mit einer Rückfrage, damit es nicht wie ein Werbeanruf aussieht, sondern von echtem Engagement zeugt. Rufen Sie den neuen Kunden an, bedanken Sie sich für den Auftrag und fragen Sie, ob es ein internes Wording gibt oder der Text formatiert werden soll; was immer Ihnen einfällt. Der Kunde wird sich freuen, Sie persönlich zu hören, und merken, wie sehr Sie sich ins Zeug legen. Und da Sie eine echte Frage zum Auftrag haben, wird er sich auch nicht belästigt fühlen. Genial, oder? DAS ist Kundenbindung!

Bei einem längeren Auftrag ist auch eine Statusmeldung zwischendrin sicherlich willkommen. So sieht der Kunde, dass Sie an dem Text arbeiten, die Deadline eingehalten wird, und fühlt sich gut aufgehoben.

Die Auftragserledigung

Auch das Beachten der folgenden Punkte sollte selbstverständlich sein, aber leider gibt es nichts, was es nicht gibt:

- Geben Sie den Auftrag pünktlich ab. Lieber ein bisschen früher, aber auch nicht zu viel früher, um nicht den Eindruck zu erwecken, Sie hätten bei der Übersetzung geschludert oder nichts anderes zu tun.
- Vergleichen Sie den Zieltext sorgfältig mit dem Quelltext auf Vollständigkeit. Sie glauben nicht, wie häufig Satzfragmente, ganze Sätze und sogar komplette Abschnitte und Seiten vergessen werden.
- Ändern Sie niemals den Namen oder die Art der Datei. Eine doc bleibt eine doc und eine xls eine xls! Das Einzige, was Sie machen dürfen und sollten, ist die Ergänzung des Dateinamens um das Kürzel der Sprache, in die Sie den Text übersetzt haben – mehr nicht.
- Ändern Sie niemals Layout, Formatierung, Schriftfarbe, Schriftart usw. – sofern nicht anders vereinbart. So erleichtern Sie dem Kunden das eventuelle spätere Kopieren und Wiedereinfügen Ihrer Texte in den Originaltext.
- Überprüfen Sie Ihren fertigen Text auf doppelte Leerzeichen. Diese schleichen sich praktisch immer ein und sind so einfach zu korrigieren: Auf Ersetzen klicken und „ " (zwei Leerzeichen) mit „ " (einem Leerzeichen) ersetzen.
- Markieren Sie vor Abgabe den gesamten Text und gehen Sie auf „Rechtschreibung" ▶ „Nicht prüfen". Sonst erhält der Kunde einen Text mit rot unterkringelten Wörtern (weil die Wörter nicht im Wörterbuch von Word vorkommen, z. B. weil es sich um Eigennamen handelt), was auf den ersten Blick wie lauter Fehler aussieht und bewirken wird, dass der Kunde nach Fehlern sucht. Ein Text komplett ohne rot unterkringelte Passagen sieht harmonisch und korrekt aus.
- Lassen Sie Texte für Direktkunden Korrektur lesen.

- Wenn es Fragen gibt, klären Sie diese vor der Deadline. Einen unformatierten Auftrag abgeben und sich nach der Beschwerde herausreden, Sie hätten die Ausgangsdatei nicht bearbeiten können, ist ein absolutes No-Go – den Einwand hätten Sie vorher bringen müssen. Das gilt auch, wenn der Ausgangstext so schlecht ist, dass Sie nichts Gutes daraus machen können. Denken Sie immer daran, dass der Kunde sich auf Sie verlässt und Sie ihn durch Ihren Fehler in Teufels Küche bringen könnten, wenn er diesen vor seinem Chef verantworten muss.
- Internet ausgefallen, Computer kaputt, abgestürzt, die ganze Arbeit weg? All das zählt nicht als Ausrede für eine verpasste Deadline!
  » Legen Sie sich eine externe Festplatte zu, und führen Sie regelmäßig Back-ups durch.
  » Speichern Sie laufende Aufträge zusätzlich regelmäßig auf einem USB-Stick, in der Dropbox oder einem anderen Cloud-Dienst, damit selbst im Katastrophenfall nie alles verloren ist.
  » Gehen Sie über den Hotspot Ihres Smartphones online oder legen Sie sich einen Surfstick zu, mit dem Sie, selbst wenn alle DSL-Leitungen brachliegen, dennoch online gehen, den Auftrag fertigstellen und verschicken können. Zur Not gibt es auch Schnellrestaurants und Cafés mit (kostenfreiem) WLAN.

Wie bereits zu Beginn des Buchs erwähnt, zeichnet sich ein Profi auch durch vorausschauendes Denken aus, und Datensicherung und mobiler Internetzugang gehören dazu wie die Haftpflichtversicherungen.

Die Abgabe

Wenn Sie die fertige Übersetzung zusenden, bitten Sie um eine Empfangsbestätigung vom Kunden; manche E-Mails verschwinden tatsächlich auf wundersame Weise; so wurde schon so manche florierende Kundenbeziehung zerstört. Außerdem bekommen Sie vielleicht auch gleich ein Feedback.

Wichtig: Fordern Sie den Kunden zur **Abnahme** auf! Das vergessen sehr viele Übersetzerinnen, was fatale Folgen haben kann.

Übersetzungen sind Werkleistungen und bedürfen somit der Abnahme (§ 640 BGB). Ohne Abnahme haben Sie auch kein Recht auf Vergütung. Diese Abnahme kann stillschweigend durch vollständige Begleichung der Rechnung oder durch Nutzung der Texte erfolgen, z. B. wenn der Kunde die Websitetexte online stellt. Der Kunde ist zur Abnahme verpflichtet. Zahlt er jedoch nicht und/oder können Sie nicht feststellen, ob der Kunde die Texte nutzt, und erfolgte auch keine ausdrückliche Abnahme, kann er noch Monate später einwenden, Ihre Arbeit sei mangelhaft gewesen oder unvollständig oder zu spät geliefert oder was auch immer. Deshalb auf Nummer sicher gehen: In jede E-Mail, mit der Sie einen Auftrag abgeben, gehört folgender Satz: „Ich bitte um förmliche Abnahme der am ... gelieferten Übersetzung bis zum xx.xx.xxxx. Sollten Sie diese Frist fruchtlos verstreichen lassen, so gehe ich unter Kaufleuten von einer erfolgten Abnahme aus." – so oder so ähnlich formuliert. Die Frist sollte fünf Werktage betragen, und nach Ablauf ist der Auftrag zu vergüten.

Diese Vorgehensweise ist besonders wichtig bei der Übersetzung von Websites: Stellen Sie sich vor, Sie erhalten die Anfrage nach der Übersetzung der Website unter Der-undder URL, Sie zählen die Zeilen der fünf Unterseiten durch, machen ein Angebot, erhalten den Auftrag, übersetzen die fünf Unterseiten, geben sie ab, vergessen die Aufforderung zur Abnahme, und nach zwei Monaten reagiert der Kunde auf Ihre Mahnung mit der Reklamation, Sie hätten nur die

Hälfte des Auftrags erledigt. Die Website besteht plötzlich aus zehn Unterseiten, und Sie können nicht nachweisen, dass die überzähligen fünf Seiten bei Angebotsabgabe noch nicht da waren. Und schon kann der Auftraggeber den Rechnungsbetrag um die Hälfte kürzen, oder Sie müssen dieselbe Menge Arbeit für lau leisten. Mit der Fristsetzung für die Abnahme wäre das nicht passiert. (Und mit einem klaren Angebot, dass dieses für fünf Unterseiten à x Zeilen gilt, auch nicht.)

Tipp: Bedanken Sie sich in der E-Mail nochmals für den Auftrag und setzen Sie bei der Abgabe des ersten Auftrags ein „Empfehlen Sie mich weiter!" hinzu. Sie können natürlich davon ausgehen, dass der Kunde Sie sowieso weiterempfehlen wird, wenn er mit Ihrer Arbeit zufrieden ist, aber durch die Aufforderung fühlt er sich förmlich dazu verpflichtet. Sie werden sehen, das wirkt!

Auch unter diese E-Mail gehört wieder der persönliche Touch mit dem Gruß aus dem sonnigen Oldenburg oder Ähnliches. Schicken Sie gute Laune mit! Der Kunde soll sich darauf freuen, wieder von Ihnen zu hören, weil Sie immer so nett sind und nicht einfach nur Dienst nach Vorschrift machen.

Einschub: Eine Anfrage ist kein Auftrag!

Verblüffend häufig kommt es vor: Die Übersetzerin erhält eine E-Mail mit dem Inhalt „Können Sie mir angehängten Text bis übermorgen ins Deutsche übersetzen?", sie versteht diese Frage als Aufforderung, übersetzt den Text und sendet ihn fristgerecht nach zwei Tagen mitsamt der Rechnung an den Auftraggeber. Der verblüfft ist, schließlich hatte er auf seine Frage hin keine Antwort von ihr erhalten und den Auftrag anderweitig vergeben. Vielleicht ist diese Vorgehensweise der Übersetzerin auf ihre

Unerfahrenheit zurückzuführen, vielleicht ist es Taktik – möglicherweise fühlt sich der Auftraggeber verpflichtet, ihre Rechnung für die nicht in Auftrag gegebene Übersetzung dennoch zu begleichen; so oder so schafft sich diese Übersetzerin auf diese Weise sicher keine Stammkunden.

Regel Nr. 1 lautet deshalb: Immer den Erhalt einer E-Mail bestätigen! Manchmal kommt gerade von Bestandskunden tatsächlich nur eine Mail mit dem Auftrag: „Bitte Anhang übersetzen". Damit ist der Auftrag zwar tatsächlich erteilt, doch wenn Sie den Erhalt nicht bestätigen, laufen Sie Gefahr, dass der Kunden in Unkenntnis darüber, ob Sie vielleicht krank sind oder im Urlaub, weil er keine Rückmeldung erhält, den Auftrag anderweitig vergibt. Ohne Auftragsbestätigung Ihrerseits müssten Sie in diesem Fall nicht nur um Ihre Bezahlung für die geleistete Arbeit bangen. Es besteht auch das Risiko, dass der Kunde bei der anderen Übersetzerin bleibt und Sie ihn los sind. Bestätigen Sie auch bei Bestandskunden deshalb immer den Erhalt und die Annahme des Auftrags. Ein „Wird erledigt, vielen Dank!" reicht meist schon aus. Bei Neukunden antworten Sie mit Angabe von Preis und Bearbeitungszeit, lassen sich beides bestätigen und fangen erst dann an zu arbeiten. So vermeiden Sie jegliche Missverständnisse und Arbeiten für lau.

22. Die Rechnung

Eine Rechnung ist ein Dokument und muss unterschrieben und per Post versandt werden. Eigentlich. Die meisten Kunden wie auch das Finanzamt geben sich mit einer Rechnung im PDF-Format als Anhang zur E-Mail zufrieden; eine elektronische Signatur ist nicht mehr erforderlich. Diese Vorgehensweise spart jede Menge Papier und Portokosten und ist somit umweltfreundlicher als eine Rechnung per Post. Die E-Mail muss der Kunde für das Finanzamt exakt so speichern, wie er sie bekommen hat: mit der Mail, mit der er sie erhalten hat, damit er so nachweisen kann, dass er die Rechnung nicht bearbeitet hat. Deshalb kann die Rechnung theoretisch auch als Word- oder Excel-Datei verschickt werden. Praktisch sollten Sie Rechnungen grundsätzlich als PDF versenden – so sieht sie professioneller aus.

Tipp: Da der Kunde die Rechnung mitsamt der E-Mail, mit der er sie erhalten hat, speichern muss, versenden Sie die Rechnung in einer neuen E-Mail; das gilt vor allem dann, wenn während der Erledigung des Auftrags E-Mails hin und her geschrieben wurde und ganz besonders, wenn Sie dabei in den Plauderton verfallen sind. Stellen Sie sich vor, der Kunde muss diese E-Mail mit einer kompletten Unterhaltung bei einer Steuerprüfung vorzeigen. Je nach Inhalt der E-Mail könnte das peinlich sein. Dem können Sie vorbeugen, indem Sie eine neue E-Mail öffnen, wenn Sie die Rechnung anhängen.

Meistens schicke ich die Rechnung gleich mit dem erledigten Auftrag mit; dadurch ist der Vorgang für den Kunden abgeschlossen. Ausgewählte Kunden, die häufig und oft kleinere Aufträge schicken, erhalten eine Monatsrechnung – das macht die Buchhaltung für beide Seiten einfacher. Bisher hat noch keiner meiner Kunden jemals eine Rechnung in Papierform verlangt; sollte das einmal vorkommen, dann gehört das zum Service, und auch wenn die Versandart für Sie mehr Arbeit und Kosten bedeutet, ist es kundenfreundlicher, in der Rechnung auf den Aufschlag der 70 Cent für das Porto zu verzichten. Natürlich würden die meisten Kunden diese 70 Cent anstandslos bezahlen, aber den für die Kundenbindung so wichtigen Sympathiefaktor gewinnen Sie so nicht.

Tipp: Nutzen Sie gerade bei Neukunden die Gelegenheit: Versenden Sie die Rechnung per Post und legen Sie auch gleich eine Visitenkarte und vielleicht einen Einkaufswagenchip, Kugelschreiber oder was auch immer Sie mit Ihrem Werbedruck haben bei. Kleine Geschenke erhalten die Freundschaft! Der Kunde wird sich freuen, und dank der Visitenkarte hat er Ihre Kontaktdaten beim nächsten Bedarf sofort zur Hand – und kann Sie damit auch viel leichter weiterempfehlen!

Auf eine ordentliche Rechnung gehören:

- Ihr Name und Ihre vollständige Anschrift
- Name und vollständige Anschrift des Kunden
- Lieferdatum
- fortlaufende, einmalig vergebene Rechnungsnummer
- Bezeichnung des Auftrags und Rechengrundlage
- Ihre Umsatzsteueridentifikationsnummer; wenn Sie keine haben, Ihre Steuernummer
- Ort und Datum der Rechnungsstellung
- Rechnungsbetrag, gegebenenfalls Umsatzsteuer; wenn Sie unter den Kleinunternehmerparagrafen fallen, muss ein Hinweis darauf auf die Rechnung
- die Bankverbindung mit IBAN und BIC

- bei Unternehmenskunden im EU-Ausland auch die USt-Id-Nummer des Kunden
  Quelle: bundesrecht.juris.de/ustg_1980/__14.html, September 2016

Bei Unternehmenskunden im EU-Ausland, die eine USt-Id-Nummer haben, sowie bei Kunden aus Nicht-EU-Ländern muss der Zusatz „Steuerschuldnerschaft des Leistungsempfängers" zwingend auf die Rechnung. (Siehe auch Musterrechnungen auf Seite 249f.)

Übrigens: Bei Texten, die unter das Urheberrecht fallen, allen voran bei Literaturübersetzungen, beträgt die Umsatzsteuer nur 7 und nicht 19 Prozent.

Lassen Sie sich eigene **Rechnungsbögen** erstellen, die wie Ihre Visitenkarten das Design Ihrer Website aufnehmen – auch das gehört zu einem professionellen Auftreten. Sollten Sie sich dieses Briefpapier von einer Druckerei drucken lassen, ist anzuraten, wirklich nur das Design drucken zu lassen – ohne Ihre Adressdaten und Bankverbindung. Diese können sich ändern, und wenn dem so ist, müssen Sie nicht die kompletten Restbestände der Briefbögen entsorgen und neu drucken lassen. Auf diese Weise können Sie auch eine höhere Auflage günstiger bestellen. Meiner Ansicht nach tun es in diesem Fall jedoch auch ein guter Farbdrucker und ein anständiges 90-g-Papier (das übliche Kopierpapier hat 80 g und ist für diesen Zweck zu „labberig").

Tipp: Verwenden Sie schöne Briefmarken, keine ausgedruckten aus dem Automaten. Das sind diese winzigen Kleinigkeiten, die die Laune des Empfängers heben könnten.

Um dem Kunden jede weitere Kontaktaufnahme so einfach wie möglich zu machen, schreiben Sie Ihre Website- sowie Ihre E-Mail-Adresse auf die Rechnungsbögen.

Muster für eine Rechnung im Inland (für Privatkunden. Bei Geschäftskunden sind es 9 statt 5 Prozentpunkte):

	Übersetzerin
	Sprachenstr. 5
	12345 Übersetzungen
Kunde	
Kundenstr. 5	
23456 Kundingen	

Rechnungsdatum: 2.6.2016
Lieferdatum: 2.6.2016
Rechnungsnummer: 1111

Ihr Auftrag vom 28.5.2016, Übersetzung der Datei „zurÜbersetzung.docx"

Pauschal nach Vereinbarung oder

x Zeilen/Wörter à x Euro	xxx Euro
Rechnungsbetrag netto	xxx Euro
Zuzüglich 19 % USt xx Euro	
Rechnungsbetrag brutto	**xxx Euro**

Der Rechnungsbetrag ist sofort fällig. Nach 30 Tagen ab Rechnungsdatum tritt nach den gesetzlichen Vorschriften (§286 Nr. 2 BGB) Verzug ohne Mahnung ein. Dann fallen für Sie gesetzliche Verzugszinsen in Höhe von fünf Prozentpunkten über dem Basiszinssatz jährlich an.

IBAN   BIC   Name der Bank   USt-Id   Steuernummer

Die Rechnung

Muster für eine Rechnung ins EU-Ausland (Geschäftskunde):

Kunde Kundenstr. 5 EU-23456 Kundingen	Übersetzerin Sprachenstr. 5 D-12345 Übersetzungen Rechnungsdatum: 2.6.2016 Lieferdatum: 2.6.2016 Rechnungsnummer: 1111

Ihr Auftrag vom 28.5.2016, Übersetzung der Datei „zurÜbersetzung.docx"

Pauschal nach Vereinbarung

oder x Zeilen/Wörter à x Euro   xxx Euro

Steuerschuldnerschaft des Leistungsempfängers

Rechnungsbetrag   **xxx Euro**

Ihre USt-Id-Nr.: EU 123354456

Der Rechnungsbetrag ist sofort fällig. Nach 30 Tagen ab Rechnungsdatum tritt nach den gesetzlichen Vorschriften (§ 286 Nr. 2 BGB) Verzug ohne Mahnung ein. Dann fallen für Sie gesetzliche Verzugszinsen in Höhe von neun Prozentpunkten über dem Basiszinssatz jährlich an.

IBAN	BIC	Name der Bank	USt-Id	Steuernummer

Achten Sie bei elektronisch versandten Rechnungen darauf, dass zumindest die Bankdaten nicht als Bild, sondern als Text hinterlegt sind. So kann der Kunde die langen Zahlen einfach markieren, kopieren und in das Bankformular einfügen. Beim Abschreiben vieler Ziffern, die als unscharfes Bild und dann womöglich noch an der Querseite der Rechnung eingefügt wurden, passieren zu viele Fehler – und es kostet den Kunden Zeit und Nerven. Und: Akzeptieren Sie alternative Zahlungsmethoden!

PayPal ist ein Zahlungssystem, das ursprünglich entwickelt wurde, um damit Käufe über eBay schneller und einfacher zu bezahlen und dabei den Käuferschutz nutzen zu können. Über PayPal können jedoch Zahlungen jeglicher Art versandt werden. Das Bezahlen mit PayPal ist für den Zahlenden kostenfrei, für den Empfänger hingegen fallen Gebühren in Höhe von 1,9 % der Gesamtsumme plus 0,35 Euro bei Zahlungen aus einem EU-Land an – außerhalb der EU wird es teurer und komplizierter, der aktuelle Stand ist in den AGB von *www.paypal.de* zu finden. Vorsicht beim Empfang von Fremdwährungen! Hier fallen laut PayPal weitere Gebühren von bis zu 4 % an. Achten Sie somit darauf, dass eine Rechnung, die Sie in Euro ausgestellt haben, auch in Euro bezahlt wird – sonst wird es richtig teuer.

Immerhin können Sie all diese Gebühren von der Steuer absetzen. Für den Kunden im Ausland ist die Zahlung über PayPal weit unkomplizierter als eine Banküberweisung, da er keine langen IBAN- und BIC-Nummern eintippen muss, sondern nur Ihre E-Mail-Adresse benötigt. Außerdem kann er die Zahlung so über seine Kreditkarte abwickeln – dadurch kann er später zahlen, während Sie jedoch Ihr Geld sofort erhalten. Die Überweisung des Guthabens von Ihrem PayPal-Konto auf Ihr Girokonto ist kostenlos. Das Anbieten dieser Zahlungsmethode fällt unter Service und kann bei einem ähnlichen Konkurrenzangebot die Waage zu Ihren Gunsten ausschlagen lassen. Ich persönlich bevorzuge bei Einkäufen im Internet immer Shops, die PayPal anbieten, und nutze dies auch gern. Bei größeren Summen und bei Zahlungen aus Ländern außerhalb der EU können die Gebühren allerdings ganz schön ins Geld gehen. Da die meisten Kunden erfahrungsgemäß ausgesprochen negativ reagieren, wenn sie Ihre PayPal-Gebühren übernehmen sollen, ist es besser, diese bereits in das Angebot einzukalkulieren. So zahlt der Kunde die Gebühren, ohne es zu wissen, und kann sich somit auch nicht daran stören. Auf gar keinen Fall sollten Sie sich dem Kunden gegenüber aufregen, dass Ihnen Kosten in Höhe von rund 2 % der Rechnungssumme entstanden sind. Schon gar nicht, wenn es sich dabei um einen einstelligen Betrag handelt. Das macht erstens einen sehr kleinlichen Eindruck und zweitens zerstören Sie so Ihr mühsam erstelltes Bild der erfolgreichen, erfahrenen, professionellen und gut verdienenden Freiberuflerin.

Tipp: Verwenden Sie für PayPal eine nicht öffentliche E-Mail-Adresse. Sollte ein Betrüger versuchen, sich in Ihr Konto zu hacken, das auf Ihre E-Mail-Adresse lautet, die auch auf Ihrer Website zu finden ist, muss er nur noch Ihr Passwort herausfinden. Kennt er die zu Ihrem PayPal-Konto gehörende E-Mail-Adresse nicht, nutzt ihm auch das Passwort nichts. Um Ihr PayPal-Konto hacken zu können, versenden Betrüger häufiger E-Mails von wegen Ihr PayPal-Konto sei gesperrt und Sie müssen nur dem Link folgen; solche Phishing-Versuche können Sie viel leichter aussortieren, wenn Sie schon anhand der verwendeten E-Mail-Adresse sehen, dass die Nachricht nicht von PayPal stammen kann.

Überweisungen innerhalb des Euro-Raums sind für den Empfänger meist kostenfrei; sobald Sie jedoch Zahlungen in einer anderen Währung empfangen, berechnet Ihre

Bank hierfür Gebühren. Diese können recht unterschiedlich hoch ausfallen; es empfiehlt sich unbedingt ein Blick in das Preisverzeichnis Ihrer Bank, damit Sie die Gebühren auf Ihr Angebot aufschlagen können.

Vorsicht: Akzeptieren Sie keinen Screenshot des Überweisungsbelegs als Nachweis der geleisteten Vorkasse! Innerhalb von ein paar Minuten – nach Feierabend, an Wochenenden und Feiertagen auch deutlich länger – kann eine Online-Überweisung wieder storniert werden. Insofern kann der Kunde nach dem Ausdruck des Belegs die entsprechende Überweisung einfach wieder stornieren – und Sie arbeiten für lau. Und Sie ahnen es: Ist mir tatsächlich mal passiert.

Laut § 614 BGB ist der Rechnungsbetrag sofort fällig:

> *Die Vergütung ist nach der Leistung der Dienste zu entrichten. Ist die Vergütung nach Zeitabschnitten bemessen, so ist sie nach dem Ablauf der einzelnen Zeitabschnitte zu entrichten.*

Setzen Sie auf Ihrer Rechnung ein Zahlungsziel von 7, 14 oder 30 Tagen, so ist dieses für den Kunden verbindlich und nicht mehr die gesetzliche Regelung.

Rechnungsnummer

Die Rechnungsnummer muss fortlaufend sein, damit das Finanzamt prüfen kann, ob auch keine Rechnung zwischendrin fehlt. Leider bedeutet dies auch, dass der Kunde sehen kann, wie viele Aufträge Sie erledigt haben, und wenn Sie im Juli die Rechnungsnummer 2 vergeben, können das nicht allzu viele sein. Deshalb lassen viele Freiberufler und Unternehmen Fantasie bei der Gestaltung der Rechnungsnummer walten, denn nirgendwo steht geschrieben, dass diese am Anfang des Jahres mit 1 losgehen und bis zum Jahresende in Einerschritten weitergehen muss. So können Sie das Jahr beispielsweise mit der Nr. 100 beginnen, oder Sie entscheiden sich für eine Kombination mit der Jahreszahl wie 10013 (10113, 10213, 10313 ...), oder Sie unterteilen die laufende Rechnungsnummer nach Monaten: 010113 (für die erste Rechnung im Januar 13), danach kommt 020113, 030113 ... Denken Sie sich etwas aus! Wichtig ist nur, dass die Rechnungsnummer fortlaufend und einmalig ist.

Fortlaufend ist eine Rechnungsnummer übrigens auch, wenn sie pro Kunden fortlaufend ist. Sie können also dem Kunden A die Rechnungsnummern A1, A2, A3 usw. zuweisen, wenn Ihnen dieses System lieber ist.

Übrigens: Eine Rechnung müssen Sie übrigens auch erstellen, wenn der Auftraggeber gar keine möchte, was z. B. bei VG Wort oder manchen Verlagen der Fall sein kann. Spätestens bei einer Steuerprüfung möchte das Finanzamt diese Rechnungen sehen. Die von diesen Auftraggebern erstellten Abrechnungen enthalten meist nicht alle Angaben, die auf einer Rechnung stehen müssen, und reichen deshalb nicht aus! Schreiben Sie also auch in solchen Fällen immer eine Rechnung. Sie müssen sie ja nicht abschicken. Ablegen reicht.

Nun ist der Auftrag also erledigt, die Rechnung verschickt, in den allermeisten Fällen können Sie innerhalb von 30 Tagen den Zahlungseingang auf Ihrem Konto verbuchen, und die Sache ist zur Zufriedenheit aller Beteiligten erledigt. Leider ist das nicht immer der Fall ...

23. Reklamationsmanagement

Oder: Der Kunde ist unzufrieden

Jeder Übersetzerin ist es vermutlich schon mal passiert, und wenn nicht, dann wird es ihr früher oder später passieren: Der Kunde ist nicht zufrieden mit der Arbeit und reklamiert. Von Ihrer Reaktion auf diese Reklamation hängt es ab, ob der Kunde zum Stammkunden wird, verloren ist oder der Fall gar in einem teuren Streit endet.

Absolut unangemessene Reaktionen auf eine Beschwerde eines Kunden sind u. a:

- „Das kann nicht sein." Natürlich kann es sein, dass Ihre Arbeit Fehler enthält. Der Kunde beschwert sich ja nicht zum Spaß!
- „All meine anderen Kunden sind sehr zufrieden mit der Qualität meiner Übersetzungen." Na und? Dieser eine Kunde ist es nicht! Und nur der zählt im Moment und möchte mit seiner Kritik ernst genommen werden.
- „Der Ausgangstext war fehlerhaft." Diesen Einwand hätten Sie schon bei der Annahme des Auftrags anbringen müssen – jetzt ist es zu spät.
- „Für den Preis konnten Sie nichts anderes erwarten. Für eine gute Übersetzung hätten Sie viel mehr bezahlen müssen." Auch das hätten Sie dem Kunden schon bei Auftragsannahme sagen müssen. Entweder Sie akzeptieren den Preis und liefern eine gute Arbeit ab, oder Sie verlangen einen höheren Preis. Aber dem Kunden hinterher vorzuwerfen, dass er Ihr zu niedriges Angebot angenommen hat und deshalb auch nur minderwertige Arbeit erhält, geht gar nicht.
- Belehren Sie den Kunden nicht! Seitenlange Mails, so eloquent sie auch sein mögen, in denen Sie dem Kunden

erklären, was er von Anfang an verkehrt gemacht hat, was er hätte besser machen sollen usw., sind höchst arrogant, unprofessionell und absolut unangebracht.

Stellen Sie sich vor, Sie beauftragen einen Fliesenleger mit der Verschönerung Ihres Wohnzimmerbodens. Als er fertig ist, stellen Sie fest, dass die Fliesen uneben liegen und die Fugen ungleich groß sind. Also weisen Sie den Handwerker darauf hin.

Szenario 1: Der Fliesenleger lacht Sie aus, das könne nicht sein, all seine bisherigen Kunden seien immer höchst zufrieden gewesen, die Stolperstellen lägen an den schlechten Fliesen, die nicht plan wären, und überhaupt können Sie für den Preis nichts Besseres erwarten – Nachbesserung verweigert.

Szenario 2: Der Fliesenleger hört sich Ihre Beschwerde an, betrachtet die reklamierten Stellen und bessert ohne zu murren nach. Und bringt Ihnen womöglich zum letzten Termin noch einen Blumenstrauß als Entschuldigung mit.

Nach welchem der beiden Szenarien würden Sie in diesem Fliesenleger wieder beauftragen? Welchen der beiden Handwerker würden Sie Ihren Freunden weiterempfehlen?

Wenn Sie also eine Beschwerde erhalten: Tief durchatmen. Reagieren Sie auf keinen Fall sofort. Überprüfen Sie, ob die reklamierten Fehler wirklich vorliegen und tatsächlich Ihnen zuzuordnen sind. Fragen Sie im Zweifelsfall eine Kollegin nach ihrer Meinung. Manchmal sieht man die eigenen Fehler tatsächlich nicht oder ist zu überzeugt von seiner eigenen Arbeit. Ein Profi zeichnet sich, wie eingangs gesagt, unter anderem durch seine Kritikfähigkeit aus. Ist der Fehler tatsächlich Ihnen anzulasten, entschuldigen Sie sich ehrlich dafür und korrigieren Sie ihn. Sie haben das Recht auf und die Pflicht zur Nachbesserung Ihrer Arbeit. Schlägt die Nachbesserung mehrmals fehl und der Kunde verliert das Vertrauen oder verweigern Sie die Nachbesserung, hat der Kunde das Recht, den Rechnungsbetrag zu kürzen, denn dann gilt der Vertrag als nicht erfüllt.

Praktisch ist es oft so, dass der Übersetzerin schon aufgrund des üblichen Zeitdrucks nicht das Recht auf Nachbesserung eingeräumt wird und der Kunde Korrekturen selbst vornimmt. Dann können Sie natürlich darauf bestehen, dass er Ihnen den Vortritt hätte lassen müssen und den Rechnungsbetrag nicht einfach kürzen darf – Sie können sich aber auch einfach mit dem Kunden einigen, wenn Ihr Text tatsächlich fehlerhaft war. Ein gerichtliches Verfahren mit Gutachter und den damit verbundenen Kosten lohnt sich selten; da heißt es, Schadensbegrenzung zu betreiben, und einen Teil des Geldes zu bekommen ist immer besser als gar keines. Darüber hinaus kann es gut sein, dass Ihr professioneller Umgang mit der Kritik beim Kunden Eindruck macht und eine durchaus florierende Kundenbeziehung entsteht – Fehler können schließlich jedem mal passieren.

Ist der Fehler auch nach objektiver Überprüfung nicht Ihnen anzulasten, z. B. wenn der Kunde ein internes Wording erwartet, dieses jedoch nicht im Vorfeld zur Verfügung gestellt hat, sich „Fehler" aus den Fingern saugt, um nicht bezahlen zu müssen (so hatte ich mal einen Kunden, der sich u. a. darüber beschwerte, ich hätte „exact" mal mit „exakt" und mal mit „genau" übersetzt, und wenn ein Wort das eine heißt, kann es doch nicht auch das andere heißen!) oder Ähnliches, bestehen Sie auf vollständiger Begleichung der Rechnung. Argumentieren Sie jedoch unbedingt sachlich und fair! In meinem Fall mit dem exact-Kunden habe ich ihm unter Verwendung einer ganzen Menge sprachwissenschaftlicher Fachausdrücke die Kunst des Übersetzens im Allgemeinen und die Sache mit den Synonymen im Besonderen erläutert – offensichtlich reichte das aus, um ihm klarzumachen, dass ich weiß, was ich tue, sowohl was das Übersetzen als auch was das Forderungsmanagement angeht. Auf jeden Fall hat er die Rechnung bezahlt, und ich habe nie wieder von ihm gehört. Bleiben Sie auch in diesem Fall unbedingt freundlich und seien Sie auf gar keinen Fall belehrend! Ein wütender Kunde bezahlt nicht gern. Am besten ist es tatsächlich, Sie schlafen eine Nacht drüber: Wenn Sie eine wütende E-Mail des Kunden sofort beantworten, ist er beim Erhalt Ihrer E-Mail immer noch wütend und die Wahrscheinlichkeit ist recht hoch, dass er sich, egal was Sie schreiben, in seiner Wut richtig auf Sie einschießt. Antworten Sie hingegen erst ein, zwei Tage später, dürfte seine Wut verraucht sein, und er wird Ihre Reaktion mit klarerem Kopf lesen. Alternativ können Sie ihm nach Erhalt seiner Beschwerde-Mail kurz antworten, dass Sie die Angelegenheit prüfen und in den nächsten Tagen darauf zurückkommen werden.

Schlafen Sie eine Nacht über Ihrer Antwortmail. Lassen Sie sie vor dem Absenden von Ihrem Partner, einem Freund o. Ä. durchlesen, der Ihnen ein ehrliches Feedback gibt, wie er darauf reagieren würde. Ich habe schon E-Mails geschrieben, die ich für total sachlich und fair hielt, die aber beim Leser wie ein Schlag ins Gesicht angekommen wären. Diese E-Mail kann darüber entscheiden, ob Sie Ihr Geld erhalten oder einen nervtötenden Rechtsstreit führen müssen. Wägen Sie also jedes Wort ab. Ich bin als Auftraggeberin auf meine geäußerte Unzufriedenheit mit einem bei mir abgelieferten Text hin schon beschimpft worden, ich habe keine Ahnung, sei offensichtlich neu im Geschäft, habe dem Auftragnehmer den Tag verdorben und müsse mich eigentlich bei ihm entschuldigen. Dieser Übersetzer erklärte mir seitenlang, wie er arbeiten würde und weshalb gar keine Fehler vorkommen KÖNNEN (ohne sich mit der Reklamation an sich zu befassen). Er spammte mich tagelang mit Mails zu, warf mir vor, ich würde Gott spielen und solle ihn in Ruhe lassen, er würde die weitere Zusammenarbeit ablehnen ... Eine andere Auftragnehmerin war sogar mal so kindisch-beleidigt, dass sie die Rechnung verweigerte und somit umsonst gearbeitet hat – die eine oder andere Korrektur hätte es auch getan. Sie sehen schon: Kunden hält man so nicht und weiterempfohlen wird man so sicherlich auch nicht. Und gut für die eigenen Nerven ist eine solche Reaktion ebenso wenig.

Ob die Beschwerde nun berechtigt ist oder nicht, in allen Fällen gilt: Bis zur vollständigen Bezahlung bleibt das Eigentumsrecht für die Übersetzung bei Ihnen, und der Kunde darf sie nicht nutzen. Sobald er die Texte verwendet, gelten sie als abgenommen, und somit ist die Zahlung fällig.

Übrigens: Auch nach der Abnahme sind Sie nicht vollständig aus dem Schneider – wie bei allen Waren und Dienstleistungen müssen Sie die Gewährleistungsfrist beachten. Da Übersetzungen zu den sogenannten unkörperlichen Werksleistungen gehören, beginnt die Verjährungsfrist nicht mit der Abnahme, sondern erst ab dem Ende des Jahres, in dem der Anspruch entstanden ist – und läuft ab dann drei Jahre. Bei einer Übersetzung ins Deutsche für einen deutschen Auftraggeber dürften Abnahme und Zeitpunkt der Entstehung des Anspruchs identisch sein. Aber stellen Sie sich vor, Sie übersetzen eine Website für ein französisches Unternehmen aus dem Französischen ins Deutsche, und der Kunde vertraut Ihnen blind und stellt die Texte ungeprüft online. Zwei Jahre später weist ein deutscher Freund ihn darauf hin, dass Ihre Übersetzung eklatante Fehler enthält. Dann beginnen die drei Jahre Verjährungsfrist erst am Ende des Jahres, in dem der Kunde von diesen Fehlern erfährt. Ergo kann Ihr Kunde auch

Jahre nach Erstellung der Übersetzung von Ihnen verlangen, die Fehler kostenfrei zu korrigieren. Und Sie sind dazu verpflichtet – oder Sie gehen das Risiko einer teuren Schadensersatzklage des Kunden ein. Ein Korrekturleser trägt ungemein dazu bei, dieses Risiko zu mindern.

Sollte dieser Fall jedoch eintreten, ist es mitnichten so, dass der Auftraggeber von Ihnen pauschal die Überarbeitung Ihrer Übersetzung verlangen kann. Er muss konkrete Fehler benennen, und nur diese müssen Sie korrigieren. Praktisch ist in der Regel es jedoch so, dass wenn der Auftraggeber (oder sein deutschsprachiger Kumpel) weiß, wo konkret der Fehler liegt, er ihn auch selber beheben kann, insofern reden wir hier von einem absolut theoretischen Prozedere.

24. Forderungsmanagement

Oder: Was tun, wenn der Kunde nicht zahlt?

Leider passiert es immer wieder: Der Kunde stellt sich nach Erhalt von Text und Rechnung tot oder behauptet, die Arbeit sei mangelhaft gewesen; meist erst nach Erhalt des gerichtlichen Mahnbescheids und dann gern ohne konkrete Angabe von Mängeln. Das Ziel dieser Kunden ist von Anfang an klar: Sie wollen die Übersetzung nutzen, aber nicht dafür bezahlen. Unser Ziel ist auch klar: Wir wollen unser Geld und eigentlich solche Kunden von vornherein meiden. Viel zu häufig gehen Unternehmen nicht pleite, weil sie zu wenige Aufträge haben, sondern wegen zu hoher Außenstände!

Vorkasse ist bei Privatkunden immer angebracht, und die allermeisten lassen sich auch darauf ein, schließlich sind sie nichts anderes gewohnt: Bei meinem Tierarzt hängt ein Schild, dass die Tierchen nur nach Zahlung der Rechnung zurückgegeben werden, und in jedem Supermarkt muss ich bezahlen, bevor ich die Waren mitnehmen kann. Zahlt ein Privatkunde nicht, ist es fast unmöglich, an das Geld zu kommen; in den allermeisten Fällen dürfte die Person pleite sein, und einem nackten Mann kann man nicht in die Tasche greifen. Falls Sie seine Unterlagen für die Auswanderung übersetzt haben, müssen Sie darüber hinaus erst einmal seine neue Adresse im Ausland herausfinden – der Aufwand lohnt sich selten.

Übrigens: Eine Übersetzung ist eine nach Kundenwunsch angefertigte Ware, für die kein 14-tägiges Rückgaberecht besteht, selbst wenn der Vorgang rein online abgewickelt wird.

Bei Unternehmenskunden funktioniert die Sache mit der Vorkasse in der Regel nicht, was auch verständlich ist: Es soll auch betrügerische Übersetzerinnen und Dienstleister im Allgemeinen geben, die das Geld nehmen und keinen oder nur einen fehlerhaften Text abgeben – schließlich wurde schon bezahlt, was soll also passieren? Einer von beiden, Unternehmen oder Übersetzerin, muss den Vertrauensvorschuss leisten, und das werden Sie sein, wenn Sie den Auftrag haben möchten. Die fairste und sicherste aller Lösungen, nämlich Zahlung Zug und Zug bei Lieferung, funktioniert selten, denn dafür müssten Sie den Text ja persönlich abgeben – bei Lieferung per Internet sind wir automatisch wieder bei der Zahlung auf Rechnung, die zwar sofort gezahlt werden muss, aber ... und schon sind wir wieder beim Thema.

Insofern gilt es, sich zu schützen und potenziell betrügerische Kunden herauszufiltern. Kommt also ein Neukunde auf Sie zu, sollten Sie, gerade bei größeren Geldbeträgen, Ihre Hausaufgaben machen und recherchieren:

- Googeln Sie den Kunden, das Unternehmen; vielleicht hat ja schon einmal ein anderer Dienstleister über seine Erfahrungen berichtet? Oder es finden sich Zeitungsartikel über drohende Insolvenz, bestehende Vorstrafen o. Ä. Dann können Sie natürlich dennoch für diesen Kunden arbeiten – allerdings nur gegen Vorkasse oder wenigstens Vorschuss, eventuell kommt auch ein Treuhandkonto infrage. Lässt sich der Kunde nicht darauf ein – vergessen Sie ihn. Das Risiko ist zu groß.
- Überprüfen Sie die angegebene Adresse und die Telefonnummer. Vorsicht ist geboten, wenn der Kunde keine Signatur verwendet oder eine völlig andere Telefonnummer für Rückfragen angibt als die auf der Website des Unternehmens angegebene (z. B. Vorwahl eines anderen Ortes). Rufen Sie im Zweifelsfall beim Unternehmen

an und lassen Sie sich mit der Person verbinden. Sie könnten ja einfach eine Rückfrage haben und die Durchwahl verlegt haben.
- Achten Sie darauf, wer Sie wirklich beauftragt. Vielleicht ist die Kontaktperson ein privater Auftraggeber, der lediglich von seiner Arbeit aus die E-Mails verschickt, und deshalb ist standardmäßig die Signatur des Unternehmens darunter. Dann laufen Sie Risiko, die Rechnung auf den Falschen auszustellen, und schon muss sie nicht bezahlt werden: nicht vom Falschen, denn der hat Sie ja nicht beauftragt, und nicht vom Richtigen, denn der hat ja gar keine Rechnung erhalten. Das sind Fallstricke, durch die sich der Kunde später winden kann, indem er behauptet, nicht er sei der Auftraggeber gewesen, sondern das Unternehmen, oder umgekehrt: nicht das Unternehmen habe Sie beauftragt, sondern er persönlich, und bei ihm sei leider nichts zu holen. Oder er stellt sich nach Erhalt der auf den Falschen ausgestellten Rechnung tot und Sie investieren Mahn- und Gerichtskosten – nur, um dann erst zu erfahren, dass Sie mit der Forderung nicht durchkommen, weil die Rechnung auf den Falschen ausgestellt war. Auf den Kosten bleiben Sie sitzen, und wenn Sie die Rechnung stornieren und neu ausstellen, können Sie das ganze Prozedere von vorne beginnen. Ist mir alles schon passiert! Lassen Sie sich deshalb im Zweifelsfall bei Auftragserteilung bestätigen, wer genau der Auftraggeber ist und wohin die Rechnung gehen soll.
- Bestehen Sie auf einer förmlichen Abnahme. Entweder, indem Sie eine Frist zur Abnahme in Ihre AGB schreiben, wobei Sie dem Kunden bei der Angebotsabgabe die AGB mitschicken müssen, oder indem Sie in die E-Mail, mit der Sie den Auftrag abgeben, den bereits genannten Passus setzen: „Ich bitte um förmliche Abnahme der am xx.xx.xx gelieferten Übersetzung bis zum xx.xx.xx. Sollten Sie diese Frist fruchtlos verstreichen lassen, so gehe

ich unter Kaufleuten von einer erfolgten Abnahme aus." Dann kann sich der Kunde nach Erhalt des gerichtlichen Mahnbescheids nicht mehr mit angeblichen Mängeln herausreden, was die Durchsetzung Ihrer Forderung deutlich einfacher macht.

Wie bereits erwähnt, ist der Rechnungsbetrag sofort nach Abnahme fällig. Theoretisch. In Verzug gerät der Schuldner laut § 286 Abs. 3 BGB, wenn er nicht innerhalb von 30 Tagen nach Fälligkeit und Zugang einer Rechnung dieselbige bezahlt; bei Rechnungen an Privatkunden muss auf diese Folgen in der Rechnung besonders hingewiesen worden sein. Deshalb gehört am besten auf alle Rechnungen (insbesondere auf die an Privatkunden) der Zusatz: „Der Rechnungsbetrag ist sofort fällig. 30 Tage nach Rechnungsdatum tritt nach den gesetzlichen Vorschriften (§286 Abs. 3 BGB) Verzug ohne Mahnung ein. Ab dann fallen für Sie gesetzliche Verzugszinsen in Höhe von fünf Prozentpunkten (bei Unternehmen sind es neun) über dem jeweiligen Basiszinssatz jährlich an." – so oder so ähnlich formuliert. Der Basiszinssatz liegt zurzeit bei -0,88 % (Stand: September 2016, unter *www.basiszinssatz.info* nachzusehen). Sie können die Frist auch kürzer setzen, 30 Tage sind lediglich die gesetzliche Regelung. Setzen Sie nur 14 Tage an, gerät der Kunde auch schon nach 14 Tagen in Verzug. Der Einfachheit halber jedoch beziehe ich mich im Folgenden auf 30 Tage.

Vorsicht: Schreiben Sie wirklich „5 bzw. 9 Prozentpunkte", nicht „5 bzw. 9 Prozent"! Sonst muss der Kunde nur 5 bzw. 9 Prozent des Basiszinssatzes mehr zahlen – bei einem Basiszinssatz von -0,88 % entsprechen 9 % mehr als der Rechnungsbetrag -0,80 % – bei dieser Rechnung müsste der säumige Kunde also weniger zahlen als den eigentlichen Rechnungsbetrag! 9 Prozentpunkte über dem Basiszinssatz hingegen sind in diesem Beispiel 8,12 %.

Im Grunde ist nach diesen 30 Tagen weder eine Zahlungserinnerung noch eine Mahnung nötig; da wir uns aber ja nicht streiten, sondern möglichst stressfrei an unser wohlverdientes Geld kommen wollen, sollte die eine oder andere Erinnerung oder auch Mahnung – ob per E-Mail, Post oder Telefon –, je nach Kundenreaktion, dennoch sein.

Haben Sie schon einmal eine Mahnung erhalten? Schön fühlt sich das nicht an, immerhin wird man auf ein Versäumnis, auf einen eigenen Fehler hingewiesen. Ich habe schon Geschäftsbeziehungen zu Übersetzerinnen beendet, die bereits nach einer Woche eine unfreundliche Bitte-zahlen-Sie-endlich-die-Rechnung-Mail verschickt haben. Natürlich haben Sie das Recht auf sofortige Bezahlung – aber beliebt machen Sie sich nicht, wenn Sie darauf bestehen, und Kundenbeziehungen pflegt man so auch nicht. Und, Hand aufs Herz, bezahlen Sie Ihre Rechnungen sofort, oder schöpfen Sie lieber das Zahlungsziel aus? Bis zu einem gewissen Punkt ist das Einräumen einer Zahlungsfrist schlicht Service.

Wenn eine **Zahlungserinnerung** also dennoch nötig wird, formulieren Sie sie unbedingt freundlich! Zum Beispiel so:

> *Sicherlich ist es in der Hektik des Alltags übersehen worden, dass die Rechnung vom xx.xx.xxxx noch nicht beglichen ist. Deshalb möchte ich Sie heute an deren Ausgleich erinnern und bitte um kurzfristige Erledigung bis zum xx.xx.xxxx. Sollten Sie zwischenzeitlich die Zahlung schon geleistet haben, bitte ich, dieses Schreiben als gegenstandslos zu betrachten.*

Darin liegt kein Vorwurf, dafür Verständnis für den menschlichen Fehler des Vergessens. Manch einer hat die Rechnung wirklich nur verschludert, oder in einem Unternehmen ist der Schuldige in der Buchhaltung zu finden und nicht bei Ihrem direkten Ansprechpartner; und der im Grunde ehrliche und gute Kunde will ja nicht verprellt werden. Versenden Sie die Zahlungserinnerung nicht vor Ende der von Ihnen auf der Rechnung gesetzten Zahlungsfrist.

Fruchtet diese Zahlungserinnerung nicht, kann man vermutlich nicht mehr von einem einfachen Versäumnis ausgehen, deshalb können Sie bei der Mahnung durchaus bestimmter werden und rechtliche Schritte ankündigen. Lassen Sie zwischen der in der Zahlungserinnerung gesetzten Frist und dem Versand der Mahnung mindestens drei Tage Zeit – manchmal brauchen Banküberweisungen tatsächlich so lange. Berücksichtigen Sie auch Ferienzeiten, Feiertage usw.; natürlich hat der Kunde seine Rechnung zu bezahlen, bevor er fünf Wochen ohne Vertretung in den Urlaub fährt – aber wer von uns hat noch nie eine Rechnung vergessen? Berechnen Sie für die Mahnung eine Mahngebühr, erst einmal nur in Höhe der Portokosten (plus Umsatzsteuer und aufgerundet). Oftmals begleicht der säumige Kunde dann schnell die Rechnung ohne die Mahngebühr und tut so, als habe er die Zahlung just vor Eintreffen der Mahnung getätigt. Ob es sich lohnt, in diesem Fall die Mahngebühren einzutreiben, müssen Sie abwägen. Ich würde davon abraten – der Ärger ist es meist nicht wert.

Versenden Sie die Mahnung unbedingt per Post, am besten als Einschreiben! So kann sich der Empfänger nicht herausreden, nichts erhalten zu haben, was bei einer E-Mail durchaus der Fall sein kann.

Ein recht wirksames Mittel – einzusetzen zwischen Zahlungserinnerung und Mahnung – ist oft ein einfacher, freundlicher (!) Telefonanruf, gern von einer dem Auftraggeber unbekannten Nummer aus, z. B. vom Handy: E-Mails kann man leicht ignorieren, Briefe ebenso, aber ist der

Gläubiger einmal in der Leitung, muss sich der Schuldner ja äußern. Vielen ist der Anruf so peinlich, dass sie ihre Außenstände begleichen.

Wenn alles nicht fruchtet, ist es an der Zeit, ungemütlich zu werden. Laut § 288 BGB können Sie bei Unternehmern (nicht bei Privatkunden!) für die Mahnung eine Pauschale in Höhe von 40,00 Euro sowie die erwähnten Verzugszinsen ab Zeitpunkt des Verzugs erheben, und das sollten Sie in der nächsten und letzten Mahnung auch tun. Ab jetzt wird keine Rücksicht auf Befindlichkeiten mehr genommen – den Kunden möchten Sie sowieso nicht behalten.

Manchmal hilft alles nichts, und der Kunde macht keine Anstalten zu zahlen. Nun können und sollten Sie rechtliche Schritte einleiten; der erste wäre die Beantragung eines **gerichtlichen Mahnbescheid**s. Das geht relativ einfach online auf **www.online-mahnantrag.de**. Sie können natürlich auch einen Anwalt oder ein Inkassobüro beauftragen; im Grunde muss der Schuldner für alle Kosten im Zusammenhang mit der Mahnung aufkommen. Wenn der Kunde allerdings zahlungsunfähig ist, bleiben Sie auf allen Kosten sitzen; insofern empfiehlt es sich, diese gering zu halten. Sie müssen immer in Vorkasse treten! Die Kosten für den Mahnbescheid richten sich nach der einzufordernden Summe; bis 1.000 Euro kostet er 32 Euro (Stand: Juli 2016) – plus Porto. Diese Kosten werden im Antrag eingetragen und vom zuständigen Mahngericht mit eingefordert. Auch die Zinsen können Sie hier angeben. Es wird nicht geprüft, ob Sie wirklich Anspruch auf die geforderte Summe haben; das kommt eventuell erst später, je nachdem, ob und wie der Kunde reagiert. Den online ausgefüllten, ausgedruckten und unterzeichneten Vordruck schicken Sie ungefaltet an das angegebene Gericht, und nach ein paar Tagen erhalten Sie die Zahlungsaufforderung über die 32 Euro (oder mehr, je nach geforderter Summe). Sobald Sie die bezahlt haben, wird der Mahnbescheid zugestellt, und auch darüber bekommen Sie Bescheid. Der Kunde hat nun 14 Tage Zeit, Widerspruch zu erheben oder die Mahnung zu ignorieren.

Legt der Kunde Widerspruch ein, kann das ein gutes Zeichen für seine Solvenz sein; muss es aber nicht. Sie erhalten Bescheid vom Gericht, dass der Schuldner Widerspruch eingelegt hat und ob und mit welcher Begründung (in all meinen Fällen bisher wurde noch nie eine Begründung angegeben). Zeitgleich erhalten Sie einen Vordruck zur Überweisung der Gerichtsgebühren, mit der Sie das gerichtliche Verfahren einleiten. Bis zu einem Anspruch von 5.000 Euro können Sie das Verfahren auch ohne Anwalt bestreiten; es wäre allerdings zu überlegen, ob ein rechtlicher Beistand jetzt nicht sinnvoll sein könnte, je nachdem, wie viel Erfahrung Sie bereits mit der Thematik haben und wie wasserdicht Ihre Forderung ist. Bei einem Streitwert über 5.000 Euro ist ein Anwalt zwingend.

Legt der Schuldner keinen Widerspruch ein, haben Sie nach Ablauf der 14 Tage automatisch einen vollstreckbaren Titel. Sie erhalten einen Bescheid mit dem Antrag auf einen Vollstreckungsbescheid, den Sie ausfüllen und an das zuständige Gericht zurücksenden. Dieser Antrag kostet Sie nur die Portokosten. Nun hat der Kunde wieder 14 Tage Zeit Einspruch zu erheben. Läuft die Frist ohne Reaktion des Schuldners ab, muss er spätestens jetzt die volle Summe samt Mahnkosten und Zinsen bezahlen, ob Ihre Forderung nun berechtigt ist oder nicht.

Hört sich gut an? Dem ist in den meisten Fällen leider nicht so, denn wenn jemand so gar nicht auf Mahnungen reagiert, ist das oft ein Zeichen dafür, dass er sehr viele davon bekommt, die er eh nicht zahlen kann, und die Briefe ungeöffnet in der Schublade verschwinden ... Spätestens jetzt sollten Sie deshalb in Erfahrung bringen, ob der Kunde überhaupt zahlungsfähig ist (das können Sie auch schon vorher, sobald der Kunde in Verzug ist). Früher konnten man einfach beim zuständigen Amtsgericht anrufen und nachfragen, ob der Kunde bereits eine eidesstattliche Versicherung abgegeben oder Insolvenz angemeldet hat – das geht mittlerweile nicht mehr. Glücklicherweise fehlt mir die Erfahrung mit dem neuen Prozedere, sodass ich es nur theoretisch erklären kann: Man muss sich auf **www.vollstreckungsportal.de** registrieren, bekommt dann eine PIN per Post, mit der man sich freischalten kann, und hat anschließend Zugriff auf das Portal. Der Abruf von Informationen ist kostenpflichtig. Die Investition kann sich jedoch lohnen, wenn Sie dadurch die Kosten für den Gerichtsvollzieher sparen, der gar nicht erst ausrückt, weil ihm der Schuldner bereits bekannt ist.

War der Kunde bereits gerichtsbekannt zahlungsunfähig, bevor er Sie auf Rechnung beauftragt hat, könnte es sich um Betrug handeln, denn offensichtlich hatte er dann von vornherein nie die Absicht, Sie für Ihre Arbeit zu entlohnen. Hier käme deshalb eine **Strafanzeige** bei der Polizei wegen Verdachts auf Betrug in Betracht. Auch das geht heutzutage ganz bequem online (allerdings wird sie bei einem Streitwert von unter 100 Euro sofort wieder eingestellt – es sei denn, die Anzeigen häufen sich). Manchmal reicht es auch schon, den säumigen Zahler im Vorfeld über diesen Schritt zu INFORMIEREN (!!!). Was Sie niemals schreiben dürfen, ist etwas in der Richtung: „Wenn Sie bis zum xx.xx.xx nicht bezahlen, zeige ich Sie an." Das wäre gegebenenfalls Nötigung.

Bei Auftraggebern im EU-Ausland finden Sie auf **https://e-justice.europa.eu/home.do** weitere Informationen und können dort auch einen europäischen Mahnbescheid beantragen.

Forderungsmanagement **269**

Alternatives Forderungsmanagement

Eine weitere, kostenlose und manchmal sehr wirksame Methode, doch noch einem nackten Mann in die Tasche zu greifen oder ein gerichtliches Verfahren zu vermeiden, wenn der Kunde Widerspruch gegen den gerichtlichen Mahnbescheid eingelegt hat, ist das gute alte An-den-Pranger-Stellen. Diese Methode ist nicht nett, aber effektiv, und irgendwie ist es vom Kunden ja auch nicht nett, seine Rechnung nicht zu bezahlen.

Im Internet findet man bekanntlich jede Art von Informationen, und gerade Unternehmen leben von ihrem Ruf. Viele Kunden googeln ein Unternehmen, bevor sie es beauftragen, so wie die meisten Personalchefs inzwischen potenzielle Kandidaten googeln, bevor sie zum persönlichen Gespräch einladen. Findet man dann etwas Negatives, kann das durchaus eine Karriere beenden oder einen Auftrag gar nicht erst zustande kommen lassen. So ein ramponierter Ruf kann ein säumiges Unternehmen weit teurer kommen als der ausstehende Rechnungsbetrag! Ganz nebenbei kann man auf diese Weise andere Arbeitnehmer vor dem Kunden warnen, damit wenigstens denen die Erfahrung erspart bleibt.

Einst hatte ich einen Kunden, der seine Rechnung nicht bezahlte. Ich erinnerte, ich rief an (konnte jedoch niemanden erreichen), ich mahnte –, und ich googelte und fand so heraus, dass der Herr bereits wegen Betruges vorbestraft war und seine Finger wohl in mehreren dubiosen Geschäften hatte. Es gab sogar einen kompletten Blogartikel über ihn; den Link dazu postete ich mit dem Zusatz „XY hält nicht viel vom Rechnungen bezahlen" bei Twitter. Es dauerte eine Weile, aber dann mailte er mich an, was mir denn einfalle, seinen Ruf zu ruinieren? Nach einigen Ausreden und Hin und Her beglich er seine Rechnung samt Zinsen und Mahngebühren, und ich löschte den Tweet.

Ein anderer Kunde behauptete erst, er habe überwiesen. Dann, ich habe die Rechnung falsch ausgestellt, und dann, nach dem gerichtlichen Mahnbescheid, meine Arbeit sei mangelhaft gewesen. Also schrieb ich einen Artikel für mein Blog, in dem ich penibel unter Angabe aller Daten und E-Mails sachlich berichtete, was bisher passiert war. Diesen Artikel schickte ich dem Kunden vorab mit der Frage, wie er den denn finde? Ein paar Tage später konnte ich eine „Abschlagszahlung" auf meinem Konto verbuchen. Zu wenig, deshalb veröffentlichte ich den Artikel, woraufhin der Kunde mit dem Anwalt drohte, mich wegen Verleumdung verklagen wollte – und ein paar Tage später alle Außenstände samt Zinsen zahlte, „um den Vorgang abzuschließen". In allen Fällen habe ich daraufhin die Namen der Betreffenden aus meinem Blog entfernt.

Auch Facebook ist eine gute Methode, den Kunden zur Zahlung zu bewegen: So ignorierte ein Kunde hartnäckig meine E-Mails, behauptete am Telefon, der Betrag sei überwiesen, aber nichts passierte – also schrieb ich zweimal in seine Chronik, dass ich es richtig gut fände, wenn er seine Rechnung begleichen würde. Beide Beträge hat er gelöscht, und so schrieb ich einen Blogbeitrag über ihn und veröffentlichte den ersten Abschnitt vorab in meiner Chronik bei Facebook mit der Ankündigung, den vollständigen Beitrag gäbe es am nächsten Tag in meinem Blog zu lesen – und noch am selben Tag kontaktierte er mich über Facebook, dass mit der Überweisung leider etwas schiefgegangen sei, und schon am nächsten Tag brachte er mir das Geld samt Zinsen in bar vorbei.

Eine weitere Kundin habe ich wegen Betruges angezeigt, und sie wurde zur Zahlung verurteilt – die sie dann auch leistete. Nur ein einziger Kunde erwies sich als so hartnäckig, dass ich ihn verklagen musste. Den Prozess habe ich gewonnen, und der Kunde war schlussendlich um ein Vielfaches des ursprünglichen Rechnungsbetrags ärmer.

Vorsicht! Bleiben Sie bei solchen Blogbeiträgen unbedingt fair und sachlich. Sie dürfen nur über Sachverhalte berichten, die Sie auch nachweisen können. Jemanden als Betrüger zu bezeichnen geht gar nicht und könnte zu rechtlichen Schritten gegen Sie führen. Es geht nicht darum, jemanden schlechtzumachen oder gar zu beschimpfen, sondern allein darum, den Rest der Welt sachlich über diesen Kunden zu informieren – ohne jede Wertung. Das funktioniert natürlich nur bei kleineren Unternehmen, große Konzerne würden sich von solchen Aktionen vermutlich wenig beeindrucken lassen; aber es sind ja auch meist die kleinen Unternehmen, die nicht zahlen.

Was auch immer Sie tun, welchen Weg Sie wählen, um an Ihr ehrlich verdientes Geld zu kommen; tun Sie etwas. Verschicken Sie nicht nur zwei Mahnungen nach ein paar Wochen und schreiben das Geld dann ab, sondern treiben Sie es frühzeitig mit allen angemessenen Mitteln ein. Je mehr Dienstleister solchen schwarzen Schafen zeigen, wo der Hammer hängt, desto weniger Kunden werden es als völlig normal ansehen, Rechnungen nicht zu bezahlen in der Annahme, dass ihnen eh nichts passieren werde. Sie haben es sich verdient!

Bitte beachten Sie bei allen juristischen Ratschlägen, dass ich keine Anwältin bin und nur aus meinem Erfahrungsschatz berichte.

25. Agenturen suchen anders

Für Agenturen zu arbeiten hat durchaus Vorteile, selbst wenn Übersetzerinnen immer wieder gern auf sie schimpfen: Natürlich zahlen Agenturen in der Regel schlechter als Direktkunden, dafür nehmen sie Ihnen jedoch die Akquise ab, die Verhandlungen mit dem Kunden, das Korrekturlesen ... und über Agenturen kommen Sie an Aufträge, die Sie direkt vermutlich nicht erhalten würden, weil Sie an solche Kunden als Einzelkämpferin gar nicht herankommen. Darüber hinaus kommen von einer Agentur meist mehr Aufträge als von einem Direktkunden, und wenn Sie mal einen Auftrag von der Agentur ablehnen müssen, wird Ihnen das niemand übel nehmen – der Direktkunde hingegen könnte verloren sein, denn er muss sich ja in diesem Fall eine andere Übersetzerin suchen und bleibt womöglich bei ihr.

Es gibt solche Agenturen und solche. In jedem Ort gibt es welche, und wenn Sie eine Website haben, die bei Eingabe des Wohnortes in die Suchmaschine erscheint und/oder über einen Eintrag in den Gelben Seiten verfügen, werden diese Agenturen Sie vermutlich früher oder später kontaktieren. Oder Sie bewerben sich direkt dort; schadet nicht. Langfristig allerdings dürften Sie dort zu wenig verdienen, und die interessanten Aufträge schlummern dort in der Regel auch nicht.

Dann gibt es die richtig guten Agenturen, die spezialisierte, erfahrene Übersetzerinnen suchen, die jede Menge Anforderungen erfüllen müssen. Anfragen von solchen Agenturen kommen meist über den Online-Eintrag in einschlägigen Datenbanken. Sich bei solchen Agenturen „kalt" zu bewerben, hat in der Regel wenig Sinn, aber andererseits schadet es auch nichts, und manche Agenturen bieten auch Online-Bewerbungsformulare auf ihrer Website.

Und dann gibt es die Websites mit Übersetzerbörsen, auf denen Agenturen aus der ganzen Welt Ausschreibungen veröffentlichen und Angebote einholen. Man kann solche Seiten als „Rückwärtsauktionen" bezeichnen, so viel man witzig ist; manche dieser Seiten sind dennoch gerade für Berufsanfänger Gold wert. Und es sind durchaus auch gute Agenturen, die lieber solche Seiten nutzen, als sich durch Karteien von Berufsverbänden mit einem nicht geringen Prozentsatz an Karteileichen zu wühlen.

Auftragsbörsen

ProZ.com ist sicherlich die bekannteste Übersetzerbörse und weltweit aktiv. Natürlich konkurrieren Sie hier mit Übersetzerinnen aus Ländern mit einem niedrigeren Lohnniveau – als deutsche Muttersprachlerin kann Ihnen das aber relativ egal sein, denn wir wollen ja sowieso nur für die guten Agenturen arbeiten, und die werden Wert darauf legen, dass Sie a) in Ihre Muttersprache übersetzen und b) in dem Land leben, in dessen Sprache Sie übersetzen – insofern ist Ihre Konkurrenz bei ProZ im Grunde nicht größer als auf dem rein deutschen Markt.

Das Anlegen eines Profils ist kostenlos. Sie dürfen Ihren Namen angeben, auf Ihre Website verlinken, in den Foren alle möglichen Themen rund ums Übersetzen diskutieren, bei KudoZ knifflige Übersetzungsprobleme posten und Angebote auf Ausschreibungen abgeben. ProZ ist eine sehr gute Möglichkeit, an Übersetzungsbüros auf der ganzen Welt zu kommen; Direktkunden findet man dort eher selten. Und auch hier gilt: Mit einem professionellen Auftritt kommt man immer am weitesten.

Immer wieder klagen Kolleginnen, sie hätten über ProZ noch nie einen Auftrag erhalten: „Vermutlich bin ich zu teuer." Damit machen es sich viele zu einfach; das hat was von einem Arbeitslosen, der 200 immer gleiche Bewerbungsschreiben an 200 willkürlich ausgesuchte Firmen verschickt und sich wundert, wieso er nie zu einem Vorstellungsgespräch eingeladen wird. Mit fünf individuell formulierten Schreiben an Firmen, die zu seiner Zielgruppe gehören, hätte er vermutlich mehr Erfolg.

Natürlich werden Sie häufig abgelehnt, weil Sie zu teuer sind. Übersetzungsagenturen haben ihr Budget, und jeder, der darüber liegt, kann nicht beauftragt werden. Andererseits wollen Sie aber schließlich Büros als Kunden gewinnen, die auf Qualität und auf Ihre Fachkenntnisse Wert legen und nicht alleine auf den Preis sehen; insofern können Ihnen solche Absagen aufgrund des Preises egal sein.

Einst habe ich selbst eine Übersetzerin für einen recht technischen Text zur Seerettung aus dem Englischen ins Deutsche gesucht und in kürzester Zeit 20 Bewerbungen erhalten, aus denen ich eine Auswahl treffen musste. Ich bat explizit um Erfahrungen im Bereich Seerettung, Tauchen o. Ä. und bekam sehr viele Angebote.

Zuerst flogen alle Anbieter raus, deren Muttersprache nicht Deutsch und deren Fachgebiet nicht Technik war – völlig unabhängig von deren Preisvorstellung. Dann flogen alle raus, die in ihrer Bewerbung nicht auf meine Ausschreibung eingegangen sind, sondern einen vorgefertigten, unpersönlichen Standardtext auf Englisch geschickt haben, obwohl ich meine Anfrage auf Deutsch eingestellt hatte. Einer schickte mir eine kommentarlose E-Mail, in der nur seine Kontaktdaten standen, ohne Anschreiben, nichts. Auf seine Dienste habe ich genauso verzichtet wie auf die einer Agentur, die mir Übersetzung und Korrekturlesen zu einem Wortpreis von insgesamt 4,5 Cent anbot.

Letztendlich kamen drei Kandidaten in die engere Wahl. Eine Kollegin lag im Preis einen Tick über meinem Budget, also schrieb ich sie an, ob sie mir entgegenkommen könne. Sie stimmte zu, „wohl wissend, dass eine gute Übersetzung ihren Preis hat". Mir war daraufhin das Risiko zu groß, dass sie durch den Abstrich beim Preis auch Abstriche in der Qualität machen würde, und so habe ich sie nicht engagiert. Wenn Sie einen Auftrag annehmen und damit den Preis akzeptieren, dann müssen Sie IMMER gute Qualität liefern. Können Sie das nicht, weil Ihnen der Preis zu niedrig ist und Sie deshalb nicht ausreichend motiviert sind, diese Qualität herzustellen, dann nehmen Sie den Auftrag gar nicht erst an. Einen Auftrag zu akzeptieren und zu implizieren: „Sie zahlen mir zu wenig, deshalb müssen Sie auch damit rechnen, dass ich zu wenig arbeite" ist höchst unprofessionell und letztendlich beruflicher Selbstmord.

Die verbleibenden beiden Kollegen habe ich gegoogelt: Über einen fand ich einen Thread in einem Forum, aus dem er ausgeschlossen worden war, weil er sich wohl recht kindisch mit einem anderen Teilnehmer gestritten hatte. Ich stellte mir vor, wie er wohl reagieren würde, wenn es wegen seiner Übersetzung zu Unstimmigkeiten kommen würde ... und habe mich für den anderen Kandidaten entschieden. Wie Sie sehen, hat eine Auswahl nicht immer etwas mit dem Preis zu tun.

Wie können Sie also Ihre Chancen bei ProZ verbessern?

- Werden Sie zahlendes Mitglied. Die Mitgliedschaft kostet zurzeit 125 Euro netto im Jahr, man kann sie sich also durchaus leisten; ich hatte den Betrag schon am ersten Tag mit dem ersten Auftrag wieder drin. Als Mitglied können Sie auf viele Ausschreibungen früher bieten als Nicht-Mitglieder, Ihre Platzierung im Directory ist besser und Sie können das Blueboard einsehen, in dem Auftragnehmerinnen ihre Erfahrungen mit den jeweiligen Auftraggebern veröffentlichen können (so können Sie sich den ein oder anderen Ärger mit einem notorischen Nichtzahler ersparen). Die komplette Liste der Vorteile finden Sie unter *www.ProZ.com/membership*.

- Wählen Sie als sichtbaren Mitgliedsnamen Ihren realen Namen und keinen Nick; Profis verstecken sich nicht hinter einem Nickname. Manche wählen wohl ein Pseudonym, um sich vor Spam zu schützen – mag ja sein, dass dann weniger E-Mails mit Müll im Postfach landen, aber eben auch weniger Aufträge. Ein Pseudonym vermittelt immer den Eindruck, die Person dahinter habe etwas zu verbergen. Auf jeden Fall kann man es nicht mit einem vollberuflich arbeitenden Profi zu tun haben, denn der würde ja darauf Wert legen, dass man ihn findet!
- Laden Sie ein Foto von sich hoch. Dieses muss so professionell sein wie das auf Ihrer Website. Verzichten Sie unbedingt auf Fotos von Ihrem Haustier, Ihren Kindern, Hochzeitsfotos, aus denen Sie Ihren Partner herausgeschnitten haben, Urlaubsfotos, bewegte Bilder, Comics, Scans des Fotos aus Ihrem Personalausweis o. Ä. Es ist wirklich unfassbar, was es da alles gibt, und an all solchen Fotos erkennt man die Hobbyübersetzerin – davon gibt es jede Menge, und genau von diesen wollen wir uns abheben.
- Füllen Sie Ihr Profil vollständig aus, bis Sie das grüne Häkchen bekommen. So erwecken Sie den Eindruck, wirklich nichts zu verbergen zu haben, und der Suchende erhält alle Informationen, die er braucht.
- Reichen Sie die notwendigen Unterlagen zur Zertifizierung ein und erwerben Sie das rote P für die Mitglied-

schaft im „Certified Pro Network". Wie der Name schon sagt, deutet dieses Zeichen darauf hin, dass der Suchende es wirklich mit einem Profi zu tun hat, denn eine Hobbyübersetzerin würde sich diese Mühe eher nicht machen bzw. die Anforderungen gar nicht erfüllen.
- Beantworten Sie kompetent (!) Fragen bei KudoZ. Gute Agenturen auf der Suche nach wirklich guten und spezialisierten Übersetzerinnen recherchieren hier, und mit auffallend hilfreichen Antworten können Sie auf sich aufmerksam machen.

All das trägt zu Ihrer Glaubwürdigkeit und Ihrem professionellen Auftreten bei, und dadurch heben Sie sich von der Masse ab. Der potenzielle Kunde hat weniger das Gefühl, ein Risiko einzugehen, wenn er Sie beauftragt, weil Sie wie ein offenes Buch alle nötigen Informationen bereitstellen.

- Wählen Sie nur Fachgebiete, von denen Sie wirklich etwas verstehen. Vergessen Sie nicht, dass wir hier nach guten Agenturen suchen, und die wissen, dass eine gute Übersetzerin nur wenige Themen richtig gut beherrschen kann – zu viele unterschiedliche Fachgebiete könnten ein K.-o.-Kriterium sein.
- Geben Sie nicht an, in die Fremdsprache zu übersetzen. Ein Profi weiß, dass man nur in seiner Muttersprache gute Texte abliefern kann, während eine Hobbyübersetzerin versuchen wird, an mehr Aufträge zu kommen, indem sie einfach mehr Sprachrichtungen (und Fachgebiete und Leistungen) anbietet. Gute Agenturen werden Sie sowieso nur in die Muttersprache übersetzen lassen; sich nicht an dieses Muttersprachenprinzip zu halten, kann einen negativen Eindruck machen und dazu führen, dass die gute Agentur Sie gar nicht erst kontaktiert.
- Wählen Sie einen aussagekräftigen Slogan. „Fast and reliable" ist nicht aussagekräftig – das sagt jede Zweite. Winken Sie lieber gleich mit Ihrem Titel (z. B. Diplom) –

der dürfte auf den ersten Blick viel mehr Eindruck machen als irgendwelche Adjektive.
- Nutzen Sie die Möglichkeit der Suchmaschinenoptimierung unter Search Engine Settings. Unter dem eingegebenen Titel, der Meta Description und den Keywords werden Sie nicht nur ProZ-intern gefunden, sondern auch beim Googeln!
- Bieten Sie Ihr CV/Résumé/Ihren Lebenslauf zum Download an.

Das CV

Übersetzungsbüros verlangen häufig ein CV, einen Lebenslauf, und der Einfachheit halber können Sie diesen auf Ihrem ProZ-Profil zum Download anbieten. Diese Möglichkeit sollten Sie nutzen – wieder um zu demonstrieren, dass Sie nichts zu verbergen haben. Wenn Sie nicht möchten, dass jeder Hinz und Kunz Ihre persönlichen Daten einsehen kann, stellen Sie ein, dass nur eingeloggte Besucher Ihr CV einsehen können. Ob Sie sich nun dafür entscheiden, Ihr CV mehr oder weniger öffentlich anzubieten oder nicht – erstellen müssen Sie es so oder so, denn spätestens, wenn eine Agentur Sie kontaktiert, wird diese Sie mit großer Wahrscheinlichkeit danach fragen.

Das CV einer Freiberuflerin unterscheidet sich von dem, das Sie als Arbeitnehmerin einreichen würden, und deshalb sollten Sie auch nie auf die Idee kommen, einfach den Lebenslauf aus Ihrer letzten Bewerbung zu verwenden, in dem dann womöglich am Ende etwas von einer „Gehaltsvorstellung" mit Angabe eines Jahresgehalts und des frühestmöglichen Eintrittsdatums steht. Damit demonstrieren Sie, offensichtlich kein Profi zu sein, sondern die freiberufliche Tätigkeit nur nebenbei zu betreiben, bis Sie eine feste Stelle gefunden haben. Wodurch die Agentur gleich sieht, dass Sie nur kurzfristig zur Verfügung stehen und sie sich über kurz oder lang eine neue Übersetzerin suchen muss.

Was auf einen Lebenslauf als Freiberuflerin nicht gehört, sind persönliche Daten wie Familienstand, Kinder, wo Sie zur Grundschule gegangen sind, und auch das Geburtsdatum ist nicht weiter relevant. Der Lebenslauf muss auch nicht so lückenlos sein wie der einer nach einer festen Stelle Suchenden, insofern haben Tätigkeiten, die nichts mit Sprachen oder Ihren Fachgebieten zu tun haben, keine Relevanz und müssen und sollten nicht angegeben werden, nur um eine zeitliche Lücke zu füllen. Wenn Sie also ein Jahr im Krankenhaus lagen oder als Tagesmutter gearbeitet haben: nicht angeben. Das schadet mehr, als es nutzt.

Das CV einer freiberuflichen Übersetzerin muss:
- beim Leser die Lust wecken, weiterzulesen.
  Dafür muss er optisch ansprechend sein,
  und ich rede nicht von Illustrationen, sondern
  von einer klaren Struktur,
- den Leser beeindrucken. Der PM (Projektmanager), der Ihr CV liest, muss hin und weg sein von dem, was Sie können, und Sie unbedingt für sein Projekt haben wollen,
- alle Informationen zur Verfügung stellen,
  die der PM braucht,
- im Leser die Lust wecken, Ihnen sofort eine E-Mail zu schreiben.

Sie brauchen mehrere Lebensläufe, je nach Job/Fachgebiet, für den/das Sie sich bewerben, z. B. einen für Wirtschaftstexte und einen für Literaturübersetzungen sowie einen generellen, der all Ihre Dienstleistungen und Fachgebiete abdeckt. Schicken Sie also nicht wahllos immer dieselbe Datei raus, sondern passen Sie das CV an die aktuellen Bedürfnisse an. Der PM, der das CV liest, muss den

Eindruck haben, dass Sie genau an dieser Agentur und genau an diesem Auftrag interessiert sind und sich genau dafür eignen. Das ist wie bei der Bewerbung eines Arbeitnehmers. Mit dem Gießkannenprinzip kommt man selten weiter. So, wie wir Übersetzungen für ein bestimmtes Publikum schreiben, müssen wir auch das CV für den Leser schreiben.

Sehen Sie sich die Lebensläufe anderer Übersetzer an. Diese landen zuhauf als Spam-Bewerbung in meinem Postfach (und dienen meist als Negativ-Beispiele), oder klicken Sie sich durch die Profile bei ProZ: Einige haben ihre CVs dort hinterlegt. Lassen Sie diese auf sich wirken. Welche gefallen Ihnen, welche hinterlassen Sie beeindruckt, welche lachend? Notieren Sie sich die positiven Punkte und übernehmen Sie diese für Ihr CV.

Ob Sie ein Foto auf Ihr CV setzen, kommt drauf an: Bei Bewerbungen für Agenturen in den USA auf keinen Fall. Bei Agenturen in Deutschland eher schon. Meist machen Sie mehr richtig, wenn Sie das Foto weglassen. Der Agenturkunde wird Sie nie sehen, und Sie werden auch keinen Kundenkontakt haben. Wenn Sie sich jedoch für ein Foto entscheiden, muss dieses unbedingt professionell gemacht sein.

Ein CV sollte eine, maximal zwei Seiten lang sein – unter keinen Umständen länger. Mehr liest niemand, und der Leser könnte genervt reagieren, dass er so viel lesen soll.

Notieren Sie sich die Informationen, die in Ihren Lebenslauf sollen:

- Persönliche Daten
- Überschrift
- Zusammenfassung

- Fachgebiete
- Berufserfahrung
- Qualifikationen und Ausbildung
- Mitgliedschaften
- Leistungen
- Besondere Fähigkeiten

Persönliche Daten:
- Name
- Titel (Diplom-Übersetzerin)
- Adresse
- E-Mail-Adresse
- Telefonnummer
- Website

Mehr nicht!

Kein/-e:
- Nationalität
- Geschlecht
- Familienstand
- Geburtsdatum
- Geburtsort
- Anzahl und Alter der Kinder

Überschrift:
Ob der Leser Ihr CV interessant finden wird, entscheidet er innerhalb weniger Sekunden – das ist wie beim sich Verlieben. Entweder ihm gefällt, was er sieht, oder dreht sich um und geht, bzw. macht das CV zu. Der erste Eindruck zählt! Und dieser entsteht natürlich durch das Äußere, sprich die Formatierung, sowie durch die Überschrift. Die Überschrift muss aussagekräftig sein, z. B.: Financial English to German Translations since 1998. So weiß der Leser sofort, was ihn erwartet. Diese Überschrift wird natürlich je nach Projekt, auf das Sie sich bewerben, angepasst.

Zusammenfassung („Profile Statement"):
Hier fassen Sie in 2-3 Sätzen den Inhalt Ihres Lebenslaufs zusammen: Titel, Fachgebiete, Muttersprache, Ausgangssprache, x Jahre Erfahrung, CAT-Tool.

Fachgebiete:
Hier listen Sie Ihre Fachgebiete auf, sowohl allgemein als auch speziell: z. B. Medizin: Pharma, Augenkrankheiten.

Berufserfahrung:
Wichtige Projekte, an denen Sie gearbeitet haben, z. B. Jahresbilanz eines großen Unternehmens, 40.000 Wörter. Veröffentlichungen, z. B. Buch über das Erstellen von Bilanzen. Sortiert nach Fachgebieten!

Qualifikationen
- Daten Ihrer Ausbildung zur Übersetzerin
- Daten Ihrer Ausbildung in einem Beruf des Fachgebiets, in dem Sie arbeiten (z. B. Krankenschwesterlehre, wenn Sie als Medizin-Übersetzerin arbeiten)
- Angestelltentätigkeit in einem Beruf, der für Ihr Fachgebiet relevant ist
- Abgeschlossene Seminare zu relevanten Themen

Von neu nach alt sortiert.

Mitgliedschaften
BDÜ, ATA, was auch immer. Zeigt Engagement für den Beruf und ist bei Verbänden, in die nicht jeder reinkommt, auch eine Qualifikation.

Leistungen
Was bieten Sie an? Übersetzen, Dolmetschen, Korrekturlesen, Texten. Es ist Geschmackssache, aber ich persönlich würde hier auch Preisangaben machen. Irgendwann werden Sie sowieso danach gefragt, und warum dann diese

Information nicht gleich zur Verfügung stellen? Schreiben Sie auf jeden Fall dazu, ob Sie umsatzsteuerpflichtig sind. Gerade in den GB ist die Grenze zur Umsatzsteuerpflicht sehr hoch, sodass es Ihnen passieren kann, dass das Unternehmen keine VAT-ID hat und aus allen Wolken fällt, dass Sie daraufhin 19 % teurer sind als eingeplant.

Alternativ: Preisliste in einem separaten Dokument einfügen oder im Cover Letter erwähnen.

CAT-Tools
CAT-Tools und andere relevante Programme, mit denen Sie arbeiten. Nennen Sie hier bitte nicht das Office-Paket, sondern besondere Programme, wie z. B. InDesign.

In Amerika ist es üblich, auch Referenzen zu nennen: Ansprechpartner mit Telefonnummer und E-Mail-Adresse, die der Leser Ihres Lebenslaufs kontaktieren und nach Ihnen fragen kann. Ebenso üblich ist es, Hobbys anzugeben. Unbedingt Hobbys angeben sollten Sie, wenn Sie Kochbuchübersetzerin sind und gern kochen; Spieleübersetzerin sind und gern spielen; Literaturübersetzerin sind und gern lesen usw.

Das Ganze in Ihren Arbeitssprachen sowie auf Englisch. Und immer Korrektur lesen lassen!

Eine ganz hervorragende und sehr ausführliche Anleitung zur Erstellung eines CVs gibt es von Martha Stelmaszak (auf Englisch) – einfach *„You need a CV that works"* googeln.

Tipps:
- Links einbauen: zur Uni, zu Veröffentlichungen, zu Referenzen. Der CV wird ja nicht gedruckt, und in einer PDF sind die Links anklickbar.

- Logo einbauen, bzw. CV auf den eigenen Briefbögen erstellen. So sieht der Leser auf den ersten Blick, dass er es mit einem Profi zu tun hat (gerade bei ProZ kann man sich dadurch deutlich von der Masse abheben).
- Immer als PDF versenden! Sieht professioneller aus, ist auf allen Computern gleich und verringert die Gefahr des ID-Diebstahls.
- Name der Datei: CV_IhrName.pdf. Achten Sie darauf, dass der Name der Datei für den Leser aussagekräftig sein muss, nicht für Sie! Auf Ihrer eigenen Festplatte können Sie einen anderen Namen wählen.
- Immer E-Mail-Adresse mit Domain angeben. Auch dadurch heben Sie sich als Profi hervor.

Don'ts:
- Zu viele Informationen. Keinen interessiert es, wo Sie zur Schule gegangen sind, was Ihre Eltern beruflich machen, dass Sie nebenbei als Tagesmutter arbeiten usw.
- Sagen, dass Sie neu im Geschäft sind. Man muss den Kunden ja nicht mit der Nase darauf stoßen, dass man wenig Erfahrung hat.
- Schlagwörter wie always available, flexible, self-motivated. Soooo abgedroschen.
- Zu kleine Schrift
- Zu geringer Zeilenabstand
- Blümchenmuster, Farben, verspielte Schrift

Cover Letter

Der Cover Letter ist der Text, den Sie in die E-Mail schreiben, an die Sie Ihren Lebenslauf anhängen; und genau dort gehört der Text hin, versenden Sie keine praktisch leere Mail mit zwei Dateien im Anhang: Cover Letter und CV. So haben Sie keine Chance, den Leser auf den Inhalt neugierig zu machen, und er wird den Cover Letter mit hoher Wahrscheinlichkeit gar nicht erst öffnen.

Fassen Sie sich kurz! Unbedingt sollte dieses Anschreiben die Informationen enthalten, die in der Ausschreibung der Agentur angefordert wurden, bzw. bei Blindbewerbungen: Ihr beruflicher Titel, Ihre Sprachkombination und Ihre Fachgebiete. Sie wären überrascht, bei wie vielen Kandidaten diese Angaben fehlen.

Sprechen Sie dabei den Empfänger mit Namen an und erläutern Sie kurz Ihre Motivation, weshalb Sie für diesen Auftrag ganz besonders geeignet sind.

Mehr nicht! Mit diesem kurzen Text sollten Sie den Leser so neugierig gemacht haben, dass er es kaum erwarten kann, Ihren Lebenslauf zu öffnen und Sie danach sofort anzuschreiben.

Das Angebot

Auf jede Ausschreibung geben sehr viele Kandidatinnen ein Angebot ab, und bei dieser Flut muss der Auftraggeber eine Auswahl treffen. Das kann er natürlich rein nach dem Preis machen – das kann uns egal sein, denn auf solche Agenturen sind wir sowieso nicht aus. Wir wollen Agenturen, die uns aufgrund unserer Qualifikation für diesen speziellen Auftrag auswählen und genau deshalb müssen Sie diese auch so sichtbar wie möglich machen.

Es gibt zwei Möglichkeiten, auf eine Ausschreibung zu antworten, die der Ausschreibende einstellt: entweder direkt per E-Mail oder über das ProZ-System. Bei beiden Methoden sind ähnliche Punkte zu beachten:

- Eine aussagekräftige Betreffzeile. Läuft die Ausschreibung über das ProZ-System, sieht der Empfänger oben auf der Seite eine Liste aller Angebote mit Foto der Übersetzerin, Preisangabe und eben dieser Betreffzeile. Um

Ihren gesamten Text lesen zu können, muss er runterscrollen. Das wird er bei Kandidatinnen ohne aussagekräftige Betreffzeile vermutlich nicht tun. Wenn der Auftraggeber nur die Liste mit den Fotos und den Betreffzeilen sieht (den Preis lassen wir hier außen vor), müssen Sie ihm mit beidem ins Auge fallen und sein Interesse wecken. Schreiben Sie also kein „Good morning" oder „Bewerbung auf Ihre Ausschreibung", sondern eher „Diplom-Fachübersetzerin für Wirtschaftsenglisch, 14 Jahre Erfahrung, ehemalige Finanzbeamtin" (wenn Sie sich auf die Übersetzung eines Finanztextes bewerben, versteht sich).

- Antworten Sie in der Sprache der Ausschreibung – alles andere ist unaufmerksam. Wenn ich auf Deutsch eine Übersetzerin DE-EN suche und die Bewerberin antwortet auf Englisch, habe ich Zweifel an ihrer fremdsprachlichen Kompetenz.
- Verzichten Sie auf Floskeln wie „Ich habe Ihre Ausschreibung bei ProZ gelesen und möchte mich bewerben". Sie antworten auf eine konkrete Ausschreibung auf der Seite der Ausschreibung, insofern ist es völlig überflüssig, zu erwähnen, dass Sie die Ausschreibung gelesen haben. Darüber hinaus bewerben Sie sich nicht, sondern Sie machen ein Angebot. Arbeitnehmer bewerben sich, Freiberufler erstellen Angebote. (Anders sieht es natürlich aus, wenn Sie direkt per E-Mail antworten und nicht über das ProZ-System. Dann gehört der einleitende Satz dazu.)
- Verzichten Sie auf Templates, bzw. schreiben Sie diese individuell um. Sprechen Sie den Auftraggeber mit Namen an, oft steht dieser in der Ausschreibung. Beziehen Sie sich auf den ausgeschriebenen Auftrag.
- Heben Sie speziell Ihre Erfahrungen auf diesem bestimmten Fachgebiet hervor. Gehen Sie auf jeden einzelnen Punkt des Ausschreibungstextes ein. Dadurch demonstrieren Sie auch, dass Sie in der Lage sind,

Anweisungen zu lesen, zu verstehen und zu befolgen – alles wichtige Attribute einer Übersetzerin. Was nutzt der Agentur ein perfekt übersetzter Text im falschen Dateiformat, weil die Übersetzerin die Anweisung nicht durchgelesen hat? Abgesehen davon zeigen Sie so auch Respekt für den Auftraggeber und Interesse an dem Auftrag.

- Geben Sie die E-Mail-Adresse mit Ihrer Domain an, keine eines kostenlosen Anbieters.
- Kontrollieren Sie Ihren Text auf Tippfehler. Mehrmals.

Versuchen Sie es selbst und geben Sie eine (potenzielle) Ausschreibung in Ihrer Sprachkombination auf und sehen Sie, wer sich so bewirbt, welchen Eindruck diese Bewerbungen auf Sie machen und wie man es besser machen kann. So lernen Sie auch gleich Ihre „Konkurrenz" kennen. Meiner Erfahrung nach bewerben sich nur selten richtig gute und qualifizierte Übersetzerinnen, insofern sind Ihre Chancen, den Zuschlag mit einer guten und aussagekräftigen Bewerbung zu erhalten, durchaus existent. Selbst wenn ich über dem Budget der Agentur liege, erhalte ich häufig Antwort auf mein Angebot mit der Frage, ob sich am Preis etwas machen ließe. Ich betrachte das als Beleg dafür, dass Agenturen durchaus nach qualifizierten Übersetzerinnen suchen und nicht rein nach dem Preis gehen, wie so häufig behauptet wird, dass sie aber eben ihr Budget haben.

Der Auftrag

Von Agenturen erhalten Sie bei Auftragserteilung in der Regel eine PO = Purchase Order = Auftragsbestätigung. Bekommen Sie diese nicht automatisch, sollten Sie darauf bestehen. In der PO stehen die Anzahl der Zeilen oder Wörter, der Preis, die Deadline und die für die Rechnung notwendigen Daten (z. B. Adresse und USt-Id-Nummer). Diese PO brauchen Sie unbedingt, falls es mal zu Missverständnissen oder Streitigkeiten kommen sollte.

Wenn Sie den Auftrag bekommen, halten Sie unbedingt den Liefertermin ein! Geben Sie den Text, wenn möglich, etwas eher ab. Stellen Sie sich vor, dass am anderen Ende ein Projektmanager sitzt und zittert und hofft, dass die neue Übersetzerin den Text tatsächlich rechtzeitig abgibt. Denn wenn nicht, ist der PM dran! Der muss dann dem Kunden bzw. seinem Chef erklären, warum der Auftrag nicht erledigt wurde. Es kommt leider immer wieder vor, dass Übersetzerinnen Aufträge annehmen, merken, dass sie überfordert sind und sich einfach tot stellen. Manche PM fragen sogar zwischendurch nach, ob alles klar ist, um bei ausbleibender Antwort noch rechtzeitig nach Ersatz suchen zu können. Deshalb ist es durchaus wahrscheinlich, dass er sich weiterhin an Sie wenden wird, wenn er merkt, dass er Ihnen vertrauen kann. Also verscherzen Sie es sich nicht!

Agenturen haben leider häufig eine recht lange Zahlungsfrist – 30, 60 oder auch 90 Tage sind keine Seltenheit. In der Regel erklären Sie sich bei Auftragsannahme mit diesen Zahlungsbedingungen einverstanden. Diese viel zu langen Zahlungsziele gehören zu den Ärgernissen, die sich vermutlich nicht ändern lassen; man muss ja nicht für Agenturen arbeiten, die von vornherein sagen, dass sie erst drei Monate nach Rechnungsstellung bezahlen werden. Wobei es Ihnen natürlich freisteht, einen gewissen Zinssatz gleich in Ihrem Wortpreis mit einzukalkulieren.

Es gibt natürlich noch andere Auftragsbörsen, **TraduGuide** zum Beispiel. Hier schreiben häufig auch Unternehmen und Privatkunden Aufträge aus. Kann sich lohnen, wenn man beispielsweise eine übersetzte Website eines Unternehmens für die Referenzliste haben möchte. Meiner Erfahrung nach geht es hier jedoch fast immer tatsächlich nur um den Preis. Weitere Seiten sind Translatorscafe.com, bewords.com, um nur einige zu nennen. Registrieren, ausprobieren, schadet nichts.

26. Kundenbindung

Um als Übersetzerin erfolgreich zu sein, müssen Sie nicht nur ausreichend Kunden neu gewinnen, sondern diese Kunden vor allem auch halten. In erster Linie erreichen Sie das natürlich, indem Sie den ersten Auftrag zur vollsten Zufriedenheit des Kunden abliefern.

Doch auch zwischen den Aufträgen müssen Sie dem Kunden im Gedächtnis bleiben. Sonst denkt er womöglich, Sie würden nicht mehr arbeiten (Sie glauben nicht, wie häufig ich von wiederkehrenden Kunden gefragt werde, ob ich denn noch als Übersetzerin arbeite – viele halten die freiberufliche Tätigkeit augenscheinlich nur für einen Zeitvertreib bis zur nächsten Festanstellung) oder hätten kein Interesse an der Kundenbeziehung, oder er hat zufällig gerade Werbung einer anderen Übersetzerin erhalten, als ein Auftrag zu vergeben war.

Unternehmen halten diesen Kontakt beispielsweise mit Newslettern – so bleibt der Kunde immer auf dem Laufenden über aktuelle Angebote. Für freiberufliche Einzelkämpfer ist diese Methode vermutlich weniger empfehlenswert, es sei denn, Sie haben viel (Wissenswertes!) zu erzählen. Aber es geht ja auch anders!

Urlaubsmeldungen zum Beispiel bieten sich an. Schicken Sie Ihren Kunden eine E-Mail, in der Sie Ihre Abwesenheit wegen Urlaub ankündigen. Solche E-Mails sind unaufdringlich und informativ und sollten, sofern Sie nicht alle zwei Monate in den Urlaub fahren, auch von keinem Kunden als Spam aufgefasst werden. Schreiben Sie in diese Urlaubsmeldung gern hinein, dass Aufträge, die bis zum xx.xx.xxxx eingehen, noch bearbeitet werden können.

Damit simulieren Sie eine Angebotsknappheit, die immer zu erhöhter Kauflust führt. Sie kennen das sicher von zeitlich beschränkten Angeboten im Supermarkt.

Schicken Sie nach Rückkehr aus dem Urlaub eine **Ich-bin-wieder-da-Mail.** Je nach bisherigem Kundenkontakt können Sie den Empfängern darin auch mitteilen, welche Leistungen Sie neuerdings zusätzlich anbieten – Korrekturlesen zum Beispiel oder durch die Zusammenarbeit mit einer Kollegin weitere Sprachkombinationen. Sehr sympathisch wirkt es auch, wenn Sie Ihre Ich-bin-wieder-da-Mail wie eine Postkarte mit einem Urlaubsfoto gestalten – nicht von sich, sondern vom Strand, den Bergen, wo auch immer Sie gerade waren! Versenden Sie diese Postkarten-Mail auch durchaus an Agenturen, bei denen Sie zwar in der Kartei stehen, von denen Sie jedoch noch keine Aufträge erhalten haben. Es kann sehr gut sein, dass die Stammübersetzerinnen noch urlauben und die Agentur sehr glücklich darüber ist, dass Sie verfügbar sind.

Weihnachtsgrüße sind vermutlich der Klassiker. Die üblichen Weihnachtsmails sind allerdings furchtbar langweilig, und die meisten Unternehmen bekommen so viele davon, dass sie ungelesen gelöscht werden und somit der gewünschte Effekt, dem Kunden in Erinnerung zu bleiben, ausbleibt.

Die schlimmste Weihnachtsmail, die ich jemals bekommen habe, war ein komplett schmuckloses

Dear Outsourcer,
Merry Christmas and a Happy New Year!
xxx

Lassen Sie stattdessen Weihnachtskarten drucken. Gern mit Ihrem Logo oder auch Foto darauf, um sie persönlicher zu gestalten. Verzichten Sie darauf, den „Frohe Weihnachten"-Vordruck lediglich mit Ihrer Unterschrift zu versehen – dann können Sie genauso gut E-Mails versenden. Schreiben Sie stattdessen mit der Hand (!) ein paar persönliche Zeilen, in denen Sie eventuell das gemeinsame Projekt erwähnen, falls die Gefahr besteht, dass sich der Kunde nicht mehr an Sie erinnern kann. Mit einer solchen Karte zeigen Sie echtes Interesse an der Geschäftsbeziehung, und die meisten Menschen freuen sich sehr über persönliche Weihnachtspost. Macht ein wenig mehr Arbeit als die übliche E-Mail, bringt aber auch mehr! Ausgewählten, guten Kunden kann man auch durchaus ein paar selbst gebackene Weihnachtsplätzchen schicken. Ähnliches lässt sich auch an Ostern durchführen – an Ostern werden sicherlich weniger Kundenpräsente verschickt als an Weihnachten, und insofern fällt Ihr Gruß eher auf.

Auch die bereits erwähnten **Online-Netzwerke** eignen sich wunderbar zur Kundenbindung, sofern derjenige im selben Netzwerk vertreten ist. Durch regelmäßige Statusmeldungen bei XING, LinkedIn, Twitter oder Facebook wird der Kunde immer wieder an Sie erinnert: Er erfährt, was Sie so machen, und weiß somit immerhin, dass Sie in der Tat noch als Übersetzerin arbeiten. Kommentieren Sie seine Statusmeldungen und zeigen Sie so Interesse an ihm. Vorsicht! Nicht übertreiben! Die Grenze zwischen Informationen bieten und spammen, zwischen Interesse bekunden und Stalking ist manchmal fließend.

Wissen Sie, wann der Geschäftspartner **Geburtstag** hat? Manche geben diesen ja in ihrem Onlineprofil an. Legen Sie sich einen Kunden-Geburtstagskalender im Smartphone, Computer oder ganz klassisch auf Papier an, der Sie an solche Termine erinnert, und gratulieren dem Kunden zum Geburtstag, wahlweise per Post oder E-Mail. Erinnern Sie ihn dabei jedoch nicht an sein Alter, schon gar nicht, wenn die Person weiblich ist und es sich nicht um einen runden Geburtstag handelt! So hatte ich mal eine Versicherungsvertreterin, die jedes Jahr an meinem Geburtstag gleich morgens um neun Uhr anrief und mir zum soundsovielten Geburtstag gratulierte – und mir damit den kompletten Geburtstag verdarb. Nach dem dritten Mal verbat ich mir bei ihr schriftlich diese Anrufe und wechselte die Versicherung.

Wenn Sie **Rundmails** jeglicher Art verschicken, dann achten Sie unbedingt darauf, dass nicht jeder Empfänger die E-Mail-Adressen aller Empfänger bekommt. Eine lange Liste von Empfängeradressen im Kopf der E-Mail macht nicht nur einen unprofessionellen und unachtsamen Eindruck, sondern könnte auch datenschutzrechtliche Fragen aufwerfen und sicherlich den ein oder anderen auf der Liste verärgern. Die Empfänger gehören somit nicht in die Zeile „An" oder „CC", sondern unter „BCC".

Keine Zeit?

Ein ganz wichtiger Punkt in jeder Beziehung und damit auch in der zwischen Ihnen und Ihrem Kunden ist die **Zuverlässigkeit**. Viele Freiberuflerinnen halten es für professionell, auch mal Aufträge abzulehnen, damit der Kunde nicht denkt, man sei jederzeit verfügbar und hätte sonst nichts zu tun. Oder es werden Aufträge abgelehnt, die zu klein sind. Oder bei Kleinaufträgen mit 200 Wörtern wird eine Lieferzeit von vier Tagen angegeben, um damit zu zeigen, wie beschäftigt und gefragt man ist.

Vorsicht, dieser Schuss kann ganz deutlich nach hinten losgehen. Wenn Sie nicht gerade eine anerkannte Koryphäe in Ihrem Fach sind, Weltruhm genießen und völlig konkurrenzlos dastehen, gibt es immer eine Kollegin, die den Auftrag erledigen wird, und damit besteht immer das

Risiko, dass der Kunde bei dieser Kollegin bleibt. Es dürfte so ziemlich jedem Kunden wichtiger sein, dass er sich auf Sie verlassen kann und weiß, dass Sie alle seine Aufträge zuverlässig erledigen werden, als gezeigt zu bekommen, wie gefragt Sie sind. Mit diesem Verhalten treiben Sie den Kunden förmlich in die Arme einer Agentur, bei der auf seine Wünsche und Bedürfnisse eingegangen wird.

Durch das Ablehnen von Aufträgen oder das Nennen viel zu langer Lieferzeiten demonstrieren Sie in den meisten Fällen nicht, wie gefragt und professionell Sie sind, sondern:

- wie unorganisiert Sie sind. Für den Kleinauftrag mit 200 Wörtern arbeitet man an dem Tag halt eine Stunde länger – wir sind ja keine Angestellten, die um 17 Uhr den Stift fallen lassen! Oder man gibt den Auftrag an eine Kollegin weiter (die dann hoffentlich keine Lieferzeit von vier Tagen angibt, weil sie so beschäftigt ist).
- dass Sie zu billig sind. Wenn Sie wirklich so viele Aufträge haben, dass Sie keine 200 Wörter mehr einschieben können, sollten Sie dringend Ihre Preise erhöhen. Dann reguliert sich das.
- wie unwichtig der Auftraggeber für Sie ist. Wenn Sie Zeit und Lust haben, sind Sie für ihn da; wenn nicht, dann nicht. Dieses Verhalten hält absolut keine Beziehung aus.

Außerdem können Sie sicher sein, dass jeder Unternehmenskunde diesen Trick, beschäftigt zu tun, kennt, und sehr genervt darauf reagieren wird.

Man kann es gar nicht oft genug sagen: Behandeln Sie Ihre Kunden immer so, wie Sie selbst behandelt werden wollen. Wenn Sie genervt sind von unzuverlässigen Dienstleistern, dann sorgen Sie dafür, dass es Ihren Kunden bei Ihnen nicht genauso geht.

27. Weiterbildung

Spezialisierung

Spezialisieren Sie sich. Diesen Tipp haben Sie vermutlich schon sehr häufig gehört, und er ist jedes Mal wahr. Wenn die Geschäfte nicht zufriedenstellend laufen, begehen viele den Fehler, das Sortiment zu erweitern. So gab es hier um die Ecke einen neuen Secondhandladen, der anfangs nur Kinderkleidung vertrieb. Dann alle Arten von Kleidung. Dann so ziemlich alles: DVDs, Teegeschirr, Bücher, Spielzeug ... dann machte er pleite. Ein anderer Secondhandladen hingegen, der sich allein auf festliche Kleidung konzentriert, floriert prächtig. Je mehr Fachgebiete Sie anbieten, desto größer ist auch Ihre Konkurrenz und desto stärker spüren Sie den Preisdruck. Sie haben schlicht keine USP, keine Unique Selling Proposition, kein Alleinstellungsmerkmal! Sind Sie hingegen auf einem Gebiet richtig gut, stechen Sie die weniger qualifizierte Konkurrenz durch Ihr Wissen aus und können dieses auch teurer verkaufen. Feld-, Wald- und Wiesenübersetzerinnen gibt es wie Sand am Meer, richtig gute Spezialisten hingegen sind dünn gesät! Ein Spezialitätengeschäft ist teurer als ein Supermarkt, ein Facharzt verdient mehr als ein Allgemeinmediziner und dürfte auch ein höheres Ansehen genießen – dieses Beispiel lässt sich eins zu eins auf Übersetzerinnen übertragen.

Vereidigung/Ermächtigung

Lassen Sie sich vereidigen. Auch wenn Sie nicht so gern Urkunden übersetzen. Die Bezeichnung „Übersetzer" ist kein geschützter Begriff und somit kann sich absolut jeder so nennen. Die wenigsten Direktkunden können mit Zusätzen wie „Akademisch geprüft", „Staatlich geprüft",

„IHK-geprüft" oder Ähnlichem irgendetwas anfangen. Viele sind perplex, dass man so etwas überhaupt lernen und gar studieren kann. Die Bezeichnung „Vom Landgericht xxx ermächtigte Übersetzerin" hingegen hat für jeden Aussagekraft und macht Eindruck: Die hat die richterliche Genehmigung zum Übersetzen! Insofern ist die Vereidigung oder auch Ermächtigung – die Bezeichnung variiert je nach Bundesland – eine zusätzliche Qualifikation und Auszeichnung. Abgesehen davon: Wenn Sie die Tipps zur Suchmaschinenoptimierung befolgt haben, werden Sie so oder so jede Menge Anfragen nach Urkundenübersetzungen bekommen, unabhängig davon, wie groß Sie auf Ihrer Website darauf aufmerksam machen, dass Sie diesen Service gar nicht anbieten. Und machen wir uns nichts vor: Auch Urkundenübersetzungen bringen Geld in die Kasse. Manchmal kann man den Empfänger sogar richtig glücklich machen, so ist es durchaus motivierend, die übersetzte Urkunde einem Privatkunden persönlich zu übergeben und somit einen Teil zu seiner bevorstehenden Eheschließung oder Auswanderung beigetragen zu haben.

Muttersprachliche Kompetenz

Sie sind Deutsche, Deutsch ist Ihre Muttersprache, ergo können Sie perfekt Deutsch? Viel zu oft ist das ein Trugschluss. Schreibt man „Herzlich Willkommen" oder „Herzlich willkommen"? „Danke für's zuhören" oder „Danke fürs Zuhören"? „Michaels Blumenladen" oder „Michael's Blumenladen"? AGB, AGBs oder AGB's? Deutsch ist auch für Muttersprachler eine sehr schwierige Sprache, gerade, wenn Sie wie ich in der Schule noch nach den Regeln der alten Rechtschreibung gelernt haben. Da man gar nicht weiß, dass man immer wieder dieselben Fehler macht, kann man sie logischerweise auch nicht vermeiden und die Tatsache, dass selbst Plattencover, Werbeanzeigen und Zeitungsartikel teilweise grobe Fehler enthalten, macht es uns nicht einfacher, zu lernen, was richtig ist und was falsch. Kaufen Sie sich ganz einfach ein deutsches Grammatikbuch, z. B. *Duden Ratgeber – Handbuch Zeichensetzung: Der praktische Ratgeber zu Komma, Punkt und allen anderen Satzzeichen.* Abonnieren Sie Blogs wie *www.korrekturen.de* und perfektionieren Sie Ihr Deutsch. Und leisten Sie sich unbedingt einen **Korrekturleser**! Durch den Korrekturdurchgang erhöhen Sie die Qualität Ihrer Texte – und lernen ständig etwas dazu. Zählt also quasi als Weiterbildung.

CAT-Tools

CAT-Tools, *Computer Aided Translation Tools*, sind aus der Übersetzungsindustrie heutzutage nicht mehr wegzudenken. Die allermeisten Agenturen arbeiten mit diesen Programmen und suchen somit explizit nach Freiberuflerinnen, die ein solches beherrschen. Sollten Sie noch kein CAT-Tool besitzen, sollten Sie sich unbedingt eines anschaffen und den Umgang damit lernen. Es muss nicht das teure Programm mit dem T am Anfang sein! Across ist für Freiberuflerinnen kostenlos; von Wordfast, memoQ und vielen anderen gibt es immerhin kostenlose Testversionen. Probieren Sie die unterschiedlichen Softwares aus und wählen Sie die aus, welche Ihnen am meisten liegt. So erhöhen Sie nicht nur Ihre Chancen, an Aufträge zu kommen, Sie können auch effizienter arbeiten – ein gutes TM (Translation Memory) spart jede Menge Zeit und erhöht somit Ihren Stundensatz.

Seminare

Alle Berufsverbände veranstalten laufend Seminare zu unterschiedlichen Themen, und sicherlich ist auch mal eines zu Ihrem Fachgebiet dabei. Auf diesen Seminaren bilden Sie sich nicht nur weiter, auch das Netzwerken und der Erfahrungsaustausch mit Kolleginnen kommen nicht zu kurz.

Wohnen Sie in einer Universitätsstadt? In der man Ihr Fachgebiet studieren kann? Dann werden Sie Gasthörer!

Informieren Sie sich über Vorträge von anderen Institutionen, z. B. von Krankenhäusern zu medizinischen Themen oder Museen zum Thema Kunst usw. So bilden Sie sich nicht nur stetig weiter, Sie knüpfen auch Kontakte zu anderen Personen aus der Branche, die mal eine Übersetzerin brauchen könnten.

Tipp: Ergänzen Sie Ihre Website um eine Unterseite „Weiterbildung" und listen Sie dort auf, welche Seminare Sie belegt haben – so sieht auch der interessierte Kunde, dass Sie immer aktiv sind und welches Wissen Sie stetig erweitern.

Konferenzen

Irgendwo scheint immer gerade eine Fachkonferenz stattzufinden, und die eine oder andere ist für Sie sicherlich auch erreichbar. Auf diesen Konferenzen kann man in Workshops, Vorlesungen und Seminaren nicht nur einiges von Kolleginnen lernen, sondern auch diese auch persönlich kennenlernen und Kontakte knüpfen. Und bei der Auftragsvergabe ist der persönliche Kontakt nicht zu unterschätzen! Manchmal reicht das Internet nun mal nicht aus.

iTunes U

Praktischerweise müssen Sie heutzutage für fachspezifische Vorträge noch nicht einmal das Haus verlassen – viele gibt es auch im Internet, z. B. über iTunes U. Über iTunes U können Sie Vorlesungen von allen möglichen Universitäten der Welt zu allen möglichen Themen ansehen und hören – kostenlos und ganz bequem vom Schreibtisch aus. Ein Vortrag über Gefäßkrankheiten von der Helios Akademie? Familienrecht von der Ludwig-Maximilians-Universität München? Nietzsche als Philosoph der Moderne von der Albert-Ludwigs-Universität Freiburg? Auswählen, downloaden, ansehen, lernen. So einfach kann Weiterbildung sein!

Fernsehen

Zweikanalton gibt es (außerhalb des Pay-TVs) leider nicht mehr, DVDs jedoch sind meist mehrsprachig, und so können Sie Filme in Ihrer Arbeitssprache sehen. Da soll noch einer behaupten, Fernsehen bilde nicht! Sky bietet einige Sender mit Zweikanalton – das hilft Ihnen natürlich nur weiter, wenn Ihre Arbeitssprache Englisch ist. Je nach Arbeitssprache lässt sich auch eine Satellitenschüssel so einstellen, dass Sie die Sender des jeweiligen Landes empfangen können. Ansonsten bleibt immer das Internet; so habe ich sowohl eine App für englischsprachige als auch für russischsprachige Sender auf meinem iPad.

Lesen, lesen und nochmals lesen

Die wichtigste Weiterbildungsmethode ist immer noch das Lesen. Lesen Sie Fachzeitschriften, Fachblogs, Bücher zu Ihrem Fachgebiet, und zwar in allen Ihren Arbeitssprachen! So bleiben Sie immer auf dem Laufenden. Sprache ist lebendig und ändert sich ständig; täglich kommen neue Wörter und Ausdrücke hinzu und auch die Entwicklung in Ihrem Fachgebiet steht nie still!

Weiterbildung online

Von Susanne Schmidt-Wussow

Susanne Schmidt-Wussow übersetzt medizinische und biologische Fachtexte aus dem Englischen, Französischen und Japanischen (**www.schmidt-wussow.de**), aber auch Sachbücher für Kinder und Erwachsene (**www.buchprinzessin.de**).

Wer als Übersetzerin vor allem in den großen Sprachen beruflich vorankommen möchte, kommt um eine Spezialisierung nicht herum. Meistens bleibt es nicht bei einem einzigen Fachgebiet – einige Übersetzerinnen haben sehr breit gestreute Interessen, bei anderen ergab es sich ohne bewusste Entscheidung, dass sie neben Texten über Baumaschinen auch immer wieder welche über Weinbau auf den Tisch bekamen, und bevor sie es richtig merkten, kannten sie sich erstaunlich gut im Weinbau aus, obwohl ihre wahre Leidenschaft doch die schweren Maschinen sind.

Doch egal, ob man sich nun aus rationalen Gründen für seine Fachgebiete entschieden hat oder sie einem praktisch zugelaufen sind: Es reicht nicht aus, sich für eine Spezialisierung zu entscheiden, die man dann auf der Website angibt und auf die Visitenkarten druckt. Auch die Recherchearbeit für die tägliche Arbeit an den entsprechenden Fachtexten reicht entgegen der landläufigen Meinung nicht aus, um sich ein solides Grundwissen in seinen Fachgebieten zu erarbeiten; das Wissen bleibt in diesem Fall punktuell und ungeordnet, es fehlen die größeren Zusammenhänge.

Wie aber kommt man an das nötige Grundwissen, wie erarbeitet man sich die Zusammenhänge? Viele Quereinsteiger in den Übersetzerberuf sind an dieser Stelle deutlich im Vorteil, wenn sie nämlich eine fachliche Ausbildung oder ein Fachstudium absolviert haben. Zum einen können sie beim Übersetzen auf das Gelernte zurückgreifen, zum anderen schafft der fachliche Abschluss bei potenziellen Kunden natürlich Vertrauen in die Fachkompetenz. Was machen aber die studierten Übersetzerinnen, die außer dem Übersetzen nichts „Vernünftiges" gelernt haben (Achtung, Ironie!)? Die wenigsten werden die Zeit und die Muße haben, eine zweite Ausbildung oder gar ein zweites Studium an ihre Übersetzerausbildung dranzuhängen – irgendwann möchte man ja auch anfangen, richtiges Geld zu verdienen, und dazu braucht man nun mal ein bestimmtes Quantum an Zeit und Energie pro Tag. Auf bestimmten Gebieten besteht die Möglichkeit, eine Ausbildung entweder in Form von Blockseminaren am Wochenende zu absolvieren oder in Form eines Fernstudiums. Das kann eine durchaus reizvolle Option sein, ist jedoch je nach Fachgebiet häufig nicht ganz billig. Falls Sie sich sicher sind, dass die Ausbildung genau das ist, was Ihnen noch fehlt, ist eine solche Investition sicher dennoch keine schlechte Idee – Investitionen in die eigene Weiterbildung und Gesundheit halte ich persönlich mittel- und langfristig ja für die klügsten, weil sie, wie meine innere Marketingabteilung sagen würde, den besten ROI (Return on Investment) bringt.

Kommt eine echte Zweitausbildung aus Zeit- oder Finanzgründen jedoch nicht in Betracht, gibt es neben dem inzwischen sehr reichhaltigen Weiterbildungsangebot der Berufsverbände sowie dem Besuch von Fachkonferenzen und Messen auch die Möglichkeit, sich bequem am Schreibtisch oder sogar abends auf dem Sofa (meine persönliche Lieblingsvariante) der Weiterbildung zu widmen, nämlich in Form von Webinaren, MOOCs und Podcasts. (Fachzeitschriften und -bücher, ob Papier oder elektronisch, lasse ich hier einmal außen vor. Ich weiß nicht, wie es Ihnen geht, aber wenn ich mich den ganzen Tag mit Texten beschäftigt habe, möchten meine Augen abends nichts Fachliches mehr lesen. Nichtsdestoweniger ist das natürlich eine ebenso effektive Art der Weiterbildung.)

Zuhören, zusehen oder mitmachen – die verschiedenen Formen der Online-Weiterbildung
Webinare gibt es von unterschiedlichen Anbietern in unterschiedlichen Formaten. Die meisten dauern zwischen 45 und 90 Minuten. Grundsätzlich sind sie so konzipiert, dass sich die Teilnehmer live dazuschalten, im Prinzip handelt es sich dabei also um Online-Seminare bzw. Online-Vorlesungen. Wie interaktiv ein Webinar gestaltet wird, ob also beispielsweise die Teilnehmenden Zwischenfragen stellen oder gar untereinander diskutieren können, hängt vom Veranstalter und letztendlich auch von der Teilnehmerzahl ab. Nicht selten stellt der Veranstalter den Teilnehmenden auch für einen bestimmten Zeitraum eine Aufnahme des Webinars zur Verfügung, sodass auch diejenigen es sich ansehen können, die nicht live dabei sein konnten.

Es gibt inzwischen ein recht umfangreiches Angebot an Webinaren speziell für Übersetzer, und auch die Berufsverbände haben diese Form der Weiterbildung längst für sich entdeckt. So findet man etwa das Angebot des BDÜ unter **seminare.bdue.de** (rechts unter „Art" lässt sich die Anzeige nach Webinaren filtern), das des ITI unter **www.iti.com/webinars** und das der ATA unter **www.atanet.org/webinars**. Teilweise werden die Webinare kostenlos angeboten, in den meisten Fällen kostet die Teilnahme einen mittleren zweistelligen Betrag. Der Webinar-Anbieter eCPD Webinars (**www.ecpdwebinars.co.uk**) hat sich auf Webinare und Onlinekurse für Übersetzer spezialisiert, die überwiegend (aber nicht nur) in englischer Sprache abgehalten werden, während das Angebot von Academia Webinars (*www.academia-webinars.de*) ausschließlich Webinare und Kurse auf Deutsch umfasst.

Neben speziellen Angeboten für die übersetzende Zunft sind zur Vertiefung von Fachgebieten aber natürlich auch Webinare zu den entsprechenden Themen interessant. Das Angebot ist gewaltig; eine erste Orientierung kann man sich auf Plattformen wie *www.edudip.com*, *www.lecturio.de* oder *www.content-markt.de* erschaffen. Auch Unternehmen bieten inzwischen häufig Webinare an, in denen sie ihre Produkte und/oder Verfahren vorstellen. Solche Webinare sind in der Regel kostenlos, dienen allerdings natürlich der Kontaktaufnahme mit potenziellen Interessenten, sodass man sich hinterher auf diverse Newsletter und andere Marketing-E-Mails einstellen sollte.

Sucht man Webinare zu einem bestimmten Thema, reicht es meist schon aus, bei Google dieses Thema plus „Webinar" einzugeben (eventuell auch in anderen relevanten Sprachen), um fündig zu werden. Ob Verfahrensrecht, Bautechnik oder Labortechnik – wie gesagt, das Angebot ist inzwischen so groß, dass es eigentlich nichts gibt, was es nicht gibt.

Ähnlich umfangreich ist die Menge der **Massive Open Online Courses**, kurz **MOOC** genannt. Im Gegensatz zu Webinaren finden sie grundsätzlich nicht live statt, sondern stehen innerhalb eines bestimmten Zeitraums in Form von Videos, Skripten und weiterführenden Links zur Verfügung. Ein MOOC läuft normalerweise über mehrere Wochen und ermöglicht das selbstständige Einarbeiten in ein Thema. Die Anbieter sind häufig renommierte Universitäten, und entsprechend studiumähnlich sind solche Kurse auch aufgebaut: Neben den Lehrvideos (die von recht unterschiedlicher didaktischer Qualität sein können, von abgefilmten Vorträgen à la „Death by PowerPoint" bis hin zu geschickt illustrierter, spannend inszenierter Wissensvermittlung) gibt es kleine und größere Tests, die oft innerhalb bestimmter Fristen abgelegt werden müssen, um den Lernfortschritt zu überprüfen und zu dokumentieren. Teilweise müssen die Teilnehmenden regelmäßig Hausaufgaben anfertigen und einreichen (die aufgrund der großen Teilnehmerzahlen meist im Peer-Review-Verfahren untereinander bewertet werden), oder es wird das Lesen weiterführender Literatur erwartet. Hat man die Abschlusskriterien erfüllt, bekommt man je nach Anbieter ein Teilnahmezertifikat, das teilweise allerdings kostenpflichtig ist. Grundsätzlich sind MOOCs aber überwiegend kostenlos und damit für alle interessant, die auf der Suche nach budgetschonenden und dennoch hochwertigen Weiterbildungsmöglichkeiten sind.

Eine Übersicht über das gewaltige Angebot bieten Seiten wie **www.mooc-list.com**, **www.moocse.com** oder **www.edx.org**, einige große Anbieter listet auch der (deutsche) Wikipedia-Artikel „Massive Open Online Course" auf.

Der Großteil aller MOOCs wird übrigens in Englisch angeboten, es gibt jedoch zunehmend auch Angebote von Universitäten aus Deutschland und anderen Ländern in der jeweiligen Landessprache.

Podcasts gibt es schon wesentlich länger als Webinare und MOOCs. Zwar findet man dank der Weiterentwicklung der entsprechenden Endgeräte inzwischen auch eine Menge Videopodcasts, ursprünglich war der Podcast jedoch ein reines Audioformat. Über Dienste wie iTunes, Stitcher (englisch) oder **www.podcast.de** kann man verschiedene Kategorien durchstöbern und interessante Podcasts abonnieren. Auf diese Weise werden neue Folgen automatisch auf das Endgerät (Computer, Smartphone oder iPod) heruntergeladen. Möchte man ebenso komfortabel nach Podcasts in seinen Arbeitssprachen suchen, hilft im iTunes Store ein kleiner Trick: Klickt man unten rechts auf die runde Schaltfläche mit der Landesflagge, lassen sich die iTunes Stores anderer Länder mit dem entsprechenden Landesangebot auswählen. Oft gehört zu einem Podcast eine Website, über die er sich auch direkt abonnieren lässt.

Podcasts sind eine hervorragende Möglichkeit, das Hörverständnis in den Arbeitssprachen zu schulen und gleichzeitig in seinen Fachgebieten auf dem neusten Stand zu bleiben. Sie lassen sich wunderbar in den Alltag integrieren und beispielsweise beim Joggen, Autofahren, in der Bahn oder bei der Hausarbeit hören. Besonders hochwertige Podcasts bieten normalerweise große Radiosender wie BBC, RFI (Radio France International), Radio France Culture oder die verschiedenen Regionalstudios der ARD an. Auch bekannte Organisationen und Einrichtungen, zum Beispiel die Fraunhofer-Institute, produzieren eigene Podcasts. Daneben gibt es natürlich noch eine Vielzahl privater Anbieter unterschiedlichster Qualität – im Prinzip kann jeder einen Podcast herausgeben, da die technischen Hürden nicht hoch sind – und es werden täglich mehr. Auch spezielle Podcasts für Übersetzer sind in den letzten Jahren dazugekommen; neben „Speaking of Translation" von Corinne McKay und Eve Lindemuth Bodeux möchte ich an dieser Stelle vor allem auf Tess Whittys Podcast „Marketing Tips for Translators" und auf den Podcast „LangFM" (englisch, vereinzelt auch deutsche Folgen) des Kollegen Alexander Drechsel hinweisen, allesamt sehr hörenswert.

Fazit

Weder „keine Zeit" noch „kein Geld" sind also Argumente, auf Weiterbildung zu verzichten. Ganz ohne Zeitaufwand geht es zwar nicht, aber wie ich eingangs schon sagte, ist das Investieren ins eigene Wissen eine der vernünftigsten Geschäftsinvestitionen überhaupt.

28. Vorsicht, Falle!

Hüten Sie sich vor Scammern!

Sie haben sie sicherlich auch schon erhalten, all diese Mails von Anwälten, die Geld außer Landes schaffen möchten und dafür Ihr Konto benötigen – gegen Bezahlung, versteht sich. Oder die sich als ein Freund ausgeben, der im Ausland ausgeraubt wurde und nun ein Darlehen von Ihnen benötigt, oder Sie haben geerbt o. Ä. Es gibt jedoch auch Scams, die sich speziell an Übersetzerinnen richten.

Diese Scammer posten z. B. eine Ausschreibung und suchen nach Übersetzerinnen für alle möglichen Sprachen und Fachrichtungen. Vorsicht! Gern werden hierfür fremde Identitäten geklaut, z. B. von Übersetzerinnen, Übersetzungsagenturen, aber auch anderen Personen.

Beispiel für eine solche Scam-Ausschreibung:

> We are currently in need of English to German translators.If you"ll like to work with us,Please indicate by Sending us your CV and let us know your rates and specialties.
> Thanks
> Regards,
> Jenny
> xxxtrans@hotmail.com

Wenn Sie sich auf eine solche Ausschreibung melden, erhalten Sie zum Beispiel eine Antwort wie diese hier:

> Thanks for your reply Your specialties and rates are okay with us.

> I"ll briefly give you details about the job then you can choose to continue or not.We have a long term project for translations and the topic areas are:Business,Medical,Legal,Technical,Humanities,History,
> Arts,Politics,Economics,I.T e.t,c we can offer as much as 4000 words 4 days in a week depending on how much work you can handle.And because of the kind of companies and the kind of project we are doing.We also require that you get Systran software(Business version).Even as you start work and we can send one for you at good discount rate or you can get it by your self from a shop close to you.We pay translators twice a month by Westernunion,Paypal and Banktransfer.I"ll be expecting your feedback on this so we an start the process.
> Thanks
> Regards,
> Jenny
> xxxy Translation INC

Sie sollen also ein Übersetzungsprogramm kaufen, in diesem Fall Systran (der Hersteller der Software hat nichts mit den Scammern zu tun). Diese Software erhalten Sie zum Vorzugspreis, Sie müssen den Betrag nur per Western Union nach Nigeria überweisen und schon kann es losgehen. Nach Zahlung des Betrags hören Sie von diesen Leuten natürlich nie wieder etwas.

Vielleicht erhalten Sie auf Ihr Angebot hin (oder auch einfach nur so) folgende oder eine ähnliche Mail:

> Goodmorning,
> I am George Physically disabled using wheelchair.I will be coming to Germany in 2weeks.I need translator to translate up to 20,234 source of words for

me..plaese let me know the total charges for this project.Part payment will be issued out before commencement of work for i do understand it is necessary since we working online.

Your information is need for background check, please send in this information:
FULL NAME:
CONTACT ADDRESS:
CITY:
STATE:
ZIP-CODE:
VALID PHONE:
MOBILE NUMBER:
HOURS FOR AVAILABILITY:

Best Regards.
Andy
+46777777777

In der nächsten Mail wird George oder Andy Ihnen sagen, dass er oder der Kunde per Scheck bezahlen wird. Dieser Scheck wird dann irrtümlich auf die dreifache Summe ausgestellt sein, aber da er Ihnen vertraut, sollen Sie den Scheck einfach einlösen und den überzähligen Betrag per Western Union zurücküberweisen.

Es ist durchaus möglich, dass Sie den Scheck einlösen können und der Betrag Ihrem Konto gutgeschrieben wird – mit an Sicherheit grenzender Wahrscheinlichkeit wird er jedoch früher oder später, und das kann Monate später sein, platzen, das Geld wird von Ihrem Konto verschwinden und der Scammer ist mit dem von Ihnen per Western Union überwiesenen Betrag längst über alle Berge. Darüber hinaus könnten Sie eine Anzeige wegen Scheckbetruges am Hals haben. Manchmal sind die Schecks auch echt, aber geklaut. Das Ergebnis ist dasselbe: Sie sind um einiges Geld ärmer und um eine Anzeige reicher.

Scams sind eigentlich relativ leicht zu erkennen, weil sich die Scammer nicht viel Mühe geben, ihre Scams wirklich logisch aussehen zu lassen. Warnsignale sind:

- E-Mail-Adresse bei Yahoo, Google, Hotmail o. Ä. Kein seriöses Unternehmen würde eine solche Adresse verwenden.
- Aus George wird plötzlich Andy und aus Andy Dave.
- Die Rechtschreibung ist fehlerhaft.
- Es werden merkwürdige Informationen preisgegeben, z. B. dass der Absender im Rollstuhl sitzt oder die Mutter mit gebrochenem Bein im Krankenhaus liegt.
- Die E-Mail enthält keine Signatur.
- Der potenzielle Kunde spricht Sie nicht mit Namen an, interessiert sich weder für Ihre Fachgebiete noch Qualifikationen und akzeptiert jeden von Ihnen genannten Preis; wenn er überhaupt danach fragt.
- Bezahlung erfolgt per Scheck.
- Das Unternehmen hat gar keine Website oder nur eine kostenlose.
- Die IP-Adresse ist aus Nigeria.

Manche Scammer verwenden die Namen real existierender Agenturen oder Unternehmen, entweder in Kombination mit einer Yahoo-, Hotmail- oder ähnlichen Adresse, oder, perfider: Statt info@übersetzungs-agentur.de verwenden sie beispielsweise info@über-setzungsagentur.com. Rufen Sie im Zweifelsfall die auf der Website (und nicht die in der E-Mail!) angegebene Telefonnummer an und fragen Sie nach. Oftmals sind die Betrugsversuche dort bereits bekannt (und falls nicht, sollte das betreffende Unternehmen erfahren, dass mit dem Firmennamen Schindluder getrieben wird). Manchmal klauen die

Scammer auch Name und Postadresse von Privatpersonen mit deutschem Namen, formulieren den Ausschreibungstext einer Übersetzung ins Deutsche jedoch auf Englisch. Googelt man Namen und Adresse, stellt man fest, dass diese wirklich existieren. Sieht man näher hin, merkt man jedoch, dass der Ausschreibende eine E-Mail-Adresse von Yahoo, Hotmail o. Ä. verwendet, und wenn man ein Angebot abgibt, bekommt man die typische Scammermail wie oben zurück.

Als Faustregel gilt: Wenn das Angebot zu gut ist, um wahr zu sein, ist es aller Wahrscheinlichkeit nach ein Fake. Misstrauisch werden sollten Sie immer bei den Stichworten Western Union, Bezahlung per Scheck und ungefragt angebotener Vorkasse. Mehr Infos finden Sie unter ProZ ▶ Foren ▶ Scams.

29. Analyse

Analysieren Sie, wie Sie gefunden werden, um daraus Schlüsse zu ziehen, wie und wo Sie Ihr Marketing verbessern bzw. ausbauen könnten. Das vermutlich am häufigsten genutzte Tool hierfür ist **Google Analytics.** Hierfür gehen Sie auf *www.google.de/intl/de/analytics/* und folgen den Anweisungen. Sie erhalten einen Code, den Sie auf Ihrer Website einfügen – bei WordPress gehen Sie dafür im Dashboard zu Design ▶ Editor, öffnen die Datei footer.php und fügen den Code vor die letzten beiden Codes </body> und </html> ein. Fertig! Einsehen können Sie die Daten in Ihrem Google-Account unter Konto ▶ Datentools ▶ Google Analytics.

Wenn Sie Google Analytics nutzen, müssen Sie gemäß den Nutzungsbedingungen den folgenden Text auf der Unterseite „Datenschutz" in Ihrer Website veröffentlichen:

Diese Website benutzt Google Analytics, einen Webanalysedienst der Google Inc. („Google"). Google Analytics verwendet sog. „Cookies", Textdateien, die auf Ihrem Computer gespeichert werden und die eine Analyse der Benutzung der Website durch Sie ermöglichen. Die durch den Cookie erzeugten Informationen über Ihre Benutzung dieser Website (einschließlich Ihrer IP-Adresse) wird an einen Server von Google in den USA übertragen und dort gespeichert. Google wird diese Informationen benutzen, um Ihre Nutzung der Website auszuwerten, um Reports über die Websiteaktivitäten für die Websitebetreiber zusammenzustellen und um weitere mit der Websitenutzung und der Internetnutzung verbundene Dienstleistungen zu erbringen. Auch wird Google diese Informationen gegebenenfalls an Dritte übertragen, sofern dies gesetzlich vorgeschrieben oder soweit Dritte diese Daten im Auftrag von Google verarbeiten. Google wird in keinem Fall Ihre IP-Adresse mit anderen Daten von Google in Verbindung bringen. Sie können die Installation der Cookies durch eine entsprechende Einstellung Ihrer Browser Software verhindern; wir weisen Sie jedoch darauf hin, dass Sie in diesem Fall gegebenenfalls nicht sämtliche Funktionen dieser Website vollumfänglich nutzen können. Durch die Nutzung dieser Website erklären Sie sich mit der Bearbeitung der über Sie erhobenen Daten durch Google in der zuvor beschriebenen Art und Weise und zu dem zuvor benannten Zweck einverstanden. **(Stand: September 2016)**

Wenn Sie meinen Rat befolgt und Ihre Website mit WordPress erstellt haben, geht es auch: mit dem WordPress Plug-in **Jetpack.** WordPress bietet übrigens auch eine App fürs Smartphone; mit dieser können Sie ohne Computer Änderungen an den Texten vornehmen und mithilfe des Statistik-Plug-ins auch nachsehen, wie viele Besucher auf Ihrer Seite waren, von welchen Seiten sie kamen, welche Unterseiten Ihrer Website sie sich angesehen haben, mit welchen Suchbegriffen Sie gefunden wurden u. a. Da Google Analytics und Jetpack die Besucher in unterschiedliche Gruppen einteilen (z. B. nach Browser, Bundesland usw.), kann eine Kombination aus beiden Analysetools nicht schaden.

Sollten Sie bei der Analyse beispielsweise feststellen, dass zu viele Besucher Ihre Website gleich nach der Startseite wieder verlassen, sollten Sie Ihre Startseite und die Wahl der Keywords dringend überdenken. Klicken sich Besucher durch alle Unterseiten, kontaktieren Sie jedoch nicht, sind Ihre Inhalte vielleicht verbesserungsbedürftig. Werden Sie nur von Besuchern aus Ihrem Wohnort gefunden, sollten Sie Ihr überregionales Marketing ausweiten. Werden Sie in Ihrer Heimatstadt kaum gefunden, sollten Sie sich vermehrt um Ihr regionales Marketing kümmern usw.

Eine weitere praktische Methode zur Analyse sind **unterschiedliche E-Mail-Adressen.** Stellen Sie Ihr E-Mail-Account bei Ihrem Host so ein, dass es egal ist, was vor dem @ihre-domain.de steht – alles soll in Ihrem Postfach landen. Dann können Sie die E-Mail-Adressen verteilen: quote@ihre-domain.de für Ihre Website, liste@ihre-domain.de für Ihr Profil in der BDÜ-Datenbank usw. Wenn Sie dann ein Kunde anschreibt, sehen Sie schon anhand der von ihm verwendeten E-Mail-Adresse, woher er sie hat. Sollten Sie dabei beispielsweise feststellen, dass sehr viele Interessenten über Ihren Eintrag in den Gelben Seiten kommen, aber oft nicht von Ihnen abgedeckte Sprachen anfragen, wäre eine bezahlte Anzeige vielleicht doch eine gute Idee.

WordPress bietet auch Plug-ins für **Fragebögen** – diese können Sie einfach in Ihre Website integrieren, am besten so, dass sie für den normalen Besucher nicht sichtbar sind (also nicht im Menü verlinkt). Diesen Link senden Sie nur an Ihre Kunden nach dem ersten Auftrag und bitten sie, sich fünf Minuten Zeit für die Teilnahme zu nehmen. Menschen werden allgemein gern nach ihrer Meinung gefragt, und Sie erhalten so wertvolle Informationen für Ihr weiteres Marketing: Wie der Kunde nach einer Übersetzerin gesucht hat, wo und wie er Sie gefunden hat, warum seine Entscheidung auf Sie gefallen ist usw. Vergessen Sie bei dem Fragebogen nicht Fragen nach der Kundenzufriedenheit!

Alternativ können Sie den Kunden natürlich auch direkt fragen, wie er Sie gefunden hat. Achten Sie darauf, die Frage so zu formulieren, dass es klar ist, dass es um die Analyse Ihrer Marketingstrategie geht, und es nicht wie eine überraschte Frage klingt: „Wie um Himmels willen haben Sie mich denn gefunden?"

30. Lohnende Anschaffungen

Sobald der Rubel rollt, sollten Sie ihn in die ein oder andere Anschaffung für Ihr Unternehmen investieren, um sich selbst die weitere Arbeit zu erleichtern.

Wenn Sie sich durch die Testversionen für ein **CAT-Tool** entschieden haben, wird es irgendwann Zeit für die Vollversion. So reichte mir zwar jahrelang die zeitlich unbegrenzte kostenlose Testversion von Wordfast aus – irgendwann jedoch nicht mehr. Eine gute Anlaufstelle ist hier der Group Buy auf ProZ.com; bei diesen zeitlich begrenzten Aktionen kann man CAT-Tools oft zum halben Preis erwerben.

Ein **Smartphone**, eventuell in Verbindung mit einer **Smartwatch** erwähnte ich bereits. Manche verzichten darauf, weil sie Angst haben, ständige Erreichbarkeit bedeute auch ständiges Arbeiten – dem ist nicht so. Niemand zwingt sie, sofort auf alle Anfragen zu reagieren. Ihre Chance, einen Auftrag zu erhalten, steigt jedoch natürlich, wenn Sie zeitnah auf die Anfrage reagieren. Innerhalb der üblichen Bürozeiten.

Zur Datensicherung sollten Sie die Anschaffung einer **externen Festplatte** in Erwägung ziehen. Falls Ihr PC tatsächlich einem Virus oder Feuer zu Opfer fällt, haben Sie wenigstens nicht auch noch Ihre Daten verloren.

Noch besser ist die **Datensicherung in der Cloud.** Wenn Ihr Haus von einer Flut heimgesucht wird oder abbrennt und Ihr Computer dabei das Zeitliche segnet, nutzt Ihnen die Datensicherung auf einer externen Festplatte wenig – die dürfte auch abgesoffen oder verbrannt sein. Für die

Datensicherung in der Cloud gibt es verschiedene Dienste, ich persönlich nutze Crashplan (**www.code42.com/crashplan/**). Schon ab 4 USD im Monat können Sie beliebig große Datenmengen in der Cloud sichern. Sie stellen selbst ein, welche Ordner von Ihrer Festplatte gesichert werden sollen, und Crashplan läuft permanent im Hintergrund und kopiert alles in die Cloud – ohne dabei Ihren Computer langsamer zu machen. Im Katastrophenfall können Sie alle Daten einfach auf einen neuen Computer herunterladen, und nichts ist verloren. Praktischerweise bietet Crashplan auch eine (kostenlose) Smartphone-App, mit der Sie auch von Ihrem Smartphone aus auf all Ihre Daten in der Cloud zugreifen können. Ausgesprochen nützlich zum Beispiel, wenn Sie einen Auftrag abgeschickt und dann in den Kurzurlaub gefahren sind. Und der Kunde aufgeregt anruft, er hätte den Text nicht erhalten. Dank der App können Sie den Auftrag aus der Cloud auf Ihr Smartphone laden und per E-Mail versenden. Ich denke mir solche Katastrophenfälle nicht aus – das ist mir tatsächlich schon einmal passiert. Nachteil von Crashplan ist, dass der Server in den USA steht – das ist nicht jedermanns Sache. Es gibt jedoch natürlich auch deutsche Cloud-Anbieter, die Sie nutzen können. Ich habe jedoch keinen gefunden, der so günstig und so komfortabel ist wie Crashplan.

Kaufen Sie sich einen **mobilen Surfstick** – selbst wenn Sie ein Smartphone haben. Praktisch sind Surfsticks in Verbindung mit einer Prepaid-Karte. So können Sie, sollte Ihr Internet mal ausfallen, Surfvolumen pro Stunde, Tag oder Monat buchen – das ist vor allem dann wichtig, wenn Ihr Mobilfunkvertrag nicht allzu viele MB beinhaltet und die Geschwindigkeit nach Erreichen Ihres Volumens nicht mehr zum Arbeiten ausreicht. Mit diesem Stick können Sie auch unterwegs arbeiten: im Zug, Flugzeug oder Café zum Beispiel (und mit der entsprechenden Designfolie auf dem Notebook Werbung machen). Mit einem Surfstick mit

Prepaid-Karte haben Sie keine laufenden Kosten und sind dennoch auf den Ernstfall vorbereitet.

Was man gerade als Urkundenübersetzerin immer wieder gebrauchen kann, ist eine **Texterkennungssoftware (OCR).** Urkunden werden nun mal in Papierform als Scan oder Fax eingereicht, und der Privatkunde möchte meist im Voraus wissen, was die Übersetzung kosten wird. Die OCR-Software erspart Ihnen das risikoreiche Abschätzen oder das mühselige Zählen der Zeichen von Hand. Einfach durchlaufen lassen, als Word abspeichern, Wörter zählen, fertig. Auch wenn dem Kunden der zu übersetzende Text nur als PDF-Datei vorliegt und sich der Text nicht herauskopieren lässt, leisten diese Programme wertvolle Hilfe. Die meisten Hersteller bieten kostenlose Testversionen, sodass Sie die Katze nicht im Sack kaufen müssen.

Ganz fantastisch ist beispielsweise der Abbyy FineReader auch für das Zählen der Wörter in Power Point Präsentationen: Das kann man mit einem Klick mit der rechten Maustaste auf die PPT ▶ Eigenschaften ▶ Details machen. Die dort angegebene Wortzahl kann jedoch ganz erheblich von der Tatsächlichen abweichen. Wenn Sie die PPT jedoch einfach als PDF abspeichern und durch die OCR-Software jagen, erhalten Sie die exakte Wortzahl – einschließlich derer in den Grafiken!

Auch die **Spracherkennungssoftware** ist ein Segen für Übersetzerinnen. Sie können noch so schnell tippen – sprechen werden Sie mit Sicherheit schneller. Der Drache (Dragon NaturallySpeaking) spart somit Zeit und Geld und Sie sind für den Ernstfall vorbereitet: Dank dieser Software können Sie selbst mit zwei gebrochenen Armen weiterarbeiten.

Die Rechtschreibprüfung von Word ist gut – der **Duden Korrektor** jedoch ist um Längen besser. Erhältlich ist die

Version 12.0 nur online bei EPC für 79 Euro netto (Stand: September 2016). Diese Software überprüft, einmal installiert, Ihren gesamten deutschen Text nicht nur auf Tipp-, sondern auch auf Grammatik- und Kommafehler nach den aktuellen Duden-Empfehlungen – mit der Erklärung dazu! So werden Ihre abgelieferten Texte nicht nur fehlerärmer, Sie lernen auch eine Menge Regeln, die Ihnen bisher vielleicht entgangen sind.

Werden Sie Mitglied im **Übersetzerverband** der Länder Ihrer Arbeitssprachen. Wenn Sie aus dem Englischen übersetzen, wäre das beispielsweise der amerikanische Verband ATA (American Translators Association) oder der britische Verband ITI (Institute of Translation and Interpreting). Wenn dann ein Kunde in Amerika oder Großbritannien nach einer Übersetzerin mit Muttersprache Deutsch sucht, stößt er vielleicht auf Ihr Profil. Sowohl im ATA als auch im ITI sollte es weniger deutsche Muttersprachler geben als im BDÜ; insofern ist Ihre Konkurrenz auch kleiner!

Ein großer **Monitor** ist ebenfalls eine ausgesprochen lohnende Anschaffung. Eine fantastische Erfindung sind 28-Zoll-Bildschirme mit Pivot-Funktion – diese können Sie wahlweise hochkant oder quer stellen und somit zwei Dokumente neben- oder übereinander platzieren: perfekt für das einfache Vergleichen von Ziel- und Quelltext. Oder Sie haben in einer Hälfte des Fensters den Referenztext geöffnet und in der anderen Ihren Text. Alternativ können Sie natürlich auch zwei Monitore verwenden. So oder so erleichtert viel Bildschirmfläche die Arbeit ungemein!

Wer oft und viel im Sitzen arbeitet, wird früher oder später Probleme mit dem Rücken bekommen. Investieren Sie deshalb frühzeitig in einen richtig guten **Bürostuhl**. Im Fachhandel können Sie diese häufig ausleihen und zu

Hause Probe sitzen – nehmen Sie diese Möglichkeit unbedingt wahr! Ein ergonomischer Bürostuhl ist zwar nicht billig, kostet jedoch nur einen Bruchteil dessen, was Sie für Arztbesuche und Krankengymnastik ausgeben müssen bzw. Ihnen dadurch an bezahlter Arbeitszeit entgeht, wenn Sie beim Stuhl gespart haben.

Ebenfalls anfällig bei unserer tippenden Berufsgruppe sind die Hände, und deshalb sollten Sie den Kauf einer **ergonomischen Tastatur und Maus** in Erwägung ziehen. Diese entlasten Ihre Hände, damit Sie es schmerzfrei bis zur Rente schaffen.

Der neueste Schrei sind **höhenverstellbare Schreibtische**, mit denen Sie zeitweise auch im Stehen arbeiten können. Für den kleinen Geldbeutel gibt es diese auch mit stromloser Kurbel bei einem bekannten schwedischen Möbelhaus, oder man behilft sich mit einem Aufsatz für den Schreibtisch.

Leider können Sie noch so viel Geld für ergonomische Geräte ausgeben; wenn Sie den ganzen Tag sitzen – oder stehen –, werden Sie dennoch Rückenprobleme bekommen. Sie werden es nicht gern hören, aber dagegen hilft nur **Sport**. Joggen, Schwimmen oder Fitnessstudio – Hauptsache Bewegung. Ich für meinen Teil habe mir einen guten Crosstrainer geleistet, auf dem ich täglich eine Stunde laufe, ohne das Haus verlassen zu müssen. Das stärkt den Rücken, verbrennt Kalorien und baut nicht zuletzt auch Stress ab. Und lässt sich hervorragend mit Podcasts und iTunesU verbinden!

31. Verschiedenes

Kostenlose Probeübersetzungen

Stellen Sie sich vor, Sie möchten Ihr Wohnzimmer fliesen lassen. Sie rufen mehrere Fliesenleger an, lassen sich Angebote machen und fordern fünf der Handwerker auf, einen Quadratmeter kostenlos zur Probe zu verlegen. Wie viele, meinen Sie, werden sich darauf einlassen? Mit Sicherheit kein Einziger. Von Übersetzerinnen jedoch wird immer wieder völlig selbstverständlich erwartet, dass sie eine kostenlose Probearbeit abgeben, egal welche Ausbildung und Referenzen sie vorweisen können.

Ob Sie das tun oder nicht, bleibt Ihnen selbst überlassen. Wenn Sie bei einer Übersetzungsagentur in die Kartei möchten, bleibt Ihnen häufig nichts anderes übrig, und bei manchen Projekten, bei denen sich der Kunde ein Bild vom Stil der Übersetzerin machen oder verständlicherweise die Übersetzungslösung mehrerer Kandidaten anhand desselben Textes vergleichen möchte, ebenfalls. Manchmal kann ein Probetext durchaus auch zu Ihrem Vorteil sein: beispielsweise wenn Sie keine Referenzen vorzuweisen haben, weil Sie noch neu im Geschäft sind. Dann haben Sie durch den Probetext die Chance, unter Beweis zu stellen, was Sie können. Wenn Sie einen größeren, lukrativen Auftrag unbedingt haben wollen oder schlicht einen, der sich auf Ihrer Referenzliste ausgesprochen gut machen würde, kann eine, auch mal unaufgeforderte, Übersetzungsprobe eines Teils des ausgeschriebenen Textes durchaus von Engagement und Interesse zeugen und den Auftraggeber dazu bewegen, Ihnen diesen Auftrag zu erteilen. Das hat was von einem Werbegeschenk. Achten Sie jedoch darauf, dass der Probetext nicht länger als eine Seite/30 Zeilen/300 Wörter ist!

Jeden geforderten Probetext sollten Sie hingegen nicht kostenlos bearbeiten. So erhielt ich während meiner Anfangszeit eine Anfrage für die Übersetzung von 1.000 Wörtern und sollte eine Probeübersetzung in der Länge von 200 Wörtern anfertigen. Mir fiel zwar auf, dass dieser Probetext offensichtlich ein Teil des Ganzen war, kam der Bitte jedoch leider nach – und hörte nie wieder etwas von diesem Kunden. Wenn er das Spiel noch mit vier weiteren Übersetzerinnen durchgezogen hat, und davon gehe ich aus, hat er sich den Text so völlig kostenlos übersetzen lassen. Ein anderer Kunde bot mir einen Text zum Korrekturlesen an, der seiner Aussage nach von unterschiedlichen Personen übersetzt worden war und nun einheitlich gemacht werden musste – auch hier liegt der Verdacht nahe, dass es sich um mehrere „Probeübersetzungen" gehandelt hat. Hören Sie auf Ihr Bauchgefühl! Wenigstens haben Sie, wenn Sie auf solch einen Betrug hereinfallen, „nur" einen Teil Ihrer Zeit sowie Ihres Vertrauens in die Menschheit verloren, aber kein Geld.

Eine Möglichkeit, Probeübersetzungen zu umgehen und dennoch eine Textprobe abzuliefern, ist eine eigene Mappe mit Übersetzungen, die Sie von unterschiedlichen Textsorten angefertigt haben. So können Sie beispielsweise Ihrem Angebot für die Übersetzung eines Artikels über Forex Trading gleich einen kurzen Text zum Thema aus irgendeiner seriösen Zeitschrift im Original und in Ihrer Übersetzung beilegen bzw. anbieten, wenn eine Probeübersetzung verlangt wird. Das erspart Ihnen die Arbeit, immer wieder neue Testübersetzungen anfertigen zu müssen, und Sie boykottieren diese Unsitte. Das klappt vermutlich nicht immer, ist aber eine gute Alternative zur Totalverweigerung. Künstler machen es schließlich auch so, sie zeigen eine Mappe mit ihren Werken und fertigen kein „Testgemälde" für einen Neukunden an.

Wochenendarbeit

Arbeiten am Wochenende? Warum nicht! Mit diesem Service haben Sie auf jeden Fall die Nase vorn. Wenn Ihr Fernseher am Freitagnachmittag kaputtgeht, wären Sie sehr glücklich, wenn der Techniker, den Sie verzweifelt anrufen, Sie nicht bis Montag warten lassen würde, sondern Ihnen auch über das Wochenende hilft, oder? Und so sind manche Kunden sehr glücklich, wenn sie Ihnen den Text am Freitag zur Übersetzung liefern und ihn am Montag wieder in ihrem Postfach haben. Etablierte Übersetzerinnen meiden diese Wochenendarbeit häufig, weil sie sie glücklicherweise nicht mehr nötig und unter der Woche genug gearbeitet haben, weshalb sie diese zwei freien Tage zur Erholung brauchen; und genau deshalb ist Wochenendarbeit für Einsteiger eine sehr gute Möglichkeit, an Aufträge zu kommen. Verkaufen Sie sich jedoch auch hier nicht zu billig und berechnen Sie einen Aufschlag! Der TV-Techniker würde ja auch nicht zum Normaltarif am Samstag bei Ihnen erscheinen, und Sie würden, ohne mit der Wimper zu zucken, einen Zuschlag für den Extraservice bezahlen (oder doch lieber bis Montag warten). Das Gleiche gilt für Ihre Feierabend- und Feiertagsarbeit. Bewerben Sie diesen Service keinesfalls als „Willingness to work on weekends" – das hört sich an, als wären Sie so verzweifelt auf Arbeitssuche, dass Sie sogar am Wochenende arbeiten würden, und schon erwartet der Kunde Billigpreise. Offerieren Sie stattdessen auf Ihrer Website einen Notdienst: Rund um die Uhr in Notfällen über Handy erreichbar oder E-Mails werden 24/7 abgerufen. Mit diesem Service gewinnen Sie Kunden und durch den Zuschlag verdienen Sie auch noch besser – was will man mehr!

Privatsphäre

Auch wenn Sie rund um die Uhr erreichbar sind, sollten Sie eine klare Linie zwischen Beruflichem und Privatem ziehen. Wenn samstagmorgens das Festnetztelefon klingelt und man den Anruf der Freundin erwartet, will man nicht plötzlich einen Kunden in der Leitung haben und vor dem Frühstück Preisverhandlungen führen. Legen Sie sich deshalb wenn möglich separate Telefonnummern für Privates und für Berufliches zu – und lassen Sie das berufliche Telefon nach Feierabend, an Wochenenden und Feiertagen klingeln, auch wenn Sie von zu Hause aus arbeiten. Besprechen Sie den Anrufbeantworter zu dieser Geschäftsnummer mit einer Ansage, dass der Anrufer außerhalb Ihrer Bürozeiten anruft. Vielleicht will er ja nur eine Nachricht hinterlassen und erwartet gar nicht, dass Sie rangehen. Wenn Sie als Service anbieten, auch außerhalb der Bürozeiten erreichbar zu sein, dann nur über Ihre berufliche Handynummer. Denn wenn Sie Privates, Berufliches und den Notdienst über eine einzige Telefonnummer laufen lassen, haben Sie tatsächlich nie Feierabend und riskieren das Burn-out-Syndrom. Netter Nebeneffekt: Durch separate Telefonnummern hat der Kunde den Eindruck, Sie verfügen über ein externes Büro, und das macht in der Tat einen professionelleren Eindruck als die Arbeit von zu Hause aus.

Scheinselbstständigkeit

Verlassen Sie sich nie über einen längeren Zeitraum auf nur einen Auftraggeber! Natürlich ist es sehr bequem, regelmäßig mit Arbeit versorgt zu werden, Monatsrechnungen zu schreiben, keine Akquise betreiben zu müssen – fast wie ein Angestellter. Aber eben nur fast, denn wenn dieser eine Auftraggeber wegfällt, aus welchem Grund auch immer, stehen Sie vor dem Nichts. Außerdem machen Sie sich erpressbar, denn Sie sind von diesem Auftraggeber ja abhängig und somit in einer schwachen Position, wenn er die Preise senken möchte. Ein Stammauftraggeber, der für das nötige Grundeinkommen sorgt, ist gut: Rund die Hälfte Ihrer Einnahmen sollte jedoch von anderen Kunden kommen. Wenn der Hauptkunde dann wegfällt, reißt das zwar ein Loch in die Kasse, doch das bedroht nicht Ihre Existenz.

Vermittlertätigkeit

Manchmal kommt es vor, dass potenzielle Kunden Sie um ein Angebot für einen Text bitten, der außerhalb Ihrer Fachgebiete liegt. Oder von Ihrer Muttersprache in die Fremdsprache übersetzt werden soll. Manchmal möchte ein Kunde einen Text auch in mehrere Sprachen übersetzt, aber verständlicherweise nur einen Ansprechpartner haben. Was tun?

Möglichkeit 1: Sie lehnen den Auftrag, den Sie nicht selbst durchführen können, ab. Der Kunde wird sich an eine Agentur wenden, die seine Wünsche erfüllen wird. Für Sie ist der Kunde verloren.

Möglichkeit 2: Sie nennen dem Kunden eine Kollegin, die die gewünschte Sprache bzw. das gewünschte Fachgebiet abdeckt. Mit etwas Glück sortiert der Kunde in Zukunft tatsächlich die Aufträge vor und verteilt sie unter Ihnen beiden. Wahrscheinlicher dürfte jedoch sein, dass er sich an eine Agentur wendet, die seine Wünsche erfüllen wird. Für Sie ist der Kunde verloren.

Möglichkeit 3: Sie nehmen die Aufträge an und vermitteln sie weiter. Dadurch agieren Sie praktisch als Agentur. Sie tragen die Verantwortung dafür, dass die von Ihnen beauftragten Kolleginnen die Übersetzungen pünktlich und korrekt abgeben, Sie müssen sich um das Korrekturlesen kümmern (das Sie selber durchführen oder ebenfalls outsourcen können), Sie müssen die Übersetzerinnen bezahlen, selbst wenn Ihr Kunde das nicht tun sollte.

Freiberuflerinnen vermitteln viel zu selten Aufträge weiter und verbauen sich dadurch nicht nur eine zusätzliche Einnahmequelle, sondern treiben auch Auftraggeber in die Arme genau der Agenturen, für die sie entweder arbeiten oder über die sie schimpfen. Es ist völlig verständlich, wenn ein Direktkunde nur einen Ansprechpartner für seinen kompletten Übersetzungsbedarf haben möchte, und es spricht für Sie, wenn er ausgerechnet Sie um diesen Service bittet.

Wägen Sie ab und entscheiden für sich, ob Sie auch vermittelnd tätig werden möchten. Bei guten Stammkunden und Übersetzungen in Sprachen, die Sie Korrektur lesen können, ist es die Sache sicherlich wert. Bauen Sie sich ein Netzwerk aus Kolleginnen auf, von denen Sie wissen, dass sie gut und zuverlässig arbeiten. Netzwerke sind keine Einbahnstraße: Mal kommen Sie so an Aufträge, mal können Sie so welche weitergeben. Ein weiterer Vorteil: Sie sehen, wie Ihre Kolleginnen arbeiten, und können vielleicht sogar daraus lernen. Wie Sie in Kapitel 1 dieses Buchs gelesen haben, werden Sie durch diese Vermittlertätigkeit nicht automatisch gewerbesteuerpflichtig.

Übersetzer und Katzen

Fertig! Das waren alle Tipps, die ich Ihnen geben kann. Wenn Sie zumindest einige davon befolgen, wird sich der Erfolg nach und nach einstellen und Sie werden von Ihren Übersetzungen leben können.

Eines jedoch brauchen Sie unbedingt noch: eine Katze. Laut einer total repräsentativen Umfrage in meinem Blog *www.neidmare.de* vom Januar 2012 besitzt fast die Hälfte (48 %) aller Übersetzerinnen mindestens eine Katze – und somit mehr als doppelt so viel wie der deutsche Durchschnittsbürger, von denen nur jeder Fünfte eine Katze sein Eigen nennt. Da muss ein Zusammenhang bestehen! Das Lieblingsspielzeug der Übersetzerin heißt nicht umsonst CAT-Tool!

Aber nun: Frohes Schaffen und viel Erfolg!

Printed in Poland
by Amazon Fulfillment
Poland Sp. z o.o., Wrocław